U0451516

HANYU JIAOCAI CIHUI YANJIU
汉语教材词汇研究

周小兵 等著

商务印书馆
The Commercial Press

图书在版编目(CIP)数据

汉语教材词汇研究/周小兵著.—北京:商务印书馆,2022(2023.5重印)
ISBN 978-7-100-21822-1

Ⅰ.①汉… Ⅱ.①周… Ⅲ.①汉语—词汇—对外汉语教学—教学研究 Ⅳ.①H195.3

中国版本图书馆 CIP 数据核字(2022)第 216050 号

权利保留,侵权必究。

汉语教材词汇研究

周小兵 著

商 务 印 书 馆 出 版
(北京王府井大街36号 邮政编码100710)
商 务 印 书 馆 发 行
北京虎彩文化传播有限公司印刷
ISBN 978-7-100-21822-1

2022 年 12 月第 1 版　　开本 880×1230 1/32
2023 年 5 月北京第 2 次印刷　印张 13
定价:78.00 元

目 录

绪 论 ·· 001

第一章 国际中文教材词汇编写概貌 ··· 019

  第一节 词汇选取 ·· 019

  第二节 词汇解释 ·· 036

  第三节 词汇呈现 ·· 055

  第四节 词汇练习 ·· 073

第二章 教材语料库建设与基于语料库的教材研究 ························ 087

  第一节 国际汉语教材语料库的建设与应用 ························· 087

  第二节 高频超纲词覆盖率与语义透明度 ···························· 109

  第三节 商务汉语教材词汇考察 ··· 125

第三章 国别教材词汇本土化编写研究 ·· 144

  第一节 汉语教材本土化方式及分级 ··································· 144

第二节　基于学习策略的汉语教材练习本土化 ………………… 156
第三节　《初级汉语教程》生词的俄语注释 …………………… 173
第四节　韩国汉源词对应汉语词教材词典编写 ………………… 190

第四章　少儿教材词汇研究 ………………………………………… 218

第一节　《轻松学汉语》和《轻松学中文》…………………… 218
第二节　泰国小学汉语教材词汇 ………………………………… 233
第三节　印尼中学华文教材词汇 ………………………………… 256

第五章　教材文化点与词汇研究 …………………………………… 280

第一节　《新实用汉语课本》与《通向中国》对比
　　　　考察 ……………………………………………………… 280
第二节　基于语料库的中华文化项目表研制 …………………… 294

第六章　教材词汇个案研究 ………………………………………… 329

第一节　易混淆心理动词"认为""以为"考察 ………………… 329
第二节　"一点""有点"编写考察 ……………………………… 348

结　　语 ……………………………………………………………… 380
参考文献 ……………………………………………………………… 388
后　　记 ……………………………………………………………… 411

绪 论

国际中文教材,是国际中文教育的重要组成部分,是国际传播的重要产品,对塑造中国形象、促进中外文明交流互鉴起着重要作用。

世界对汉语的需求迅速增加,中文已进入70多个国家的国民教育体系。随着国际中文教育的迅速发展,教材不适用的矛盾日益凸显,教材词汇编写问题更为突出。相应地,教材词汇编写研究的短板、系统研究的不足也日益显现。

解决上述问题,需要做以下研究:(1)建设大规模国际中文教材语料库,研发智能化文本难度评测软件,海量考察国内外多类中文教材;(2)多角度研究教材词汇设计情况,在准确描写的基础上,找出词汇编写的普遍问题,概括教材词汇选取与词汇处理的一般规律和特殊规律,探寻解决问题的具体方案;(3)切实推动国际中文教材研发,帮助编者设计具备亲和力和实效性的教材,直接促进教学实施。

完成以上研究和工作,才能取得实质性的突破,切实推进国际传播能力建设和中国软实力的全面提升。

一、研究问题与考察对象

教材是教师组织教学、学生进行学习的依据,不仅规定教学内容，还体现教学方法和原则，保证教学大纲实施。科学研发、合理使用教材，可提高教和学的质量，促进课程建设。（周小兵，2017）教材研发不适应国际中文教育发展，突出表现为：不少语区/国家缺少适用的区域性教材，尤其是少儿教材；中国编写的教材有些在海外水土不服，缺乏本土性、适龄性，不适合当地二语者学习。

　　词汇是语言的建筑材料。赵金铭（2004）指出，汉语词汇研究与词汇教学是对外汉语教学系统中一个极为基础的环节。江新（1998）认为，词汇是许多二语学习者的主要障碍之一。教材是否适用，在词汇编写上最突出。教材词汇的编写，直接影响二语教学的效果。

　　教材词汇编写一般分为词汇选取和词汇处理两部分，词汇处理又可分为若干环节。

（一）词汇选取

1. 词汇选取的考察内容

　　教材词汇，主要指教材所教的词种。考察词汇选取，有表层、深层两个层次。

　　表层因素，指选哪些词作为词汇教学的内容，包括词种的数量、范围、难度。从数量看，初级开始阶段，生词量不能太多。目标语环境的教材，生词数量远远高于非目标语环境的教材。生词范围，通用汉语和专用汉语有很大区别。后者如商务汉语、医科汉语、科技汉语等，很多生词用于专门的场域。生词难度，静态研究主要依据跟相关大纲词汇等级的比对，依据与汉语母语者高、中、低频词的重合度。此外，不同国家、地区，社会文化不同，可能通过一些本土词反映出来。不同年龄的学习者，在词汇学习上也有区别。因此，本土性、适龄性也是教材选词的考虑因素。

深层因素包括：哪些词具有当地实用性、科学性和适龄性？这些词语如何起到促学效果？本土性、适龄性词语应该在教材生词中占多大的比例？选取的词种跟课文语言点（包括语音、语法、文字等）、交际点、文化点、话题等关联是否密切，是否自然？能否形成协同习得效应？影响词汇选取的因素是什么？等等。

2. 词汇选取的依据

词汇选取内容复杂，涉及表层、深层多种因素。有关依据，桂诗春（1988）论述过二语项目选择的两个基本问题：选择分量；选择标准。选择分量，涉及语言项目的"限制性"（restrictability），要求二语学习选择那些"限制性"低、使用率高的语言项。词汇选择，包含5条标准（Richards, J. C. et al., 2000）。

（1）频率（frequency）。主要指母语使用频率。如汉语母语者使用频率最高的4个词依次是"的、了、是、在"。二语者词汇学习的阶段性，应该参考母语者词汇的使用频率。如《博雅汉语》，词频最高前4个词依次为"的、我、了、是"，而"在"位于该教材出现频率第13位，跟母语者使用频率相差不大。

（2）分布范围（range）。主要看词汇在不同文体、语体中的分布范围。如典型的口语词，在科学、政论性文体中较少出现；有些极为典雅的词汇，在日常口语中很少使用。对二语者来说，应该先教分布范围广的词语。

（3）易联想性（availability）。在谈及某一话题时，某些词汇可能最先被学习者想起并使用，因为它们具有高度的易联想性。如一组学生要求说出有关人的身体部位词，他们马上会想起"手、腿、眼睛、鼻子、耳朵"。易联想词，不一定都是某种语言的高频词。如对二语学习者来说，它们可能具有二语学习者的易联想性；说到"汉语语音"，一些二语学习者可能会想起"声母、韵母、声调"等词。

（4）覆盖能力（coverage）。有的词语，在意义、结构上可以替代其他相关的近义词语，这些词语的覆盖能力比其他相关词语覆盖能力强。如"赶快"和"赶忙"，哪个词覆盖能力强？"赶快"可用于陈述句和祈使句，"赶忙"只能用于陈述句。前者覆盖能力高于后者。

（5）易学性（learnability）。有些意思相近或相关的词语，其中一些更适合学习，具有较高的"易学性"。如"考试"和"测试"，"清楚"和"清晰"，前者具有易学性；"长、高、宽"和"短、矮、窄"，前者比较容易学。

一般来说，成熟的第二语言词汇大纲，在词汇选择方面会体现这些原则和标准；而成熟的二语词汇大纲，往往可以作为教材选词的依据或参考。

3.教材词汇选取的突出问题

一些教材没有遵照二语学习词汇选择的原则和程序，词种数量大，范围广，难度高，缺少二语学习特点，未考虑当代应用性、本土性（学习者所在地的社会文化心理特征）和适龄性（学习者的年龄特征）。以下只举几例。如21世纪泰国小学使用的一部初级华文教材，课文出现以下词语：

硝酸、红宝石、孵化、线轴、大气层、云烟缭绕、波涛汹涌、滴水穿石、光芒万丈、光焰夺目、丁财两旺、飞禽走兽、高朋满座、高枕无忧、昏天黑地、教子有方、精忠报国、浪子回头、良辰吉日、路不拾遗、目不识丁、前功尽废这些词均在汉语母语者8000常用词范围之外，难度高，缺少适龄性和本土性，不适合海外小学生。再看21世纪出版、面向泰国中学生的初级汉语教材（下划线是引用者加的）。

猜春（泰）：来这里的人真不少！这里<u>供奉</u>的是谁？
李明（中）：是<u>妈祖</u>。
猜春：为什么供奉她呢？
李明：<u>传说妈祖能保佑航海人平安归来</u>。
……
猜春：那套衣服和帽子真漂亮啊！是不是新娘的穿戴呀？
李明：没错，这叫<u>凤冠霞帔</u>。

目标语环境下的大学教材词汇选取问题也很严重。如20世纪80年代末90年代初中国出版的一部中级汉语教材部分生词：

璎珞、针黹、牝马、霞帔、金莲、婢仆、监生、庶民、中举、进学、差役、照棚、烟灯、烟膏、烟泡、小厮、荐头、桥辇、水寨、弓弩手、施礼、装裹、威压、间时、枭、伊、箸、押当、衰年、念颂、成日家、汤盆、违拗、赏鉴

词汇选取跟课文选择相关。此教材课文22篇，1949年以前的15篇，基本是文学作品。这也反映出教材选词的通病：课文源于母语语文教材，年代久远；词汇难度极高，难教难学。最有意思的是，一个20世纪80年代末的大学教材，一个21世纪初的中学教材，竟然都选用了现代汉语母语者使用频率极低的"霞帔"。

可能有人认为这是偶然现象，其实不然。以下是20世纪90年代中后期三部中级汉语教材①中生词的难度等级分布统计。（周小兵、赵新，1999）

表0-1　1980年代至1990年代3部中级汉语教材生词难度等级分布

	《精读篇》(%)	《新汉语》(%)	《中汉》(%)
甲级	5	4	2
乙级	23	26	21
丙级	16	20	16
丁级	12	16	15
超纲	44	34	46

根据《汉语水平词汇与汉字等级大纲》（国家汉办，1992），中级主要教丙级词。但上述教材生词中，丙级词比例远远低于丁级词和超纲词的总量。

20世纪末这种情况有所改观，教材的生词难度相对合理。（参见第一章第一节）

教材选词不科学的现象，往往是由于特定课程并没有成熟的二语学习词汇大纲可以参考；或者有了大纲，但教材编写者并没有参考。如果编写者知晓教材设计原则，正确使用词汇定量统计方法，就可以减少类似问题的出现。（张宁志，2000）

---

① 三部教材为：李更新等编《现代汉语进修教程·精读篇》，北京语言学院出版社1992年版；复旦大学国际文化交流学院编《新汉语》第5—8册，复旦大学出版社1990年版；陈灼等编《中级汉语教程》，北京语言学院出版社1987年版。分别简称《精读篇》《新汉语》《中汉》。

（二）词汇处理

主要内容有：词汇解释；课文呈现；练习设计；各部分的互动协调。

1. 词汇解释

包括：拼音、词义解释（包含学生母语或英语注释）、词性标注、搭配形式、用法说明、出现格式、例句等。这些内容一般出现在生词表或词汇表里，也可能出现在语言点解释、重点词语解释部分。如果编者具有语言学知识，对学生母语、汉语的规则、用法、异同把握清楚，就可以结合好的例句，给出准确解释，让二语者容易理解，容易掌握。

但是考察教材发现，有将近三分之一的难词、易混淆词解释不恰当、不准确。如多数教材注释"认为""以为"，都用相同的外语词，如"to think""……と思う""полагать"，误导学生以为这两个词的意思和用法一样，产出误代性偏误，如：

*妻子死了三四天后，法院以为丈夫犯了故意杀人罪。

只有少数教材把"以为"准确注释为"consider erroneously, assume wrongly"，或者加上一些对学习者有帮助的解释："判断を下した結果が事実と合わない場合に用いることが多い（多用于判断结果与事实不符的情况）"。

2. 词汇呈现

广义角度看，词汇出现在词汇表、练习中，都应该是"词汇呈现"。这里主要从狭义角度出发，考察课文出现包含目标词的句子或语篇。如果这些句子、语篇具有典型性和科学性，就可以促进二语者理解、模仿、应用。词汇呈现主要涉及几个方面。

（1）是否有典型、易懂的上下文，包含目标词多种用法的句子。请对比以下两个教材呈现"以为"的语篇，看哪一个有助于理解目标词的常见语义。

A1. 他们以为我也是中国人。
A2. 我以为你吃素。
B1. 他们以为我也是中国人，其实我是英国人。
B2. 想不到你能吃这么多肉，我还以为你吃素呢。

A教材呈现"以为"时只用单句，很难让学生理解"错误地认为"这个意思。而B教材用复句呈现，学生容易理解"以为"的真正意思。

（2）重现是否合理，包括重现率和重现间隔。根据心理学原理，一个新的语言项目，最少要出现7次，而且最好在不同的上下文里，不同的交际场景里重现，才可能让学习者真正掌握并记住。因此，词汇重现率的高低，跟词汇学习效果密切相关。

3. 练习设计

一般包括练习的数量、种类和质量。种类除了跟语言要素（音、字、词、语法、语篇）和语言技能（听、说、读、写、译）对应外，还有多种分类，如：（1）输入、输出的分类；（2）机械性、理解性、应用交际性的分类；（3）文本练习和多模态练习的分类；（4）基于学习策略的分类等。如基于学习策略的研究发现：美国汉语教材多采用"社交""自然"策略，日本汉语教材"演绎""重复""意象"策略高于其他国教材，韩国汉语教材的"翻译"策略高于其他国教材，极少用"社交""自然"策略。

练习的"质"更为重要，要求练习能真正跟所学内容密切相关，尤其是能够真正起到促进习得的实际效果。

现有教材词汇练习的突出问题有：(1)产出性练习少；(2)结合交际语境、完成交际任务的练习少；(3)利用多模态的练习少；(4)促进习得的效果不明显。

可见，教材词汇编写内容丰富，涉及面广，内部形成系统。此外，它又是整个二语教材编写的一个组成部分，一个子系统。本书主要系统研究教材编写，具体包括词汇选择和词汇处理。

(三)考察对象与范围

本书考察3000多册/种国际中文教材。从区域、国别看，包括中、日、韩、泰、印尼、德国、意大利等十多个国家，英语、西班牙语、俄语、法语等多个语区。从媒介语上看，除了国外不同语区、国家编写的教材，还包括中国编写出版的"一版多本"教材，即，先编写英语作为教学媒介语的教材，再根据这些教材，把英语教学媒介语改成其他媒介语，如阿拉伯语、德语、俄语、法语、菲律宾语、西班牙语、意大利语、印尼语、泰语等教学媒介语；改编过程中，对某些词汇以及某些语音点、语法点，进行本土化处理。如：用本土词替换非本土词；根据学习者母语特点对某些语音点、语法点进行解释。

从其他分类标准看，涵盖中国编、国外编和中外合编教材，成人教材和大中小学教材，华裔和非华裔教材，通用和专用教材，语言及文化知识教材与交际技能教材，词典和大纲等。

从时间跨度上看，主要包括20世纪80年代到21世纪初的教材。从使用量上看，主要包括在全球或者特定语区国家及地区适用范围比较广、发行量比较大的教材。

二、研究范式

国际中文教材的词汇设计是一个复杂系统工程。它本身涉及词汇的选择和处理，同时跟教材的语音、语法、文字教学关系密切，并通过热身、生词表（词汇表）、课文、知识点解释、练习等内容呈现出来。跟教材词汇密切相关的因素还有很多，如：目标语及其国家的社会、文化、使用人群，学生母语及其国家的社会、文化、使用人群，编写者、教学者、学习者、出版者、教学机构、学习社区等等。因此，教材词汇研究就应该考虑使用复杂系统理论来实施。复杂系统理论内容丰富，不可能用较短的篇幅解释清楚。以下从两方面阐述本书研究范式。

（一）跨学科性质与生态学视野

教材词汇选取和处理，是本书主要研究内容。但二语教材编写，并不仅仅涉及上述内容。二语教材编写和研究，属于应用语言学研究范畴。无论是教材编写，还是教材编写研究，都跟基础研究（语言学、教育学、心理学等）、应用研究（二语教学和习得研究、跨文化交流研究）、教学实施密不可分。只有把教材编写作为二语研究与教学生态链中的一环，对内系统、外系统进行综合研究，才能有突破性的创新，切实推动语言学与国际中文教育发展。

前边以"认为""以为"为例，显示两个词的解释和呈现，涉及汉语研究、汉外对比研究。汉语很多词语，很难用学生母语一个词准确注释，最好使用词组、句子或有充分信息的复句进行解释。从语言对比看，常常出现学生母语一个词，对应汉语两个甚至多个词的情况，属于对比等级6级，学习难度等级5级。这跟语言认知和心理学密切相关。

汉语语言学经常讨论的"字本位""词本位""句本位"，在教材编写中也会有所体现。如"对不起"，有的教材用英语对应单字进行注释：对，"correct"；不，"not, no"；起，"get up"。这种注释显然对二语者学习"对不起"没有什么帮助，只会诱发困惑。再如前边讨论过"以为"的呈现，说明句子信息足够才可能产生促学效果。

事实上，如果结合二语教学和习得实践就会发现，词汇教学应注重特定词语在句子中的地位、作用，词语跟其他相关词语的搭配关系；通过这些关系，通过句子和语篇来展示特定词语的语义、形式特征。二语学习的主要目标是交际，而特定交际环境中的句子，是承载、表现词语的基本单位（某些情况下，一个词，就是一个交际的句子）。因此，"词不离句，句不离境（交际情境）"是词汇教学的重要原则。在掌握一定的汉语词汇后，再适当引导学生注意语素在词汇中的作用。

词汇编写，不但涉及语言学，还涉及其他许多学科。如一本用于英语区的教材教"衣着"时，出现"旗袍"却没有出现"裙子、裤子"。而另一本教材在相同话题下出现"裙子、裤子"而没有出现"旗袍"。这种区别显示，有的教材编写者热衷于传播中华传统文化（当然，所选词汇也并不一定代表典型的优秀的中国传统文化），而忽略普适性词语的选择。这个问题，事实上涉及跨文化交际。教汉语，根本目标并非单向传播汉语和中华文化，而是让学习者可以用中文在相关场合进行有效交际，可以合理地进行跨文化交流。

再如，有些海外华人编写的小学初级华文教材热衷于照搬几十年甚至上百年前的华文教材，出现大量第一、二代华人成人用词（如前边举过的"红宝石、线轴、丁财两旺、高枕无忧、教子有方"等），既缺少当代儿童应该学习的二语词汇，更没有关注所在国现代社会儿童的多元智能发展。相对而言，中国编写的华文教材，在词汇选择、观照当代少年儿童多元智能发展等方面好一些。这反映了教育理念的基本问题：教材必须适应学习者的生理、心理特点，能够超出本科目教学限制，达到"全人培养"的教育目标。

总而言之，教材设计（包括词汇编写）是一个复杂系统工程，涉及语言学、心理学、教育学、跨文化交际学、传播学、人类学等多个学科。相应地，教材编写研究，则需要对教材编写进行系统考察研究，发现教材编写的普遍问题和一般规律，找出教材优劣、高下的各项指标及深层原因，真正对相关研究领域有启发作用，真正能优化二语教材编写模式，切实推进汉语二语教材研发。

要实现上述目标，至少要做到两点。第一，要结合语言学、心理学、教育学、跨文化交流学等学科对教材编写（包括教材词汇编写）进行跨学科的系统研究，同时对教材编写的方方面面进行定点的精准考察。第二，建设大规模、智能化的教材数据库，对相关研究给以资源、技术的支持。因此，上述两方面的内容，也是本课题研究的重要内容。

（二）研究方法与程序

1. 语料库建设

以全球汉语教材库为基础，建设智能化教材语料库，以便大数据定量考察，精准描述多国、多媒介语、多类教材词汇编写事实，精准统计相关数据，得出有说服力、有创新性的结论。（参见第二章第一节）

2. 多角度考察

包括对不同国家汉语教材在词汇选取、难度、重现率、注释、多义词和难词处理、国别化、适龄化要素等方面的系统研究；对二语者易混淆词语，多国教材（包含词典）在解释、呈现、讲解、练习方面的深度探究；通用汉语、商务汉语教材词汇编写的状况和特点；少儿教材词汇编写的要素和特点；文化项目表研制与应用；等等。由此可以发现教材编写规律，得出有说服力的结论，促进教材研发。

3. "最小差异对"考察

同是东南亚少儿教材，新、泰、印等不同国家的教材在词汇编写上有何特点？同是英语区初级教材，中国教材、美国教材在话题、文化词选择上有何区别？同一作者面向华裔和非华裔的教材，在词量、等级、重现、册衔接方面有何差异？同样解释汉源词对应汉语词（如"发展、发达""经验、经历""保卫、保护"），课堂教材和词典对这些易混淆词的解释、呈现有何异同？这些区别对二语习得有何影响？

没有对比就没有鉴别。"最小差异对"几乎是所有研究的共同方法。科学应用，可以凸显教材词汇编写的正误、优劣等各种现象并得出相应数据，进而探求其深层原因。

4. 描写与解释相结合

在描写基础上挖掘教材优劣的原因。如：汉外对比和二语习得研究成果及其应用，中国权威词典的相关解释，学习者本土社会文化和目标语社会文化的异同及对它们的了解，编写者的具体情况（是否使用编写的特定教材进行教学）等。这些因素是否会影响教材编写？如何影响教材质量？力求在探求深层原因的基础上，提出优化教材编写的具体模式，直接促进教材编写的跨学科研究和相关学科的本体研究。

5. 跨学科研究

综合运用语言学、二语教学习得、外语教材评估等领域的理论、模式和方法，在对教材词汇进行系统考察（选词范围、数量、难度、频率、呈现、语言点、练习、多义词和难词处理、词汇与话题文化关联等）的基础上，结合语言（汉语与学生母语）研究、习得考察、教学实施，对教材词汇及相关因素进行全方位考察，得出教材词汇编写的一般规律和特殊规则，得出评估教材编写的多项数据指标。

词汇选择、解释、呈现、练习等，涉及中国的中国语言文学、外国语言文学、心理学、教育学、民族与文化学、新闻与传播学等传统一级学科，涉及语言学、现代语言学、跨文化交流与传播等学科。不用这些学科理论方法研究，就很难探讨清楚。如少年儿童教育涉及多元智能发展，这跟教育学、心理学乃至生理学都有关联。如何在词汇教学中融入多元智能培育，是少儿二语教材的一个挑战。（张丽、周小兵，2012）

再如词汇呈现的语境，从跨文化角度看，编者应该跟读者产生

"共情",熟悉学习者的文化背景,教材内容才能对学习者具有"亲和力",才能达成有效的二语习得。(参见第一章第三节)

三、主要内容

本书包含八个部分。

绪论部分,概述本书的研究问题与考察对象,研究方法与范式,介绍本书主要内容。

第一章,概述国际中文教材词汇编写研究概貌,从教材词汇的选取、解释、呈现、练习等中观角度,探讨教材词汇设计的主要内容、存在问题及表层深层原因等。如第一节系统考察教材词汇选取,包括:词种数量与难度,与汉语母语者词频重合度,本土性。发现编写者不同(中国/他国,相同国家地区不同编写者,同类教材的不同合作者等),词汇设计差异明显;海外教材如有当地教师实际参与编写,词汇选取有明显优势。

第二章,教材语料库建设与基于语料库的教材词汇研究。第一节从标准研制、教材评估、软件研发应用等方面,考察语料库建设的原则方法及其对教学习得的促进。研究发现:汉语语料库可概括语言规则;双语语料库可展现语言异同,找出迁移证据;中介语语料库可展现习得事实和中介语发展状况;教材语料库可描写二语输入事实,促进习得教学研究。多种语料库融合应用,可推进二语学习生态学研究。第二节用语料库考察11国325册教材,发现高频超纲词覆盖率竟高于《汉语国际教育用音节汉字词汇等级划分》最高级词;但这些高频超纲词多是语义完全透明类;提出教材编写教学实施应根据语义透明度对高频超纲词予以科学处理。第三节基于语料库考察 31 册商务汉语教材生词，发现同级教材词汇难度相对合理，但词汇与大纲重合率低，商务词比例与教材级别不对应，各教材对词汇量缺乏共识。提出商务教材词汇构成，应包含"通用词汇、通用商务词汇、商务词汇、超纲词"。

第三章，国别教材词汇本土性研究。第一节多角度探讨汉语教材本土化方式及分级。第二节采用双对比模式，基于学习策略对比教材练习，发现美、日、韩版汉语优秀教材本土词多，适合当地人利用熟悉事物学汉语，练习多样，刺激学生用多种策略实现高效学习；美国汉语教材和英语二语教材，日本汉语教材和日语二语教材，韩国汉语教材和韩语二语教材，学习策略各有特点，与该国（语区）教学法一致。研究为练习编写区域化提供参考和指标。第三、四节考察俄、韩汉语教材，揭示两国教材在生词释义、词性、例句、语境、复现、练习等方面的不足。原因有：编写者缺少语言对比和二语学习研究基础，中国版词典及双语词典编写失误。针对具体问题提出的词汇编写建议，具体实在，具有可操作性。

第四章，少儿教材词汇研究。第一节对比同一作者编写的少儿教材《轻松学汉语》（非华裔）和《轻松学中文》（华裔），精准统计它们在词汇选取和处理（词数、难度、重现、册衔接）等方面的数据，发现后者在多项指标上均优于前者，并探索、解释可能的原因。第二、三节分别考察 10 套泰国小学教材，8 套印尼中学教材，发现：两国内部，教材共选词比例很低，华文教材（多为本土教师编）容易照搬母语语文教材，词汇量大，难度高，适龄化不足，但个别教材本土词丰富，国别特征明显；非华裔教材（多为中国教师编）词汇量和难度较合适，注意适龄化；但本土词不够，国别特征不明显。提出研制特定国家少儿汉语词汇大纲的必要性和具体路径。

第五章，教材文化点与词汇研究。第一节考察英语区初级汉语教材文化词群，发现中、美两国编写的教材共选文化词比例小；中国教材重成就（含传统）文化，多选中国独有文化词，观念对比多；美国教材重日常生活和经济政治，多选当代共性文化词或美国文化词，习俗、制度对比多，在本土性、文化词丰富性和跨文化视点多样性方面较突出。第二节基于语料库探讨教材文化项目表的研制与应用。针对已有文化大纲不足（系统性弱，覆盖面窄，缺语料库支持和辅助信息），利用语料库统计3000多册/种教材的显性文化信息，使用二语文化教学理论，结合教学实践，研制出中华文化分类项目表。该表共263项，分3层，标有频次和典型实例，可直接服务于国际中文教育中的文化教学和教材编写。

第六章，教材词汇个案研究。第一节考察中外10部教材对心理动词"认为""以为"的编写，发现多数教材没有根据习得顺序安排教学，国外教材尤甚。10部教材均不同程度地存在释义不准确、形式解释不全、练习不充分、各部分不协调等缺憾。进而集中探讨"合适语境"在解释、呈现、讲解、练习中的重要性和实现途径。第二节选取西班牙语为媒介语的3套汉语教材，从释义、课文呈现、重点词解释、练习设计等环节，考察"一点""有点"的编写及可能诱发的偏误。最后提出教材设计、教学实施的具体建议。

结语部分，在总括全书的基础上，概述主要观点。如：词汇选取，是判定教材难度的主要指标；核心词及词集，可作为话题、文化点和交际点的坐标；词汇的解释、呈现、练习，是衡量教材质量的重要标准；区域性与适龄性，是测量海外中文教材的重要内容；二语词汇教学，应该"词不离句，句不离境"；教材编写，是语言研究、二语教学习得研究与跨文化研究的综合体现。进而探讨国际中文教材研发与词汇设计方略，如：遵循跨文化交流原则，汲取全球二语教材研发经验，优化中外合作编写模式；加强智能化二语教材语料库建设，为二语教材研发夯实基础；词汇处理应凸显解释准确性、呈现易懂性、练习有效性；应该使用系统生态学方法考察、研发二语教材。

第一章 国际中文教材词汇编写概貌

本章遵循"实事求是"原则,从词汇选取、词汇解释、词汇呈现、词汇练习几个方面探讨国际中文教材词汇设计。先展现教材编写的典型问题,再就这些问题进行多角度分析,看它们如何对汉语二语教学产生影响,探究问题出现的原因,寻找问题的解决方案。

第一节 词汇选取

谈到第二语言教材的词汇研究,教师首先想到的可能是以下问题:

生词是怎样选出来的?生词的量和难度如何确定?它跟课文话题有什么关系?怎样解释效果好?举什么样的例句、多少例句比较合适?生词呈现的上下文和语境应该是什么样?生词的重现率多少比较好?词汇练习如何设计?用什么方式展现、解释生词更加高效?

这些问题可以归为以下六个论题:(1)词项(及义项)选取;(2)释义和举例;(3)课文呈现(上下文和语境);(4)练习;(5)复现(次数、间隔);(6)多模态。

本节只研究(1)。考察基于中山大学国际汉语教材研发与培训基地的全球汉语教材库,结合对现有教材的评估,讨论以下问题:

词语位置，数量，难度，常用度，本土性。

一、词汇教学地位与词汇出现位置

（一）地位

地位，指教材是否有专门教授的词语。多数教材有"生词表"等，有的还有"重点/补充词语"等。但也有部分教材，没有列出专门教授词语。相对而言，有"生词表、词汇表、重点/补充词语表"的教材，编写者对词汇教学比较重视，词汇教学地位比较高，教师、学生都知道词汇教学点在哪里。而没有这些内容的教材，词汇教学显然不受重视；师生也不明白应该如何进行词汇教学。

（二）位置

位置，指专门教授的"词语"在教材每一课什么地方，以什么形式出现。大致情况可以分成两大类。

1. 词汇教学的特定位置

（1）"生词表"。大多数教材采用此种方式。但有教师、学生质疑，"生词表"中的某些词对学习者来说并非生词，而课文中的某些词语对学习者来说是生词，在生词表中却并未列出。

（2）"词汇表"。为了避免出现（1）的问题，有的教材使用"词汇表"来展示词汇。

（3）"重点词语解释""补充词语""常用口语表达词语"等板块。设置这些板块也是为了避免第（1）种方式出现的难题。此外，有的教材有主课文、副课文，还有专门的口语练习，这些内容需要一些补充词汇和常用口语词汇。

（4）"生字表"。此类教材像汉语母语者的中小学语文课教材，学习者一般是华裔学生；受母语教学影响，编者认定学习者会听说汉语词汇，只是不懂相应汉字的辨识和书写。当然，"生字"中有很大比例是单音节词，跟生词一样。但也有一部分可能只是"语素"。如生字表中的"般"，相关的词汇是"一般，一般来说"。

2. 词汇考察范围

以上主要指编写教材时需要注意的教授词汇的特定位置。如果考察教材，必须明确考察哪个部分的"词语"。可能有4种情况。

（1）"生字表""生词表""词汇表"以及相关列表（如"补充词语表"）中的词语。

（2）课文中所有词语。考察原因：有的教材没有（1）说的各类列表。有的教材，课文中有些词，对多数学生来说是生词，但生词表没有列出；生词表中某些词，对多数学生并非生词。考察其中差别，是词汇研究的一个内容。

（3）练习中所有词语。考察原因：一是看生词表、课文词汇是否在练习中得到有效练习；二是看练习词汇（不考虑练习指示语）是否超出了生词表、课文词汇的范围。

（4）整部教材中的词语（除了"课"，还包含教材的说明、目录、附录等）。

根据上述几类，考察对象可能有多种组合，如：（1）+（2），（2）+（3），（1）+（2）+（3）。一般来说，考察最多的是（1）或者（2），其次是（2）+（3）或（1）+（2）+（3）。

二、词语数量

词语数量，指教材中不计重复的词汇总量，也称词种数。词种统计有不同的角度。

按每课计。如综合（精读）课教材每课生词量，入门阶段一般不超过 10 个，初级阶段不超过 30 个，中级大约 40—55 个，高级大约 50—70 个。

按年级计。如中国高校全日制，进修班初、中、高级，一般对应汉语言本科一、二、三年级。《汉语国际教育用音节汉字词汇等级划分》（国家汉办 / 孔子学院总部、教育部社科司，2010；简称《等级划分》）词汇 11092 个，初级 2245 个，中级 3211 个，高级 4175 个，高级附录 1461 个，可大致对应汉语言本科 4 个年级。

按课程计算。如果是综合课教材，所学词汇可能占全部课程的 60%—70%；而其他课程（如口语、听力、阅读等）大约占 30%—40%。

（一）大学教材

先看国内教材。赵新、李英（2004）考察了《桥梁》（陈灼，1996）、《中级汉语精读教程》（赵新，1999）、《标准汉语教程》（王国安，1998）三套中级综合教材中的生词量。

表 1-1　三套中级汉语综合（精读）教材生词数量统计（单位：个）

词汇	A 上册	A 下册	B Ⅰ 册	B Ⅱ 册	C 1 册	C 2 册	C 3 册	C 4 册
每课平均	60.6	77.6	47.8	51.4	45.8	50.5	52.6	49

续表

词汇	A上册	A下册	BⅠ册	BⅡ册	C1册	C2册	C3册	C4册
一课最多	85	118	55	58	55	58	70	78
一课最少	44	47	25	40	42	44	39	38
册词量	910	1165	956	1028	458	506	526	490
总词量	2075		1984		1980			

注：A代表《桥梁》，B代表《中级汉语精读教程》，C代表《标准汉语教程》。

生词量，三部教材总体相似，每课差别较大：《桥梁》平均每课接近70，最多一课118个，数量过多；另外两种教材平均每课生词量比较合适。

再看国内、国外教材对比。周小兵、刘娅莉（2012）考察了四部国内、四部国外的一年级综合教材的课文词汇，发现差异很大。

国内教材：《汉语教程（一年级）》（杨寄洲等，2006；简称《教程》），《发展汉语（初级汉语）》（荣继华，2006；简称《发展》），《阶梯汉语（初级读写）》（翟汛等，2007；简称《阶梯》），《博雅汉语（初级起步篇）》（李晓琪，2005；简称《博雅》）。

国外教材：《中文听说读写》（姚道中、刘月华，2009；简称《听说读写》），《步步高中文》（张新生，2005—2006；简称《步步高》），《意大利人学汉语（基础篇）》（Federico Masini等，2010；简称《意大利》），《循序渐进汉语》（张慧晶等，2009；简称《循序》）。

表 1-2　八部教材课文词汇的总词种数（单位：个）

	国内				国外			
	《教程》	《发展》	《阶梯》	《博雅》	《听说读写》	《步步高》	《意大利》	《循序》
总词种数	2997	2292	2084	1514	777	512	452	331
平均值	2222				518			
标准差	613				188			

总词种数量，国内教材远高于国外教材。总词种数的离散程度，国外教材（标准差188）远低于国内教材（标准差613），显示国外教材编者在选词数量上看法趋同。词种极值差，国外教材446个，国内教材高达1483个（《教程》2997减去《博雅》1514）。

（二）中学教材词汇数量

先看零起点到中级水平的海内外国际学校教材《轻松学中文》（马亚敏等，2006）。

表 1-3　《轻松学中文》各分册词数与词种数（单位：个）

	一	二	三	四	五	六	七	八	总计
词数	597	1120	1600	2177	4519	3890	3956	4044	21903
词种数	165	411	633	798	1297	1199	1366	1463	3739
词种增幅（%）		149.1	54.01	26.1	62.5	−7.6	13.9	7.1	
词汇重现率（%）	72.4	63.3	60.4	63.3	71.3	69.2	65.7	63.82	82.93

注：总词种数为全套教材整体考察的数据，并非各分册词种数的算术和。

由表可知：(1) 该系列教材词种数达 3739 个，高于一般中学汉语二语教材。姜蕾（2013a）认为中学教材词种数为 2000—3000 比较合理。(2) 词汇重现率较高。(3) 词种数和词数，前四册平稳递增；但第五册猛增，第六册却比第五册少。

中学二语者应学多少个词？《新中小学生汉语考试（YCT）大纲》（国家汉办/孔子学院总部，2009）含 600 个词，远低于多数中学教材。面向国外的《国际汉语教学通用课程大纲》（国家汉办，2010），三级目标跟初级大致相符，要求掌握 900 个词语；面向全日制高校学习者的《等级划分》（国家汉办等，2010）初级阶段要掌握 2245 个词。可作为参考。

下边考察用于泰国中学生的《创智汉语》（骆小所等，2010；简称《创智》）和《体验汉语》（刘援等，2010；简称《体验》）。泰方合作者都是泰国教育部基础教育委员会；中方合作者，前者为云南师范大学，后者为高等教育出版社。

表 1-4 《创智》《体验》总词种数对比

教材	1册	2册	3册	4册	5册	6册	总词种数	总词频次	平均词频次
《创智》	132/1	178/1.4	207/1.6	226/1.7	265/2	304/2.3	1332	10432	7.8
《体验》	99/1	259/2.6	558/5.6	532/5.4	1083/11	743/7.5	1813	13447	7.4

注："/"前为词数，后为以该套教材第 1 册词数为参照的递增比例。

由表可知：(1)《体验》总词种数为 1813 个，比《创智》多 481 个；平均词频则略低于《创智》；除第 1 册外，其他各册词种数都远高于《创智》。(2)《创智》各册词种数逐册递增，循序渐进，较符合初中生认知水平。《体验》分册间词种数递增不合理：1 到 2

册，2 到 3 册，4 到 5 册，词种数增幅偏快，但 4 册、6 册却分别比 3 册、5 册少。

三、词汇难度

据《汉语水平词汇与汉字等级大纲》(国家汉办，1992；简称《词汇大纲》)，中国全日制汉语教材词汇分甲、乙、丙、丁 4 级，初级学甲、乙级，中级学丙级，高级学丁级。

（一）大学教材

先用《词汇大纲》，统计三部中级综合教材(《桥梁》《中级汉语精读教程》《标准汉语教程》)生词部分的词汇难度等级。(赵新、李英，2004)

表 1-5 三套中级教材的生词表中词汇的难度等级

（"/"前后分别为词种数及其比例）

词汇等级	A 上	A 下	B1	B2	C1	C4
甲级	11/1.2				2/0.4	1/0.2
乙级	216/23.7				4/0.9	8/1.6
丙级	320/35.2	357/30.7	526/55	473/46	365/79.7	280/57.1
丁级	179/19.7	336/28.8	287/30	401/39	35/7.6	84/17.2
超纲	184/20.2	472/40.5	143/15	154/15	52/11.4	117/23.9
丙级平均	338.5/32.9		499.5/50.5		322.5/68.4	

注：A 代表《桥梁》，B 代表《中级汉语精读教程》，C 代表《标准汉语教程》。

A 教材问题最多：中级阶段的丙级词只有 32.9%，下册丁级词、超纲词总数超过 50%，而乙级词数量也不少。B 教材词汇难度稍高：丙级词占 50.5%，丁级词、超纲词合计约占 50%。C 教材生词难度最合适：丙级词 68.4%，丁级词、超纲词合计大约 30%，大致符合中级教材生词等级的比例：中级词 70%—80%，高级词＋超纲词 20%—30%。

再看对国内 4 部初级综合教材课文词种的难度统计。

表 1-6　国内 4 部教材总词种难度等级

（"/"前后分别为词种数及其比例）

	甲级	乙级	丙级	丁级	超纲	专名
《教程》	880/29.4	819/27.3	333/11.1	230/7.7	633/21.1	102/3.4
《发展》	846/36.9	685/29.9	196/8.6	118/5.1	341/14.9	106/4.6
《阶梯》	771/37.0	548/26.3	187/9.0	125/6.0	355/17.0	98/4.7
《博雅》	794/52.4	343/22.7	101/6.7	53/3.5	188/12.4	35/2.3
平均值	823/37.0	599/27.0	204/9.2	132/5.9	379/17.1	85/3.8
标准差	49	203	96	73	185	34

甲、乙级词，《博雅》达 75.1%，《教程》仅 56.7%。越级词（丙、丁级）和超纲词，《博雅》分别是 10.2% 和 12.4%，而《教程》分别为 18.8% 和 21.1%。词汇难度前者显然优于后者。

根据《词汇大纲》（1992），以下词汇对初级学生是"越级词""超纲词"：

电脑（丙）、地铁（丁）、手机（超）、上网（超）

随着社会发展，这些词使用频率越来越高，在2010年《等级划分》中已调整为"普及化词"，即初级词。上述4部教材中的一些共选超纲词，有些确实应定为初级词，如：

太极拳　电脑　地铁　手机　打工　超市　发音　生词

但某些教材中的某些超纲词，难度确实偏高，如《教程》的以下词语（括号内"，"前为词汇等级，后为汉语母语者使用频率排位）：

一册：气功（丁，16394）。二册：白薯（超，27914）、圆圈（超，12655）、按摩（超，7299）。三册：镯（超，29994）、飞碟（超，19622）、石膏（超，22781）、信物（超，26606）

要求初级二语者学上述词语，确实难度太大。这些词语，其他3部国内教材均未收录。

再看国外教材的情况。以下是根据《词汇大纲》统计的课文词汇等级情况。

表1-7　国外4部教材总词种等级（"/"前后分别为词种数及其比例）

	甲级	乙级	丙级	丁级	超纲	专名
《听说读写》	496/63.8	120/15.4	30/3.9	18/2.3	83/10.7	30/3.9
《步步高》	333/65.0	61/11.9	19/3.7	13/2.5	41/8.0	45/8.8
《意大利》	328/72.6	53/11.7	7/1.5	12/2.7	38/8.4	14/3.1
《循序》	244/73.7	24/7.3	7/2.1	3/0.9	15/4.5	38/11.5

续表

	甲级	乙级	丙级	丁级	超纲	专名
平均值	350/67.4	65/12.5	16/3.1	12/2.3	44/8.5	32/6.2
标准差	105	40	11	6	28	13

甲、乙级词比率《意大利》最高,《步步高》最低。越级词比率《循序》最低,《步步高》《听说读写》偏高。超纲词比率,《循序》最低,《听说读写》最高。

表1-6和表1-7显示,词汇等级,国外教材相对科学一些。甲、乙级词比例,国外教材平均为79.9%,高于国内教材的64.0%。越级词和超纲词比例,国外教材平均是5.4%和8.5%,低于国内教材的15.1%和17.1%。

(二)中学教材词汇难度

先以《词汇大纲》为标准,考察《创智》和《体验》的词汇等级。

表1-8 两套教材词汇在《词汇大纲》中的分布

("/"前后分别为词种数及其比例)

教材	册数	甲级词	乙级词	丙级词	丁级词	超纲词
《创智》	6	647/48.57	364/27.33	70/5.26	42/3.15	209/15.69
《体验》	6	676/37.29	405/22.34	147/8.11	112/6.18	473/26.1

甲、乙级词,《创智》1011个,占75.9%;《体验》1081个,占59.63%。越级词(丙、丁级)和超纲词,《创智》分别是8.41%和15.69%;《体验》分别是14.29%和26.1%。可见,《创智》词汇难度

比较科学，而《体验》词汇难度偏高。

两部教材中的超纲词，部分是泰国本土词：《创智》28个，占超纲词的20%。如：

泰国　曼谷　榴莲　酸辣虾汤　水灯节　水上市场

《体验》本土词汇46个，占超纲词的9.7%。如：

泰铢　木瓜　冰水　藤球　宋干节　宋猜

相比之下，《创智》不但甲乙级词比例高，本土词汇比例也高，更适合当地人学习。

四、母语者使用频率

二语词汇教学，常用度高的词应先教（Ellis，2002；李如龙、吴铭，2005；苏新春、杨尔弘，2006）。本节使用"中文助教"（储诚志，2005）[①]SVL常用度等级词表比对教材词汇。汉语母语者词频高低，可分为5类：高频词，1—1000；次高频词，1001—2500；中频词，2501—5000；次低频词，5001—8000；低频词，8001+。

[①] 中文助教（Chinese TA™）软件可帮助中文老师编写、修改和评量教材和教学辅助材料，集成多种功能。

（一）大学教材

先看国内教材。

表 1-9　国内 4 部教材课文总词种 SVL 常用度分布（按总词种数排序）

	1—1000 词种数 /%	1001—2500 词种数 /%	2501—5000 词种数 /%	5001—8000 词种数 /%	8001+ 词种数 /%
《教程》	759/25.3	633/21.1	530/17.7	329/11.0	746/24.9
《发展》	681/29.7	543/23.7	410/17.9	233/10.2	425/18.5
《阶梯》	650/31.2	469/22.5	341/16.4	196/9.4	428/20.5
《博雅》	566/37.4	336/22.2	251/16.6	121/8.0	240/15.9
平均值	664/29.9	495/22.3	383/17.2	220/9.9	460/20.7
标准差	80	126	118	86	210

与母语者高频词的重合率，《博雅》最高，《阶梯》《发展》居中，《教程》最低。与母语者低频词的重合率，《教程》最高，《阶梯》《发展》居中，《博雅》最低。可见，《博雅》的词汇难度合理，而《教程》词汇难度偏高，选取母语者低频词偏多。

再看国外教材。

表 1-10　国外 4 部教材课文总词种 SVL 常用度分布（按总词种数排序）

	1—1000 词种数 /%	1001—2500 词种数 /%	2501—5000 词种数 /%	5001—8000 词种数 /%	8001+ 词种数 /%
《听说读写》	355/45.7	150/19.3	103/13.3	66/8.5	103/13.3
《步步高》	246/48.0	101/19.7	65/12.7	27/5.3	73/14.3
《意大利》	238/52.7	73/16.2	56/12.4	33/7.3	52/11.5
《循序》	164/49.5	51/15.4	41/12.4	24/7.3	51/15.4

续表

	1—1000 词种数/%	1001—2500 词种数/%	2501—5000 词种数/%	5001—8000 词种数/%	8001+ 词种数/%
平均值	251/48.4	94/18.1	66/12.7	38/7.3	70/13.5
标准差	79	43	26	19	24

与母语者词汇常用度的重合方面,国外教材课文词汇的区别相当小。与高频词的重合率,《意大利》最高,《听说读写》最低,但差距不大。表 1-9 和表 1-10 还显示,国外教材的编写相对合理:高频词比率,国外教材比国内教材高 18.5%;低频词比率,国外教材比国内教材低 7.2%;5 个词频段词汇数量的标准差,国外教材均低于国内教材。

（二）中学教材

再对比《创智》《体验》词汇常用度情况。

表 1-11　两套教材词汇 SVL 常用度分布

教材	册数	1—1000 词种数/%	1001—2500 词种数/%	高频和次高频总计	2501—5000 词种数/%	5001—8000 词种数/%	8001+ 词种数/%
《创智》	6	458/34.4	278/20.9	55.3%	215/16.1	119/8.9	262/19.7
《体验》	6	558/30.8	358/19.7	50.5%	303/16.7	285/15.7	309/17

从上表看,两部教材的高频词、次高频词的比例都不太高。相对来说,《创智》稍微好一点,高频词和次高频词比率占 55.3%,比《体验》的 50.5% 高 4.8%。

五、词汇本土性

邹为诚（2000）认为，学习者周围的人和事，具有可理解性、重复率和突显性，最能引起学生的兴趣、共鸣和参与热情。周小兵、陈楠（2013）系统考察了两种"一版多本"和6部海外教材中本土词汇的使用情况。考察对象为：英语版《新实用汉语课本》（刘珣主编，2009；简称《新实用》）、《当代中文》（吴中伟主编，2009—2010；简称《当代》），及其英语版基础上开发的其他媒介语教材；《听说读写》（美国）、《步步高》（英国）、《汉语入门》（何碧玉、吴勇毅主编，2009；简称《入门》，法国）、《汉语》1、2（Eva Costa Vila、孙家孟主编，2004；西班牙）、《泰国人学汉语》1（徐霄英、周小兵主编，2006；简称《泰国人》，泰国）、《意大利人学汉语》（简称《意大利人》，意大利）。

（一）词汇本土性在"一版多本"中的体现

从英语版改换为其他媒介语，《新实用》《当代》主要用两种途径。

1. 替换

人名（39）[①]："杰克"替换为"颂猜"（《当代》泰语版）

地名（38）："加拿大"替换为"西班牙"（《新实用》西语版）

机关团体名（11）："英国东方学院"替换为"樱花大学"（《当代》日语版）

---

① 括号中的数字，表示这一类词汇在两种"一版多本"中的总数量。

节日（2）:"元旦、复活节"替换为"开斋节、宰牲节"(《新实用》阿语版）

2. 删除

食物（3）：删除"啤酒"(《当代》阿语版）

地名（1）：删除"唐人街"(《当代》泰语版）

表 1-12 "一版多本"其他语种版不同于英语版的本土词汇情况（词数/%）

	法	西	日	韩	泰	阿	印	意	平均
《当代》	8/1	13/1.6	9/1	14/1.7	12/1.5	16/2	16/1.9	8/1	12/1.5
《新实用》	2/0.2	2/0.2	2/0.2	2/0.2	2/0.2	4/0.3	—	—	2/0.2

因宗教避讳，阿语版、印尼语版删除了"猪肉、啤酒、醉"等词，因此，它们的词汇改编多于其他版本。《当代》本土词汇平均每个版本 12 个，占 1.5%，高于《新实用》的 0.2%。

（二）词汇本土性在海外教材中的体现

海外教材的本土词汇，主要用于以下几个方面：

人名（26）[①]：胡安（《汉语》）；海伦（《听说读写》）

地名（71）：普吉（《泰国人》）；巴塞罗那（《汉语》）

机关团体名（23）：巴黎大学（《入门》）；国王十字火车站（《步步高》）

食物（21）：法国蜗牛（《入门》）；比萨饼（《意大利人》）

[①] 括号中的数字，表示这一类词汇在 6 部海外教材中的总数量。

节日（6）：宋干节（《泰国人》）；感恩节（《听说读写》）

货币（7）：铢（《泰国人》）；欧元（《意大利人》）

运动（9）：美式足球（《听说读写》）；水球（《步步高》）

本土词汇的种类超过"一版多本"，且数量较多。各教材本土词汇情况统计如下：

表 1-13　海外教材本土词汇分布（词数 / %）

	《听说读写》	《步步高》	《入门》	《汉语》	《泰国人》	《意大利人》	平均
总计	35/4.5	30/4.8	33/5.2	31/2.5	29/6.9	30/5.8	31/5.0

对比可知，本土词汇数量，海外教材平均每部 31 个，占 5.0%，远高于"一版多本"。

小结

本节通过考察事实、统计数据，发现教材词汇选取中有不少有意思的现象。如：有的教材从学习者实际水平出发，考虑大纲要求和母语者使用频率，词汇选取上比较科学。有的教材对上述因素考虑不够，词汇数量偏多，难度偏高，低频词选用偏多。又如：海外用教材，若由海外专家编写，或者中外合编，词汇选取上有一定优势。

若要解决教材的词汇选取的不足，切实促进教学，可以采用以下措施：

第一，根据课程要求，比对相应的课程、考试、词汇、交际等大纲，精心挑选词汇。

第二，根据学生所在语区、国家、地区的特点，根据学生年龄的特点，根据学生的实际需求（完成课程、通过考试、促进交际、开学术会议等），适当选用本土词汇、适龄词汇和专门用途词汇。

第三，词汇选择需要跟后边讨论的词汇解释、呈现、练习等融合；并考虑跟语音、语法、文字等语言要素的协调，与听说读写译等技能的有机结合。

第四，若编写海外特定地区使用的教材，应该实现中外专家、学者、骨干教师、教育机构的实质性合作。

周小兵（2017）指出，科学研发、合理使用教材，可提高教和学的质量，促进课程建设。希望本节的考察研究，能促进汉语二语教材的研发和国际汉语教育学科发展。

第二节　词汇解释

词汇解释，多数教材位于每课学习的开端：展示目标生词的字形、语音、词性、语义，可能会出现简单语境（词组或句子）；作为先导，引出后边的课文、语法（或其他语言点、知识点）讲解；最后会出现相应练习，复习词汇意义和用法，检测词汇学习效果。因此，词汇解释在词汇学习乃至二语教材构建中非常重要。

本节探讨教材词汇的解释方式、解释原则、存在问题以及可能引发的偏误，学习词汇解释的基本概念、操作过程和难点以及改进方法。

一、生词释义方式

国际中文教材的释义方式主要有 6 种。

（一）用非目标语释义

初级阶段，一般教材（华文教材除外）都会用学生母语或英语解释词义。如：

脸色：countenance（英语）/ 안색（韩语）/ 颜色（日语）

此类释义，基本上使用学生母语或全球使用最广泛的第二语言——英语，可以帮助学生用母语或英语理解汉语词汇的意思及用法。但是，由于语言的特殊性和词汇的民族性等因素，学生母语词和英语词，跟被释汉语目标词有时并非一一对应，这种解释法有时会出现误导，让学生以为该汉语在意思用法上跟母语词、英语词完全对应，结果诱发偏误。

如汉语"经验"，有的以韩国语作为教学媒介语的教材释义和举例如下：

① 명사 （名词） 경험（gyeong heom/ 經驗）
例：他对嫁接果树有丰富的经验。
그는 과수를 접붙이는데 풍부한 **경험**（經驗）이 있다.（《高丽大》）
词译：他_{主格} 果树_{宾格} 嫁接 词尾 丰富的 **经验** 有

②동사 （动词） 경험（gyeong heom/ 經驗）하다（经历）

例：这件事，我从来没经验过。

이 일은 내가 여태까지 **경험**（經驗）한 적이 없다.（《高丽大》）

词译：这 事_主格_ 我_主格_ 一直_助词_ 　　**经验**　　　　表完成　　没有

义项②解释、例句把"经验"当作动词，对应动词경험하다，容易诱导出以下偏误：

*我在中国经验了很多好的事。（HSK 库）

（二）用汉语释义

到了中高级阶段，尤其是高级阶段，或者华文教材，往往用汉语解释生词。如：

傻眼：因某种意外情况出现，而吃惊发呆。

此种释义有一定难度，要求释义词难度等级低，学生已经掌握，并可以用这些已掌握词来理解生词。用目标语释义时，有的教材会展示语言差异，如：

中学：汉语中"中学"包括"初中"和"高中"，韩语中仅指"初中"。

但有的教材忽略汉语和学生母语之间的上述区别，就会产生习得困难。比如,韩国学生用"中学"时可能只是表示"初中"的意思。

(三)用目标语和母语结合释义

用目标语和学生母语结合释义,大多出现在中高级教材。如:

巴掌:palm of hand / 手、手掌。

(一)(二)两种释义的优点、不足,都可能在此类释义中出现,编写者要综合考量,合理使用,发挥学生母语和目标语的优势。例如汉语释义词的难度不能超过被释义词。

(四)用图画释义

此类释义经常在少年儿童教材中出现,尤其是解释具体名词和简单动词的时候。如:

苹果 píngguǒ   草莓 cǎoméi

(五)图画+母语释义

这种释义方法,可以用于少儿教材,也可以用于成人教材。有时可以结合交际情景,同时展示多个词语、多幅图画。如《汉语图解词典(阿拉伯语版)》(商务印书馆,2009):

040　汉语教材词汇研究

饮料 Yǐnliào
المرطبات

1 水 shuǐ
ماء

2 矿泉水 kuàngquánshuǐ
ماء معدني

3 茶 chá
شاي

4 雪碧 xuěbì
سبرايت

5 奶茶 nǎichá
شاي مع الحليب

6 豆奶 dòunǎi
حليب الصويا

7 果汁 guǒzhī
عصير

8 可乐 kělè
كولا

9 苏打水 sūdǎshuǐ
ماء الصودا

10 汽水 qìshuǐ
فوارة

11 牛奶 niúnǎi
حليب

12 咖啡 kāfēi
قهوة

140

图 1-1 《汉语图解词典（阿拉伯语版）》内页

再如《汉语小词典（汉法）》（北京外国语大学汉语国际推广多语种基地，2019）：

图 1-2 《汉语小词典（汉法）》内页

从学习阶段看，初级、中级汉语教材主要使用非目标语、图片释义法；中级、高级教材主要使用母语结合目标语的方式；高级教材常用汉语直接进行释义。从（四）（五）也可以看出，生词解释可以跟图画连在一起，不一定出现在课文之前。

（六）随文注释

现在有的教材，生词是随文注释，即页面左边大约 2/3 是课文，右边大约 1/3 是词汇解释。如《中医汉语综合教程》（徐静主编，2013）：

课文	生词
日月与阴阳 中国古代哲学认为，世界上任何事物都有阴、阳两个方面。 太极图（略） 太阳为阳，月亮为阴；山的南面向着太阳，为阳，山的背面背着太阳，为阴……	哲学 zhéxué n. philosophy 阴 yīn n. *yin*, feminine or negative principle in nature 阳 yáng n. *yang*, masculine or positive principle in nature

这种注释的好处是：（1）学习者可以根据自己的水平选择词汇学习。阅读遇到生词时就在右边找注释；觉得没有生词，就不必看注释。（2）课文和注释距离近，可协同学习。

二、生词解释的原则

（一）综合语义、语法、语用特征

多数教材、词典只解释语义，二语者不明白目标词的用法，不能真正习得。如有的外向型词典把"情愿"释义为"（动）自己心里愿意"，容易导致学生产生以下偏误。

*我情愿到广州学习汉语。‖*我情愿爬山,到达山顶的时候真爽快。

作者想表达的意思,第一句是"想",第二句是"喜欢"。学生误代的原因,是教材、词典几乎都没有解释清楚"情愿"的"预设义"。使用"情愿"的前提是明知有牺牲、有付出,但为了某种目的还是愿意去做。即"情愿"做的,从某个角度看不符合自己心愿,会付出一些不情愿的代价。如:

如果非要生孩子,我情愿不结婚。‖为了让她拿博士学位,我情愿到餐馆打工。

不说明这一点,学生会以为它跟"想"一样,就会产生偏误。事实上,大多教材不解释或解释不当,跟内向型词典的解释有一定关联。如某词典对"情愿"的解释:

① 从心里愿意:心甘情愿。
② 宁愿:情愿自己受点苦,也要孩子上大学。

第二个义项,更符合"情愿"的原意和使用条件。第一个义项,例子是成语,且事实上蕴含第二个义项。

可见,对"情愿"的解释,应该综合考虑语义、语法形式和语用因素。如:

情愿 动词 prefer to do 后边通常带动词词组或者主谓词组(小

句）做宾语。表示为了达成某种目的，在几种选择中，宁愿做出一些让步、牺牲，也选择做某些事。如：为了考试得到好成绩，他情愿每天学习到夜里12点。

（二）生词释义须与例词对应

有的教材生词表中既有释义，也有例子，包括词例和句例。这时就要特别注意，生词解释中的意思、用法，是否跟词例、句例保持一致，能让学生明白。请看下例：

日 day, sun 日本人‖本 root, origin 日本，本人，本国

显而易见，day 和 sun 跟"日本人"，root 和 origin 跟"日本""本人""本国"的意义联系，学习者很难看出来。即，后边的例词，无法帮助学生理解前边的单音节词；同样，前边的英文释义，也很难帮助学生理解后边的例词。这种情况往往出现在"字本位"观念比较突出的教材：编者想凸显"字"的作用，先用学生母语或英语解释单字意思，再列出例词，但并没有考虑学习者是否能理解单字释义与例词意思的关联。

（三）生词义项应与课文一致

在一部教材第21课中，生词表对"报"的解释为 to register, to report，但课文中出现的词却是"看报"的"报"。与 to register 对应的汉语是"报名"，与 to report 对应的是"报告"；而课文的"报"是名词，应译为 newspaper。

最常见最典型的现象，是对"本"的英文释义。很多初级教材

都会出现以下情况：

生词表：本 root of a tree 　课文呈现：一本书

这种英文注释只会让学习者迷惑。此处释义应是：a measure word for something like books。

（四）释义要对应学习阶段

有的词包含两个甚至更多意思，它们的难度不同。如"请"，一般认为最少有两个常用义：（1）放在动词前表示礼貌的语气；（2）动词，邀请某人做某事，或请人吃饭。

《汉语口语》（佟秉正，1982）在第 1 课把"请"注释为 please，课文为"请坐"。第 5 课注释为 invite，课文为"他们请老李家吃饭"。这种处理，根据词汇难度和学生水平协同处理，学习效果较好。但是，也有教材第一课就把两个意思都注释出来：please；to treat or to invite。但当课课文只出现"请问"。到第三课课文才出现"我星期四请你吃饭"，但是当课并没有相应注释。学生学习第一课时，对第二个意思的注释会产生困惑。到了第三课看课文，可能已忘记第一课的注释，教师还需要根据课文讲解第二个义项。

还有一部教材，生字"中"的解释有两个：(zhōng) middle, medium；(zhòng) to hit a target。这两个"中"是语音、意义、用法完全不同的两个词，仅字形一样而已。从学习阶段看，表示"中间"的名词（方位词）"中"可以在初级开始阶段（初级第一学期）学习；而表示"达到目标"的动词"中"，只能在初级后阶段（初级第二学期）或中级阶段学习。再看该教材的课文：

王：中国大吗？　马：中国很大。

王：日本大吗？ 马：日本不大，很小。

课文的"中国"是专有名词。从某种意义上看，"中"只可能跟 middle 有语义联系。而动词"中"课文根本没有出现。因此，生字注释动词"中"，却没有上下文的呈现，只能增加教师备课、学生学习的负担。

（五）字词解释要协同

有一些教材，在解释词汇时过分强调字（语素）的作用。还有一些教材，只用母语或英语对单音节词（多数是成词语素，少数是不成词语素）进行注释，双音节词则不解释。

如果语素意思跟复合词的意思一致，二者相近或者是"1+1=2"，学生学起来问题不大。如："复述"等于"重复叙述"。但是，如果语素义跟复合词意思不一致，这样注释就会出现问题。如：

对 correct 不 not; no 起 get up; rise
对不起（I am sorry; excuse me）

显然，单音节词（字或语素）"对""不""起"，跟后边多音节词语"对不起"没有什么意义关联。这样的词汇解说和例释，对海外二语初学者学习不仅没有帮助，还会造成疑惑、混淆，产生负面影响。试想，英语背景者怎么能从"对（correct）"、"不（not; no）"、"起（get up; rise）"的词义，推出"对不起"的意思？

有的国家考试大纲，词表以"字"导引，只注释"字"，不注释"词"，容易出现"字""词"意思不统一的情况，严重影响学习效果。如：

A. 李 surname 行李
B. 准 approve, allow, permit 准备
C. 般（无英文注释），一般，一般来说

例 A、B，对字标注的英文注释跟后边的例词没有关联，容易引起教授和学习困难。C 的语素"般"英文无法注释，还不如在"一般、一般来说"后边标注词汇的英文注释。

三、生词释义常见问题

（一）意义解释不当

1. 注释错误

有教材把生词"好"注释为"（副）a few"，因为课文中出现类似"好几 + 量词 + 名词"的用法。这种错误的解释，容易误导学生产出"* 我学汉语好年了"这样的偏误。

较常见的是"终于"，很多教材英译为 after all。这样释义，容易诱发偏误"* 汉字对我们终于太难了"。

再看一部俄语媒介语的汉语教材：

生词表：号 hào номер

课文：七月十五号我弟弟要参加一次考试，我要帮（助）他准备。

其实，номер 译成汉语是"号；号码；路；房间等"，并没有课文例句的用法。"号"注释为 номер，会诱发学生出现偏误："* 我想

在你们的酒店订一个号（房间）"。俄语表示日期的"号"，应该是 число。

2. 解释不全

一本教材把"运气"注释为："命运，指人的生死、贫穷等不同的经历"。但实际上，"运气"除了可以当名词表示"命运"之外，还可以是形容词，表示"幸运"的意思，如：

他很幸运，没有坐上那班船。后来船遇到风暴，上边的人都遇难了。

可见，意义解释不全虽是从语义上说的，但有时也会涉及词性。

解释不全，往往源于母语和目标语语义宽窄不同。如果忽略了语义范围，可能导致学生产生误用。如不少教材把"笔"译为"pen"。其实 pen 只对应汉语"钢笔"，这样注释可能会导致学生产出"*我没有笔，我有铅笔"这样的偏误。

另外一个典型例子，是把"桌子"注释为 desk。但实际上，"桌子"是上位概念，包含所有具备相同功能的一种家具，如"书桌、饭桌、茶桌、牌桌、麻将桌"等，而 desk 对应的只有其中的一种，即"书桌"。

（二）语法解释不当

1. 词性解释不当

有一本教材对生词"虚荣"的译释为 vanity，但是"虚荣"可做形容词和名词，vanity 只能做名词，词性并不对应。

类似问题还有,"结婚"注释为 marriage,但是"结婚"是动词。

2. 注释词与被注释词功能不同

把生词"不"和"没"译释为 no、not,而对它们的用法、区别却没有进行解释说明。这样容易导致如下偏误:

A:迪克,你交作业了吗?
B:*对不起,我不做作业。

有教材把生词"多"译释为 a lot of、many,却没有说明其具体用法:"多"极少单独作定语;定语通常要用"很多""许多"。容易导致如下偏误:

*我们学院有多学生。

有的教材把"嫌"译为 dislike, complain of mind。"嫌"与 dislike 用法有明显差异。dislike 主要针对对象(某人、某物、某事),后边只需带一个宾语;"嫌"不仅针对对象,而且针对对象属性的特点,后边通常是"名词+形容词/动词",如"嫌食堂饭菜差",需要结合例子说明用法差异。简单地用 dislike 注释"嫌",容易诱导学生产出"*我嫌食堂的饭。"这样的偏误。

3. 忽略语序

有教材把表示概数的"多"译释为 more than,却没有讲清楚词语位置,会导致学生把母语的语序(如英语、越南语等)搬到汉语里,出现以下偏误:

A：这些苹果多少斤？ B：*多三斤。

把"只"简单注释为 only 却没有必要说明。学生照搬母语语序，就可能出现以下偏误：

*他想了会儿，写了只个字。

把"见面""旅行"分别译释为 meet 和 travel，却没有说明"见面"的对象、"旅行"的地点应该用介词、动词提前，整个词组在"见面""旅行"前。学生就容易出现以下偏误：

*昨天我见面我的朋友了。‖*我旅行北京了。

可见，遇到学生可能出现错位偏误的语言点时，教材应该明示相关词语的正确位置。

4. 不讲组合规则

词和词的组合是有选择限制的，如果不明确展示这些限制，就可能出现问题。如有的教材用量词 a measure word for people、measure word 分别注释"位"和"口"。由于没讲清楚搭配对象，可能会导致以下偏误：

*公共汽车里有几位人。‖*我们班有十八口学生。

对这类词，教材应对其搭配条件进行适当说明。若篇幅有限，可用典型例句示例。

5.高频、低频搭配混杂

特定词语可能有多种搭配,但有频率区别。教材应该先教高频搭配,后教或不教低频搭配。有一本教材对生词"灿烂"的注释为"形容阳光、笑容明亮、充足或前途光明"。作为中级阶段的教材,应先教本义的"阳光灿烂",可以教带有引申义的"笑容灿烂"。而"前途灿烂"及其他搭配,可以在高级教材中出现,或者让学生自然习得。

(三)感情色彩偏差

不少汉语教材把"野心""雄心"都译注为 ambition,忽略了其褒贬差异,导致学生误用这两个汉语词。有教材把生词"心愿"译释为 aspiration。但是 aspiration 表示"强烈的渴望","心愿"感情色彩并不那么强烈,建议使用 wish。

语言传播与语言发展,也会对特定词语的褒贬产生影响。如"执着",刚从佛经引入时带有贬义,近似"固执"。后来传入朝鲜半岛时也带有贬义。但是现代汉语中,"执着"更多地以中性词身份出现,还常常用于形容正面的行为、心理和习惯。原有的贬义,大多由"固执"承担。如:

执着地献身于祖国的教育事业。‖他太固执,一点都不想变通。

在英语释义中,常常用 insistence 注释"执着",用 obstinate 注释"固执",区别明显。但是韩国人学习"执着"就会产生困惑,因为汉源词"집착(하다)的意思跟传入朝鲜时一样,仍是贬义

词①。因此，在韩汉语教材的注释中，就需要特别关注这个词。

（四）释义词难度超过被释义词

一般情况下，中级教材会用双语释义：学生母语和目标语；而高级教材，通常会用目标语释义。但用目标语释义，需要用学生学过的词语来解释生词。如果使用难度高于被释义词的词语来解释，不符合词汇解释的基本原则，会造成无效解释。

有一本高级精读教材，把生词"挑剔"解释为"过分严格地在细节上指摘"；把"虚幻"解释为"不真实的，虚无缥缈"。"指摘"为超纲词，常用于书面语，难度高于"挑剔"。"虚幻"是丁级词，而成语"虚无缥缈"是超纲词。

另一本高级综合教材，把"情理"解释为"人情事理"。"情理"是丁级词，而成语"人情事理"是超纲词。表面看，"情理"可能是从"人情事理"缩减而成，但事实上，"人情"使用频率较高，而"事理"使用频率则远远低于"人情"和"情理"。

（五）超量解释，和课文不一致

《跟我学汉语》（中编，印尼语版）、《基础华语》（中印尼合编）、《高级汉语》（印尼编）等，把"打"解释为："表示用手或器皿撞击物体"。但是课文中并没有出现表示此意的"打"，出现的只是"打电话""打篮球"。类似现象，许多教材中都有。

在《华语入门》（新加坡编）中，"站"注释为 berdiri（动词）

---

① 如：(1) 불교에서 공적으로 돌아가라 한 것은 **집착**과 탐욕에서 해탈하라는 것이다 . （佛教里说归于空寂，指的是要放下**执着**和贪欲）(2) 승부에 너무 **집착하**면 좋은 결과를 얻을 수 없다 . (太过**执迷**于胜负的话，无法取得好的结果。)

和（名词）。但是课文出现的只是由名词性语素构成的"地铁站"，并没有出现动词"站"。

（六）外汉对比"一对多"

汉语作为目标语，一些词语跟学生母语词并非一一对应。从对比等级上看，学生母语一个词，对应汉语两个甚至多个词，属于对比等级 6 级，难度等级 5 级，不容易学习。如果词汇解释不准确、不适当，就容易诱发误代偏误。

不少教材把"瘦"注释为 thin，但是 thin 在不同的上下文里还对应"薄、细、瘦、稀、弱"等词。如果教材遇到这些汉语词都用 thin 注释，又没有好的例句和讲解，学生就会出现偏误"* 我的词典很瘦"。

再如：把"短""住"分别注释为 short 和 live，可能诱发"* 我的个子很短""* 如果身体不好，还要住在这个世界上吗？"。原因是 short 还可对应"矮"，live 还可对应"活"。

类似情况并非只出现在英语注释上。如汉语"穿""戴"甚至其他词，在很多语言中只对应一个词。印尼语 memakai，可对应汉语"用、穿、戴"三个词，只用 memakai 对应释词，容易诱导印尼人误用"用、穿、戴"（萧频，2008）。

* 我爱用哥哥的衣服。（穿）
* 我小学就用眼镜。（戴）
* 安东穿的手表是爷爷留给他的。（戴）

我们考察了 8 套印尼中学教材，只有印尼人编写的《初级华

文》对"用、穿、戴"进行了针对性解释,并举出例句:

(1)你们要用手做好这个东西。(第一册,第12课)

注释:Memakai/menggunakan (sesuatu alat bantu untuk bekerja)使用(某工具来工作)。

(2)白小姐很喜欢穿长裤。(第一册,第12课)

注释:Memakai/menggunakan (pakaian)穿(衣服)。

(3)玛丽,你戴手表吗?(第三册,第一课)

注释:Memakai/mengenakan (alat bantu untuk orang)戴(装饰品)。

其他7套教材都没意识到这组词容易混淆,没有解释与举例。学生很容易出现偏误。

这个问题,其实是词汇解释中最难处理的。因为,学生母语与汉语词汇,意义、用法一对多的现象(对比等级6级),还有学生母语和汉语词汇意义和用法部分对应、部分不对应的现象(对比等级4级),确实不容易解释。因为要解释清楚,势必花费较多篇幅,有时还超出学生水平。

较好的办法是:在解释生词时,先给出典型搭配的词组或短句,如初级第一阶段,"穿衣服/裤子";初级第二阶段,"戴帽子/眼镜"。到适当时候,如出现生词"戴"时,在"重点词语解释"部分,结合典型例子进行适当辨析。

周小兵(2017)指出:"在词汇教学中,如果只解释词义,学生只知其义,不知用法,仍然不能正确使用。因此不仅要解释词语的词汇意义,说明其词性、语法特点和句法功能,还要注意选用各种方法介绍词语在使用中的位置、组合搭配、适用对象、句式及语用条件。"

第三节　词汇呈现

　　词汇呈现，主要指在生词的意义解释（含外语注释）和用法解释之外，用复合词、词组、句子、对话、陈述性或论述性文本等形式呈现该课所教词汇。如果从"词汇复现"角度考察，以上形式还可能用于呈现在"前课"教授的词汇。"前课"包括当课之前所有的课，甚至可能是上一册、上一年级教材中的课。这样的话，词汇呈现就可以定义为：以复合词、词组、句子、对话、陈述性或论述性文本等形式呈现本课、前课所教词汇。

　　本节具体讨论三个问题：词汇呈现方式，词汇呈现的价值，词汇复现个案考察。

一、词汇呈现的方式

　　词汇呈现方式很多，其中，复合词、词组可能是非交际单位（交际的备用单位），也可能是交际单位；而句子、对话、叙述性或论述性文本则是交际单位。

　　（一）复合词

　　教单音节词（字、语素）时，有的教材在词表、课文部分会出现复合词。如：

　　（1）园　名　a place for public recreation　花园、公园、幸福园

（2）年　名　year　今年、明年
（3）东　名　east　东边、东西

有的复合词整词意义大约等于"单音节词$_1$+单音节词$_2$"。这种复合词语义透明度高，容易理解，如例（1）"花园"。有的整词意义跟构成部分某一单音节词一样或相似，语义透明度中等，如例（2）。有的整词意义跟单音节词意义无直接关联，语义透明度低，学习困难，如例（3）的"东西"。

以上释义还存在不足，如"园"的释义中强调 public。汉英词典一般把"园"释为：garden; plot; plantation; land for growing vegetables, flowers, fruits and trees[①]，并不一定表示公共场所。

（二）词组

这种呈现方式很常见，可以通过词语搭配展现目标词的语法性质和分布（用法）[②]：

（1）中餐　名　Chinese meal　吃中餐
（2）喜欢　动　to like　喜欢吃米饭
（3）一点儿　数量　a little, a bit　甜一点儿
（4）辣　形　peppery　很辣、又酸又辣
（5）还是　连　or　吃苹果还是吃橘子

---

① 中国社会科学院语言研究所词典编辑室编《汉英双语：现代汉语词典》，外语教学与研究出版社 2002 年版。
② 张怡主编《天天汉语：口语》（1）第 12 课，天津大学出版社 2016 年版。

因教材篇幅限制，呈现词汇的词组数量有限，应该选择最常用或者最需要学生学会的搭配。上述词组选择基本符合这个原则，如形容词常见组合是前加程度副词"很"，其他组合有搭配数量词"一点儿"，用两个"又"连接两个形容词。

本章第一节讨论过选择语言项目的五个标准（桂诗春，1988），频率是其中一条。如动词"喜欢"可带名词宾语，也可以带动词宾语，但后者频率明显高于前者。[1]

但频率并非唯一标准，易联想性、易学性也是考虑因素。这涉及语言项目（包括词组）的原型性。研究显示，同一范畴（量范畴）成员有原型和次原型之分。范畴成员与原型的相似程度有高有低（Rosch，1975、1978；Rosch & Mervis，1975）。如"一点儿"属于不定小量量范畴。从原型性上看，在名词前表示事物数量（喝一点儿水）原型性最强，一般先习得（包括儿童母语学习和成人二语学习）。放在形容词后表示性状的程度，原型性弱一些，难度高一些，一般后习得。（周小兵、赵婵，2021）因此，从学习难易度看，应先呈现"谓语动词＋一点儿（＋名词宾语）"（名词宾语不出现，"一点儿"就升格为宾语：如"喝一点儿水"），后呈现"形容词＋一点儿"（如"长一点儿"）。该课在词组与课文呈现时，都没有出现"谓语动词＋一点儿（＋名词宾语）"组合，不能不说是一个遗憾。

---

[1] BCC 语料库报刊前 300 条语料，"喜欢"带名词宾语 61 条，占 20.3%，带动词宾语 239 条，79.7%。

（三）语篇

语篇展示，一般就带有一定的交际性。作为第二语言教材，呈现词汇的语篇，通常可以分为"对话体"和"非对话体"。

1. 对话体

在初级阶段，多数生词是通过对话体语篇呈现的。如某口语教材某一课[①]中对话部分：

生词：行李、多重、差不多、公斤、……的话、超重、托运、日本、寄、应该、整理、一下、箱子、山田。

课文：（一）你的行李有多重？

美罗：阿米尔，看看我的行李有多重？

阿米尔：（用手提一提）差不多有30多公斤。

美罗：坐飞机的话一定超重了，可是我还有一个更大的呢。

阿米尔：你的行李太多了，还是去托运吧。

美罗：托运要多长时间？

阿米尔：听山田说，把行李托运到日本用了一个多月。不过托运可以寄很多东西，而且比较便宜。

美罗：这真是个好主意。

阿米尔：美罗，你应该把行李再整理一下。把常用的东西放在小箱子里，别的最好托运。

美罗：好吧，听你的。

对话中"行李"出现4次，"托运"出现5次，且展示了不同用法。

---

① 张怡主编的《天天汉语：口语》（1）第24课，天津大学出版社2016年版。

2. 非对话体

非对话体常用叙述体讨论对话体谈过的话题，作用如下：第一，重现对话体中的语言点；第二，学习新语言点；第三，展现叙述体特点，供二语者学习。如同一课紧跟上边对话体的部分：

生词：建议、送、机场、候机、大厅、提醒、拿、海关、马上、随身、细心

课文：(二) 你应该把护照放在包里

美罗的行李很重。她听了阿米尔的建议，把不常用的东西放在大箱子里送去托运。她的行李就不超重了。美国的飞机是1月5日上午10:20的。阿米尔去机场送她。她们在候机大厅坐了一会儿。她提醒美罗，一定要拿好护照。过了海关，应该马上把护照放在随身的包里。阿米尔真是个细心的人。

非对话语篇，可以使学生接触到更多的语体类型，进行叙述体的学习和练习，提高成段、成篇口语表达的能力。当然，也就能学会把相关词汇应用在这类表达中。

总之，词汇呈现有多种框架。如果生词呈现在相对典型的环境，可促进词汇习得。

二、词汇呈现的价值

(一) 用通俗易懂的上下文表现词义

好的上下文具有生活化、日常化等特点，学习者比较熟悉；通过这种上下文，二语者容易理解目标词的意思及其用法，知道它应

该用在什么地方。如生词"超重",可以设置一个机场办理值机手续的场景,通过乘客和工作人员的对话,突出其意义和用法:

服务员:小姐,你的行李超重了。
李英:是吗?超重了几斤?
服务员:规定22.5公斤,你的行李25公斤,超重2.5公斤。超重是要罚款的。
李英:那就罚吧。

对话通过具体数字让学生理解"超重"的意思,"超重了""超重2.5公斤"显示了动词用法。

合适的上下文,还可促进下位词和上位词的学习。如:

超市卖的饮料很多,有矿泉水、可乐、果汁、牛奶。

用下位词"矿泉水、可乐、果汁、牛奶"来提示上位词"饮料"。

有的词语带有一定感情色彩,如"冷"和"凉快"、"热"和"暖和"的区别,可以通过有一定对比意思的上下文促进学习:

武汉夏天很热,很容易出汗;沈阳冬天很冷,要穿很多衣服。而昆明天气好,夏天比较凉快,冬天比较暖和,一年四季都挺舒服。

一个词可能有多个义项或多种用法搭配,教材呈现哪些义项,体现了编者的选择。比如,"带"有"携带"(带饭卡)、"引导"(朋友带我去喝咖啡)、"含有"(这个公寓带家具)等意思,对初级学生是否都应该呈现?是否需要次第呈现?《博雅汉语》出现了第 1、2 两个义项;《中文听说读写》出现了第 1、3 两个义项。

再如副词"才",《博雅汉语》出现三个义项:"表示事情发生或结束得晚"(我上初中的时候才开始喜欢画画儿),"表示只有在某种条件下然后怎样"(老得走不动了才停),"表示数量少、程度低"(我才戒了一天烟)。《中文听说读写》中出现了 1、2 两个义项(四点以后才有空儿;费了很大的力气才买到)。(王玉响、刘娅莉,2013)

难度不同的义项,最好出现在不同阶段,并通过不同的上下文凸显不同的义项。如"该"有三个主要义项:应该;轮到;(对别人发生不好的事情)不感到奇怪,认为应该这样。三个义项应该在不同阶段学习,出现的上下文也应不同。如:

(1)下学期要考试了,现在该复习了。
(2)昨天你打扫卫生,今天该我了。
(3)甲:他从树上摔下来了。 乙:该,谁叫他这么调皮。

至于前边讲的"带""才"两词义项、用法的展示,能否根据学生需求进行,能否参照学生水平和学习进度阶段性呈现,值得深入研究。

(二)用合适的上下文凸显用法

一个词语可能有多种用法,在句中不同位置出现,充当不同的成分,跟不同词语搭配。课文设计可以考虑这些因素,让目标词多次在不同搭配中出现，以增加重现率，展示其不同用法。如《博雅汉语·初级起步篇（练习册）》生词"辅导"出现的课文：

我有一个辅导老师。每天下午帮助我学习汉语，有时候辅导我写汉字，有时候辅导我做作业。她辅导得很好。她辅导我两个月了，现在，我觉得汉语不难了。

"辅导"出现5次，第一次做定语；作谓语时，"A 辅导 B 干什么"是最典型用法；还有带情态补语、时量补语的句子。为帮助理解词义，还出现了"A 帮助 B 干什么"的近义句。

易混淆词，是二语学习的一个难点，可以通过典型语境进行辨析。如教学"再"和"又"，可以通过以下例句进行辨析：

（1）她上午去了图书馆，下午又去了，现在还没回来。
（2）这个蛋糕真好吃，下次我再买这种蛋糕。
（3）今天下班了，你明天再来吧。

通过上下文可以让学习者明白："又"表示行为已经发生，"再"表示动作将来发生。

再看同一义项的多种搭配。《博雅汉语》出现了"花钱、花时间""多少钱、多少时间"，《中文听说读写》只出现"花钱""多少钱"。《博雅汉语》出现"换轮胎、换冰箱、换想法、换角度"，《中文听说读写》出现"换鞋、换地铁、换（几号）线"。（王玉响、刘娅莉，2013）两个教材的呈现内容各有什么特点，可以进一步思考。

(三)词语呈现的不足与探源

1. 不足

好的词汇呈现,能促进词汇学习和应用。但是,如果呈现部分不典型,对目标词学习帮助不大,有的不仅没有帮助,还可能让学习者困惑。如有的词典对"老"的呈现:

(1)人老心不老。
(2)他60多岁了,可是一点都不显老。

这样解释,很难达成二语学习目标。(1)"心不老"的"老",是引申义。学习者首先应学会基本义。(2)对解释一般意义的"老",并没有帮助。尤其"不显+形容词"的难度相当高,跟"老"的学习不在一个阶段。可见,编者并不清楚学习"老"时学习者的知识构成和水平层级,更没有考虑"易学性"。再看以下例句:

(3)爸爸老了,60多岁了,不工作了。爷爷更老,90多岁,不能走路了。

把"老"跟大致年龄、状态对应起来,对二语学习有明显帮助。词语呈现的上下文对学习者来说是否典型,是二语学习的关键。如词组"不舒服",以下两部教材出现的语境不同:

A 教材
甲:老张,你怎么了?

乙：没什么，有点儿咳嗽。

甲：你别抽烟了。

乙：我每天抽得不多。

甲：那对身体也不好。

乙：我想不抽，可是觉得<u>不舒服</u>。

B 教材

A：丽丽，你今天为什么没有来学校？

B：我生病了。

A：你哪里<u>不舒服</u>？

B：我肚子痛。

    对初级汉语水平二语者来说，B教材词语呈现很典型，"不舒服"的含义和用法容易理解，很容易模仿并扩展使用。A教材的语篇对学生来说没有典型性，学生很难理解"不舒服"，也很难进行扩展应用。A的语篇，对长期抽烟并开始戒烟的成年人来说比较典型；但该教材主要学习对象是青少年，"不舒服"的语篇就显得不合适了。这涉及跨文化交际。事实上，跨文化的含义远超出国家、民族，还涉及地域（城市／农村）、年龄、性别等领域。

    2.探源

    生词呈现的优劣、高下，有多种原因，主要跟教材编写者的以下情况相关：身份，思维模式，二语教学经验，应用二语教学理论方法的熟练程度，对教材使用者的了解，等等。而上述这些情况，都可以用"知识共享"来概括。

    身份与经历。如果编者是任该课程的教师，且教学经验较丰富，就有可能编写出好的教材；对生词选取、解释、呈现等方面的处理，就可能促进二语教学。因为编写者对课程、教学对象和教学过程、效果有亲身体验和丰富的经验。相反，如果不是任课教师，没有相关经验，即使学了很多语言学理论、二语教学理论、二语教材编写方法，也很难编出好教材。国内有的中国文化/概况教材，编者不是任课教师，教材使用效果不理想。根本原因，就是"教材编写者"和"教材使用者"没有形成"知识共享"。

二语教学习惯。二语教学跟母语教学有本质区别。现有的一些二语教材适用性不强，原因之一就是编者不了解二语学习理论，或者表面了解但实际上没有实践到位，编写教材时往往自然而然地把母语教学的理论和方法直接套入第二语言教学。

与学习者的"知识共享"。二语教学，实质上是跨语言、跨文化交际行为。如果对目标语和学生母语不了解，对目标语文化和学生母语文化不了解，对学习者不了解，就可能与学习者之间出现文化沟壑，形成交际困难，难以实施成功的二语教学。

罗纳德·斯考伦、苏珊·王·斯考伦（2001）在讨论跨文化交际时指出：职业交际中人们的文化差异其实并非十分显著，不同性别或时代话语系统的成员之间，以及社会话语和职业话语系统之间的冲突所引发的差异往往更大。书中还提出改进交际的途径：尽可能多地了解交际对象的情况，这种途径可以称之为"知识共享"的方法。把知识共享的概念用于汉语二语教学实践，就应该构建教者和学者之间的"知识共享"体系。

上述 A 教材的课文，显示出编写者不了解大多数学习者（包括年龄特征），只是根据少数成年人的经历（长期抽烟后戒烟而产生的"不舒服"）来编写课文。教材（尤其是二语教材）编写者，应熟知学习对象，跟他们进行知识共享，才可能编写出学生乐学好学的教材。教材词汇呈现不当，重要原因是编写者跟学习者存在各类跨文化交流沟壑。只有消除这些沟壑，跟学习者共享知识，词汇编写才能高效，才能让二语者很快了解、掌握目标词的意义和用法。

李泉（2007）指出：教材的实用性，是对学习者而言的，不是对教师而言的，这似乎是不成问题的问题。但在教材编写实践中，往往以教师的实用观代替学习者的实用观，这是造成教材实用性差的一个重要因素。上述 A 教材的上下文，就是一个典型个案。

可见，教材词汇编写，必须充分考虑学习者的特点和需求，以及学生所在国家地区的具体特点；必须在考虑学生母语的基础上表现目标语特点；必须体现目标语二语学习的机制和途径，符合二语学习一般规律。只有这样，才可能在科学教学法指导下，实行一整套行之有效的教学方法和策略。在这些步骤中，跟学习者形成"知识共享"，是重中之重。

三、词汇复现

词汇复现，是词汇学习的重要方式。生词一般需要在不同的上下文、语境中以不同的模态呈现，并综合输入、输出的方式学习，才可能有效习得。因此，教材在词汇复现上的设计，就显得非常重要。

王玉响、刘娅莉（2013）考察了初级汉语综合教材《博雅汉语·初级起步篇》（Ⅰ、Ⅱ）（简称《博雅》）和《中文听说读写》（LEVEL 1）（简称《听说》）的词汇频率和复现情况。

(一)一般词频统计

先厘清教材词频研究中的几个概念。"词频"指词在语料中出现的频次(次数)。"复现数"指词重复出现的次数,数值为"词频-1"。在教材研究中,词频低于3次的词可称为"教材低频词",高于或等于3次的词可称为"教材高频词"。

该研究的统计删除了人名、地名、机构名、时间词等。以出现3次为界,考察教材词频。以3次为界是出于两个原因:(1)柳燕梅(2002a)、江新(2005)的习得效果实证研究表明:3次优于2次;2次优于1次。(2)教材重要任务是教授新词;与大量重现(如10次)相比,出现3次或稍微多一点,习得效果跟出现8次、10次接近。请看两部教材的词频情况。

表1-14 教材课文词汇出现次数的总体情况

	《博雅》	《听说》
总课数	55	20
总词频(次)	9583	4612
词种数(个)	1482	746
平均词频(次)	6.47	6.18
前20个高频词(频次由高到低)	的、我、了、是、一、你、不、有、个、吗、好、去、在、很、就、天、也、看、他、来	我、你、了、的、是、不、好、一、个、吗、有、很、看、这、去、我们、吃、还、那、要

由表1-14可知,两部教材词汇出现次数总体都较多,平均词频远高于3次;从平均词频、平均复现率上看,《博雅》略高于《听说》;教材前20个高频词,与自然最高频词基本一致。如

"的""了""是""在"是自然语料中的最高频词。

(二)删除"绝对高频词"后的词频统计

齐夫定律(Zipf,1949)认为,一小部分"绝对高频词"覆盖了绝大部分文本。如"了""我""的""在""是",词频极高,会大大拉高一般词汇的词频,让我们看不清词汇真实的复现情况。因此,词频研究中一般需要删除覆盖率达50%的高频词,之后再考察教材课文词汇的出现次数及复现。

删除覆盖率达50%的高频词,通过以下步骤:(1)用"中文助教"软件分词;(2)人工校对;(3)比对《现代汉语词典》与国家语委的《现代汉语语料库词语分类频率表》,得到比对后的课文词汇;(4)用Excel的排序与COUNTIF功能统计词频;(5)删除累计词频达到前50%的课文词汇的词种。

删除绝对高频词前后课文词汇的出现次数如下表:

表1-15 删除绝对高频词前后课文词汇的词频统计(单位:次)

	《博雅》	《听说》
删除绝对高频词前平均词频(次)	6.47	6.18
删除绝对高频词后平均词频(次)	3.39	3.32

对比删除绝对高频词前后平均词频发现,《博雅》与《听说》的平均词频依然高于3次,说明这两部教材对词汇复现给予了一定程度的重视;且两部教材的平均词频更为接近,说明两部教材一般词汇的复现力度大致相当。

（三）自然词频段

该研究考察两部教材课文各自然词频段的出现情况。"自然词频段"以母语者词频为标准。自然高频词：1 至 2500 词；自然中频词：2501 至 5000 词；自然低频词：5001 以上的词。

表 1-16　各自然词频段词汇在教材中的出现情况（词种数/%）

	自然高频词	自然中频词	自然低频词	合计
《博雅》=1 次	254/17	113/7.5	261/17.2	628/42.4
《博雅》=2 次	133/8.8	53/3.5	96/6.4	282/19
《博雅》≥3 次	421/27.9	73/4.8	78/5.2	572/38.6
《听说》=1 次	114/14.7	46/5.9	97/12.5	257/34.4
《听说》=2 次	71/9.2	24/3.1	54/7	149/20
《听说》≥3 次	257/33.2	31/4	52/6.7	340/45.6

合计栏显示，教材总词种复现不足，"教材低频词"多于"教材高频词"。观察高频复现词发现，自然高频词复现不足。对比发现，总词种复现的比例，《听说》比《博雅》合理；初级阶段最应学习的自然高频词中，高复现词所占比例，《听说》也高于《博雅》。

（四）基于最小差异对的平均词频统计

我们先对比删除绝对高频词之后，《博雅》和《听说》的平均词频：

表 1-17　课文词汇出现次数的总体情况

	《博雅》	《听说》
总课数	55	20
总词频（次）	9583	4612
词种数（个）	1482	746
平均词频（次）	6.47	6.18
删除绝对高频词后	3.39	3.32

对比可知，删除绝对高频词后，《博雅》平均词频还是略高于《听说》。但是，由于目标语环境下使用的《博雅》，词汇容量远远大于非目标语环境下使用的《听说》，会对词频统计造成影响。而相同容量下的对比可以排除教材容量、规模对结论造成的影响。因为《博雅》前 33 课的词种数与《听说》最接近，《博雅》前 36 课总词频与《听说》最接近，以下选择《博雅》前 33 课词种、前 36 课词频进行统计。

表 1-18　《博雅》前 33/36 课课文词汇的出现情况

课文数	词汇范围	总词频（次）	总词种（个）	平均词频
前 33 课	全部词汇	3984	755	5.28
	删除绝对高频词后	1987	707	2.81
前 36 课	全部词汇	4531	849	5.34
	删除绝对高频词后	2252	798	2.82

删除绝对高频词之后，相同容量下的平均词频，《博雅》为 2.81/2.82，明显低于《听说》的 3.32（见表 1-17）。这说明在教材容量一致的情况下，《听说》的平均词频优于《博雅》。

可见，在教材词汇复现上，《听说》设计更合理一些。这也说明在编写教材时，词汇的频率与复现是完全可控的。

（五）复现间隔

词汇复现在同一课中是"同课复现"，在不同课中是"间隔复现"。后者又可分为"跨课复现"和"跨册复现"。一个词出现的课文数，可称为"文本分布"。

表1-19 两部教材课文词汇的文本分布与跨册复现

	出现在1课的词汇比例（%）	出现在2课的词汇比例（%）	出现在3课的词汇比例（%）	跨册复现比例（%）
《博雅》	53.59	17.07	29.33	63.64
《听说》	50.34	19.06	30.6	65.89

两部教材只出现在1课的词汇，均超过50%，说明复现不足。跨册复现方面，两部教材相对较好。总体看，词语复现间隔方面《听说》优于《博雅》。

再看10个词语间隔复现的个案调查。选词标准：随机挑选两本教材前5课10个词；文本分布大于或等于3次；不是教材绝对高频词。

表1-20 10个词在两部教材中出现时的课数

	介绍	图书馆	高兴	对不起	书	玩	一下	朋友	对	时候
《博雅》第1次	2	4	2	4	3	5	2	3	5	5
《博雅》第2次	44	13	16	9	20	8	28	8	7	18

续表

	介绍	图书馆	高兴	对不起	书	玩	一下	朋友	对	时候
《博雅》第3次	53	26	45	21	25	16	31	12	10	19
《听说》第1次	5	5	5	5	4	5	5	3	4	4
《听说》第2次	14	8	16	6	13	16	6	7	6	6
《听说》第3次	20	13	20	9	14	20	9	8	10	8

注：表格数字为该词出现课数，如《博雅》"介绍"依次出现于第2课，第44课，第53课。

表1-21　10个词在两部教材中的复现间隔

	介绍	图书馆	高兴	对不起	书	玩	一下	朋友	对	时候	平均值
《博雅》间隔1	42	9	14	5	17	3	26	5	2	13	13.6
《听说》间隔1	9	3	11	1	9	11	1	4	2	2	5.3
《博雅》间隔2	9	13	29	12	5	8	3	4	3	1	8.7
《听说》间隔2	6	5	4	3	1	4	3	1	4	2	3.3

注：间隔1、间隔2，分别为第1次出现与第2次出现、第2次出现与第3次出现之间间隔的课数。

由表可知，词汇的间隔复现，《听说》优于《博雅》。

第四节　词汇练习

杨惠元（1997）认为，"教"的结果只是"懂"，"练"的结果才是"会"。周健、唐玲（2004）也表示，要完成从"懂"到"会"的转化，关键在于练习。

一、词汇练习量

从词汇练习量的多少及其跟其他语言要素练习的比例中，可以看出编者对词汇练习的重视程度。请看《中文听说读写》与《博雅汉语》初级阶段的练习类别比例的情况。

表 1-22　《听说》《博雅》语言要素题量和比例统计（数量/%）

教材	语音	词汇	语法/句型	汉字	成段表达
《听说》L1	1229/28.9	667/15.7	829/19.5	91/2.2	1431/33.7
《博雅》初级Ⅰ、Ⅱ	763/28.2	1063/39.2	506/18.7	198/7.3	178/6.6

两部教材语音、语法/句型练习题量比例相似；词汇、汉字练习题量比例《博雅》远高于《听说》；成段表达练习题量《听说》远高于《博雅》。这显示出《博雅》编者更重视词汇练习。

二、词汇练习的类

练习可以从多个角度进行分类,每一类练习都有独特的作用。

(一)语言认知角度的分类

1. 机械性练习

机械性练习主要根据教材指令进行,更多关注字形和语音的准确,无需太多思考,是学生完成词汇复习与巩固的第一步。常见机械性练习有:模仿、替换、扩展、认读。

如《天天汉语·读写(1)》第十二课的练习:

一、读并记住下面的句子

现在几点? 今天是几月几号? 今天是十月十七日星期五。我们八点半上课。

二、朗读词组

八点 七点半 五点二十 1998 年 10 月 15 日

四、替换练习

3. A. 你几点上课? B. 我八点半上课。

回家	五点
吃饭	十二点半
睡觉	十一点

机械性练习可以帮助学习者加深对词汇的理解,提高语言流利度;还可以方便教师发现并纠正学生偏误。

2. 理解性练习

理解性练习的主要作用是在有意义的情境中加深对词汇的认识和理解。常见的理解性练习有：回答问题、复述课文、完成句子、判断正误。

如《天天汉语·读写（1）》第十二课的练习：

五、用"几点""什么时候""几月几号""星期几"提问：
1. _____ 同学们星期六不上课。
2. _____ 张老师今天下午有时间。
3. _____ 王医生晚上十一点半睡觉。
4. _____ 他女儿11月25日去上海。

再如《成功之路·进步篇》第一课的练习：

用指定词语回答问题：
（1）离开家乡以后，"我"经常吃饺子吗？（好）
（2）现在"我"喜欢吃饺子了吗？为什么？（又……又……，喜欢上）
（3）"我"和朋友们都在哪儿吃饭？（要么……要么……）
（4）"我"是怎么学会包饺子的？（终于）

3. 应用性练习（活用性练习）

应用性练习主要是交际性练习，侧重于锻炼学生的语言表达能力。其目的是使学生真正掌握特定词语的用法，学会在实际环境中使用。练习难度大，需要学习者综合运用所学知识。常见形式有：

角色扮演，自由会话，听故事并表演。

如《成功之路·进步篇》第二课的练习：

（1）表演练习：

两个同学一组，分角色扮演老中医和马丁，表演马丁看中医的经过，用上这些词语：摘 伸 张嘴 难怪

（2）自由表达：

1）你看过中医吗？吃过中药吗？

2）你的国家有中医诊所吗？

3）你怎么看中医和中药？

这两个练习都是为了提高学生的交际能力："表演练习"是半开放交际性练习，让学生在课文框架下进行角色扮演。"自由表达"则是完全开放的交际性练习，能充分调动学生所学词汇及其他知识，实现有质量的输出。

从顺序上看，一般教材先出现机械性练习，再出现理解性练习，最后出现应用性练习。

（二）输入与输出角度的分类

1. 输入性（理解性）练习

跟第1小节中的"理解性练习"相似，题型包括选择、判断、匹配等。作用是帮助学生熟练识别并理解目标语词汇，操练简单省时。如《大文科专业汉语·综合汉语（上）》第一课的练习：

4. 选词填空：读一读给出的生词，并选择合适的放在下列句子中：

闹 西服 媳妇 称赞 婚礼 人民

（1）昨天我在商店买了一套_____。
（2）刚学汉语时，我_____了不少笑话。
（3）下个星期我们要去参加朋友的_____。
（4）老师_____他汉字写得很漂亮。
（5）听说你_____是个美国人。

2.输出性（产出性）练习

输出性练习类似第1小节中的"应用性练习"，需要学生输出词汇并完成相关任务（包括交际性任务）；题型有改写、描述图片、翻译句子、根据情景进行表达等。能促使学生熟练掌握所学词汇及相关句子。如：

1.根据交际情景进行表达：
（1）跟朋友在餐厅吃饭，你想去厕所，应该怎么说？
2.用指定的词语，描述图画中的情景。

文秋芳（2018）提出"产出导向的二语学习法"，认为它比"输入理解导向"的学习效率高。李贤卓（2017）的实验研究证明，采取输出性练习能够有效联系语言的输入与输出，学生的习得效率相对高一些。

(三)基于学习策略的练习分类

学习策略,指学习者获得、存储、提取和使用信息所采用的方法。(Oxford, 1990; Schmit, 2002)词汇学习策略分为发现策略和巩固策略。以下结合《汉语教程》一年级教材(简称《教程》)、《博雅汉语·初级起步篇》Ⅰ、Ⅱ册(简称《博雅》)、《中文听说读写》LEVEL 1(简称《听说》),重点讨论巩固策略。(刘娅莉,2012)

1. 社交策略:小组活动

绕教室走一圈,采访每一位同学:国籍、出生年、属相。(《听说》)

Nation(1977)、Dansereau(1988)指出,社交策略有助于有效处理词汇,提升参与者的学习动力,培养学习者的团队合作精神。

2. 记忆策略:13种

使用图片:
你是……人吗?(用国旗图片代替"美国""英国"等)(《听说》)

与个人经历相联系:
你的爱好是什么?(《听说》)

联想同语义场词汇:
写出你所知道的词语:动物:熊猫_____、_____。(《博雅》)

联想近义词、反义词：

写出近义词：突然 _____；写出反义词：远 _____（《博雅》）

在句子中使用：

造句：热闹 _____（《博雅》）

串成故事：

选词填空：太极拳、报名、重新、跑步、锻炼

1）来中国以后，我们每天学习，不（ ），身体很不好。

2）最近，我（ ）开始锻炼，每天早上起来打（ ），睡觉以前去（ ），所以，我的身体又好了。

3）下个月学校有运动会，我也（ ）了。（《博雅》）

听音、辨音、分析发音：

听后选择：tiě pén—tiě wǎn（《博雅》）

给词语标写声调：语法（yufa）。（《博雅》）

朗读：

词汇发音练习：māma；bàba；dìdi；jiějie（《听说》）

利用词根词缀：

写出带"员"的词语：推销员 ____、____。（《博雅》）

按照词类：

填量词：一（ ）词典；一（ ）汽水；一（ ）自行车。（《博雅》）

通过成语、习语、谚语等巩固其中的词汇：
完成下列词汇：家喻＿＿晓（《教程》）

利用身体动作：
该策略仅见于英语教材 *Headway*，如：
Mime actions to your partner. Can your partner guess what you are doing?（学生 B 做动作学生 A 猜词）
A：You are playing tennis!（你在打网球！）
B：No, I'm not. I'm playing golf.（不，我在打高尔夫球。）

利用空间位置：
Look at the prepositions（看以下介词）

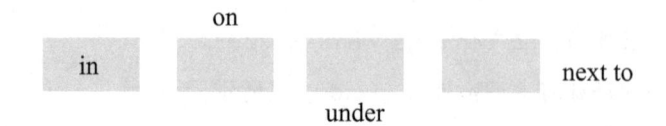

	on		
in			next to
	under		

利用空间位置"里面、上面、下面、旁边"，呈现介词（短语）in、on、under、next to 帮助学生巩固。

以下是整体统计、对比各类记忆策略在国内、国外几部教材练习中的情况。

表 1-23　各种记忆策略在国内和国外教材练习中的分布比较

		图片	经历	语义场	近/反义	句子	故事	听辨	朗读	词根/缀	词类	成语	动作	空间	总计
国内	次	21	20	43	21	389.5	89.5	45	63	1	141	23	0	0	857
国内	%	2.5	2.3	5.0	2.5	45.4	10.4	5.2	7.4	0.1	16.5	2.7	0.0	0.0	100
国外	次	105	50	84	9	287	68	83	31	0	189	0	1	1	908
国外	%	11.6	5.5	9.3	1.0	31.6	7.5	9.1	3.4	0.0	20.8	0.0	0.1	0.1	100

国内和海外的共用高频策略为"句子""词类"；共用低频策略为"近/反义词"。"图片"在海外为高频策略，在国内是低频策略；"经历""语义场""听辨""词类"这四个策略在海外均高于国内；"动作""空间"在海外练习有，国内练习中没有；"词根/缀""成语"在国内有，海外没有。

3. 认知策略：重复

这件有点儿长（贵、肥、长、大、深）
有没有短（便宜、瘦、短、小、浅）一点儿的？

——《教程》

4. 巩固策略海内外教材整体统计和对比

表 1-24　巩固策略在国内教材练习中的分布（单位：次/%）

	社交	记忆	认知	总计
《博雅》	0/0	678/86.6	105/13.4	783
《教程》	0/0	1037/82.0	228/18.0	1265
平均值	0/0	858/83.7	167/16.3	1025

表 1-25　巩固策略在海外教材练习中的分布(单位：次 / %)

	社交	记忆	认知	总计
《听说》	105/12.9	559/68.4	153/18.7	817
Headway	286/8.9	2500/78.1	418/13.0	3204
平均值	194/9.7	1530/76.1	286/14.2	2010

对比可知，相似的是，记忆都是主要策略，认知都是次要策略。最大区别是社交策略的运用：海外教材为9.7%，国内没有。这也反映了国内、国外教材词汇练习的一些区别：前者重精讲多练、反复巩固，大量使用重复策略，强调语言的刺激与强化；后者任务型教学法较多，类别包括信息差、见解差，重社交策略，还有重复策略与社交策略的结合。

三、词汇练习的有效性

李晓琪（2013）指出，语言练习应当遵循三条原则，即质（有效性）、类（多样性）、量（充分性）。杨惠元（1997）提出，应当"避免盲目、低效和无效练习"。问题是，什么样的练习是有效的（还要分高效、低效）？什么样的练习是无效的？鉴定练习有效、无效的标准是什么？上边举过很多练习的例子，光看练习本身，有时很难鉴定。

下边结合具体教材，考察练习的有效性。先看《HSK标准教程6级》(上)[①]的一个语法解释和练习：

---

① 姜丽萍主编，北京语言大学出版社2016年版。

（二）词语辨析

■ 一贯——一直

	一贯	一直
共同点	都有"一向如此，从未改变"的意思。 如：他干活儿一贯/一直很卖力。	
不同点	1. 侧重于思想、作风、态度等方面一向如此。一般不表示动作的持续。	1. 可以表示动作始终不间断，也可以表示状态始终不变。
	如：①谦虚，朴素是他一贯的作风。（√） ②雨一贯下了三天。（×）	如：①雨一直下了三天。（√） ②他一直是这个样子。（√）
	2. 指从过去到现在的行为，不能用于未来。	2. 可以用于未来。
	如：要把这种作风一贯坚持下去。（×）	如：要把这种作风一直坚持下去。（√）
	3. 是形容词，可以修饰名词。	3. 是副词，不能修饰名词。
	如：这是他一贯的态度。（√）	如：这是他一直的态度。（×）

- 做一做：选择"一贯"或"一直"填空
  ❶ 自从昨天晚上听到这个不幸的消息，她说＿＿＿＿在哭。
  ❷ 说实话，欺上瞒下是他＿＿＿＿的手段。
  ❸ 爷爷＿＿＿＿为人谦虚热情，是个公认的好人。
  ❹ 凝视着男友英俊的面庞，小文暗想："多希望能＿＿＿＿陪他走下去啊！"

图 1-3 《HSK 标准教程 6 级》（上）内页

不难看出，练习与词语辨析结合比较密切。如果明白了"一贯""一直"的区别，就可以顺利完成练习；而练习完成了，就可以巩固对词汇知识的掌握。

再看一部高级教材中的改错题：

无论做什么事情，都要有群众观点，不要夸张个人作用。

该题学生误用"夸张"代替"夸大"。此练习可考查学生对这两个词的掌握情况。它们有相同语素"夸"，大致意思也很接近，容易误代，如：

*很多广告都故意扩大或夸张自己产品的效果。
*你这话说得真夸大。

教材中列出的偏误可能是从学习者中介语中收集的。一般教材很少考虑到学生容易出现的类似混用，不会特别解释其意义和用法，更不会关注它们的区别。下边对相关词典进行考察。先看内向型词典《汉英双语：现代汉语词典》[①]的解释：

夸大　把事情说得超过了原有的程度：夸大缺点｜夸大成绩｜夸夸其谈。
夸张　夸大；言过其实。

对"夸大"的解释比较好，还有例子。但对"夸张"的释义主要是"以词释词"，用"夸大"解释"夸张"，而且没有例子。这样，很难使学习者明白二者区别，容易误导学习者，以为二者的

---

① 《现代汉语词典》后来的版本对每个词都增加了词性标注。

意思、用法一样。相对而言，外向型词典——《商务馆学汉语词典》（鲁健骥、吕文华，2006）的词性标注和例句更能凸显出二者区别：

夸大（动）故意把事情说得很大，超过了本来的程度：夸大优点|过分夸大|夸大成绩|别把事实夸大了|我们不能夸大一个人的缺点。

夸张（形）对事物的描述超过了实际情况：他说话总是那么夸张|他的话太夸张了|我不太喜欢他那种夸张的表情|他夸张地跳了起来。

通过词性标注和大量例句，展示二者词性和用法的区别："夸大"是动词，可以带宾语；"夸张"是形容词，不能带宾语。通过这样的解释，学生容易明白二者的区别。上述改错题，如果学生能进行正确的修改，说明他已经掌握相关的词汇知识，并可以应用于实践之中。可见，从练习、考核"夸大""夸张"的角度看，上述改错题具备"有效性"。

当然，该课练习也有不足。因为它主要是针对语言点"无论……都……"设计的，而该句关联词语使用并无问题，可见，此练习对学习、掌握"无论……都……"并无作用。二语者使用类似复句的时候，常见错误是混淆"不管""尽管"（*不管下很大的雨，他都上课|*尽管下多大的雨，他都上课）。教材编制者应该针对学生的这类真实偏误，设计出对学习有实效的练习活动，提高他们对关联词及相关句式的使用能力。

再考察以下词汇练习的有效性：

用"我们"、"你们"或"咱们"填空，其中有一道题如下：

A：今天天气很好，（　　）去玩儿吧。

B：好呀。

在这个语境中，无论填哪一个词都是正确的，即，答案不唯一。可见，此练习不能促进学生对这三个词语的学习，也不能测试出学生是否掌握了这三个词语的区别。

小结

教材词汇编写是一个系统工程。表面看，包含词汇选取、解释、呈现、练习等四个内容；深层看，涉及语言学（包含汉语和学生母语的研究与对比）、教育学、心理学、社会学、跨文化交际学等多个学科。

教材既是相关知识、技能的承载者，又是连接编者、教师、学生的中介。二语教材是国际传播的公共产品，它的设计、编写及其之后的教学实施，其实就是国际传播的一个动态过程，必然跟传播者、被传播者、传播内容、传播渠道、传播效果（传播学的"5个W"）密切相关。因此，教材编写，包括教材词汇的教学设计，必须从多学科角度考察，必须充分考虑传播学的"5个W"，充分考虑中文教学的亲和力和实效性，让第二语言学习者爱学，让第二语言教学者爱教。实现这个目标，需要进行科学系统的研究和精准到位的实践。

第二章　教材语料库建设与基于语料库的教材研究

第一节　国际汉语教材语料库的建设与应用

语料库语言学和语料库技术的发展日益革新,对语言教学课程设计、教材编写与课堂教学均带来广泛影响。(何安平,2010)如"语料库证据",指将大型语料库里真实语料的使用频率、常用搭配、前后语境等语言特征提取出来,为教材编写提供资源,指导教学中的语言选取、内容选编等。(郭曙纶等,2011)

长期以来,国内外基于海外非母语者教材(尤其多次改版的经典教材)所建的语料库,开发和研究很不成熟。表现为:建库少,应用少,研究少。因此,有必要系统研究已编海外非母语者汉语教材的文本语料库。下文将此类库称为"国际汉语教材语料库"。

一、国际汉语教材语料库的建设

教材语料库建设一般分两个阶段:第一阶段是教材库建设;第二阶段是在教材库基础上建设教材语料库。下面以中山大学国际汉语教材语料库建设为例进行讨论。

（一）教材库建设

全球汉语教材库由中山大学国际汉语教材研发与培训基地（以下简称"教材基地"）建设。该基地由国家汉办与中山大学共建，2009 年创办。

全球汉语教材库（www.ctmlib.com，截至 2022 年 6 月）收录国际汉语教材 17,800 余册（40 个国家出版、57 种教学媒介语）/种（该库中的"册"数是不重复的），实体教材 10,000 余册/种。现有教材库主要收集海外非母语者使用的汉语教材，不包括我国少数民族学汉语教材。教材库收录教材信息包括：ISBN、书名信息（书目全名、外文题名、丛书名等）、作者信息（主要责任者、责任者附注、主要责任方式等）、出版信息（出版国家、出版社、出版年、版次、页数、价格、重量等）、学习者信息（适用国家、适用水平、适用学校、语言环境等）、基本内容（教学媒介语、教材资源类型、汉字繁简体、注音形式、适用课型、语言要素、内容简介）、补充内容（教材介质、教材类型、专业汉语教材、文化类教材、练习形式等）、附载物（形式、数量、简介）、链接信息（本书介绍链接、购买链接等）及其他（样课、书籍封面、审核阶段等）。

每册/种教材，详细信息含 98 个字段，最简信息 35 个字段。建库目的是让全球汉语教师和其他从业者（含教育机构管理者、出版人员）及时从网上了解教材信息。

教材库提供国际汉语教材信息在线查询服务。用户可根据详细、准确信息，找到相关教材，也可通过国别或地区、教学媒介语、教学水平、大致教学内容等模糊关键词检索目标性、针对性较强的教材。建库以来教材库网站访问人次接近百万。

大容量的全球汉语教材库，为建设教材语料库夯实了基础。

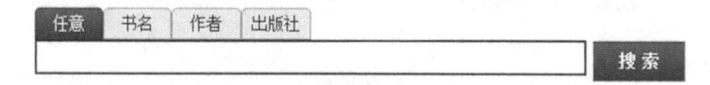

全球汉语教材库
Global Chinese Teaching Material E-library

图 2-1 全球汉语教材库在线检索系统界面

（二）教材语料库建设

基于全球汉语教材库，教材语料库的建设通过以下步骤进行。

1. 通过调研，选定首次进入教材语料库的教材。教材基地组建专门团队，对海外 16 个国家和地区的汉语教学和教材使用情况进行了考察。通过对 97 名海外汉语教育专家的访谈，形成了调研报告和调研方案。

在此基础上，通过专家遴选，初步确定首批入库的 3212 册/种汉语教材；涵盖 19 个国家，22 种教学媒介语。教材选择兼顾了出版时间、语种、出版地、适用对象和课程类别等多个因素。

（1）注重时效性，2006 年后出版的教材有 1752 册，占 54.5%。

（2）覆盖当前国际汉语教材中较多的 22 个语种：日语、韩语、汉语、英语、越南语、俄语、泰语、法语、印地语、西班牙语、德语、意大利语、荷兰语、印尼语、菲律宾语、阿拉伯语、冰岛语、芬兰语、哈萨克语、吉尔吉斯语、斯洛伐克语、马来语。

（3）兼顾中国和海外出版的教材；海外版教材 1802 册，占 56.1%。

（4）照顾各年龄段，包含学前、小学、中学和大学各个层次。

（5）通用汉语类教材。包含当前国际汉语教学的主要课程——

语言交际技能类，语言要素类，其他类（如唱歌、游戏、文化等）。

2. 扫描或 OCR 处理选定教材的文本，转化为电子文本。

3. 标注字、词，制成在线检索系统。该系统存储并查询 500 万字的国际汉语教材语料库。检索系统工作流程原理如图 2-2 所示。

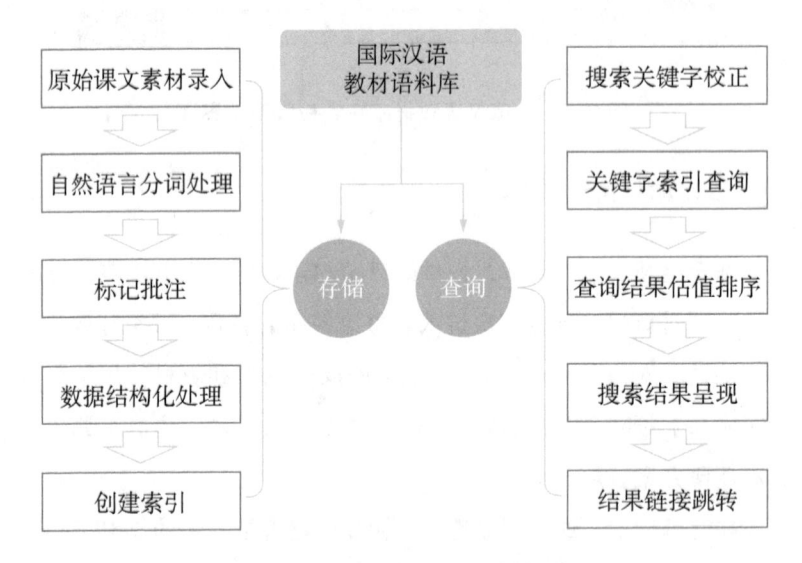

图 2-2 检索系统工作流程原理

分词处理、分词人工校正以及文本特征标记服务于教材语料库的数据提取，为创建索引提供参照。教材语料库查询环节包括过滤、校正字词和语法等要素，通过查询结果匹配度计算出频率并排序，实现教材语料库的搜索功能和结果链接跳转。

抽取语料库中的字、词、显性语法点、显性文化点，初步建成语料库。经频率统计和专家干预，研制《国际汉语教材编写指南》。该库语料有汉语二语学习的典型性、可教性特征，反映出字词语法文化的常用度，为教材系统研究，尤其是词汇编写多角度研究提供资源支持。

4. 在此基础上制成汉语文本指难针在线分析软件及汉语字词档案在线分析软件，使语料库实现以下功能：教材语料的字词分析，教材文本语料的定级与评估。

（三）教材评测软件的研制

基于554册/种汉语教材（10国9种媒介语，成人和大中小学教材，2015年及之后出版的283册/种，海外版占大多数），精准录入600万字语料，研制国际汉语教材基准语料库。提取、统计字、词、句长等信息，研制"汉语阅读分级指难针"[1]，为教材词汇难度研究提供技术支撑。

该软件参照《汉语国际教育用音节汉字词汇等级划分》（国家汉办教育部社科司，2010；简称"等级划分"）和《新汉语水平考试大纲》（国家汉办/孔子学院总部，2010），提供文本难度测量、词语难度级别显示和词语使用查询。

类别	量化指标
词汇难度	0.30
平均句长	24.00
最长句长	50.00
文本长度	360.00
文本难度	2.84
等级划分	中等四级

图2-3 文本难度分析结果总览图[2]

---

[1] 原名"汉语文本指难针"，包括"国际汉语字词档案"。网址：www.languagedata.net，为中山大学国际汉语教材研发与培训基地研制的在线分析工具，能够对文本进行分词、分级，分析结果报告包括"汉字档案分析表""词语档案分析表""句子档案分析表"，以及两个附件文档"汉字列表"和"词语列表"。

[2] 该图为软件截图，以表格形式呈现。图2-5、2-6、2-7同。

难度等级报告

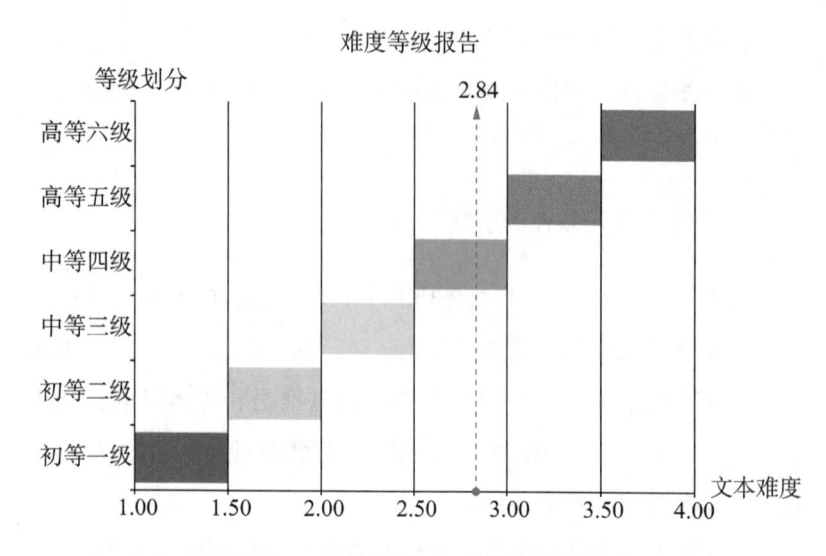

图 2-4 文本难度 LD 值使用指引图

给出文本中每个字、词的频率、难度等级和比例等信息。如：

序号	字	字频	等级	比例	累计比例
1	的	25	初级	6.94%	6.94%
2	四	16	初级	4.44%	11.39%
3	院	16	初级	4.44%	15.83%
4	合	13	初级	3.61%	19.44%
5	房	9	初级	2.50%	21.94%
6	有	9	初级	2.50%	24.44%
7	是	8	初级	2.22%	26.67%
8	一	8	初级	2.22%	28.89%
9	树	8	初级	2.22%	31.11%
10	北	6	初级	1.67%	32.78%
11	子	6	初级	1.67%	34.44%
12	个	6	初级	1.67%	36.11%
13	住	5	初级	1.39%	37.50%
14	大	5	初级	1.39%	38.89%
15	花	5	初级	1.39%	40.28%

图 2-5 汉字档案信息总览图

序号	词	基准词频	文中词频	等级	比例	累计比例
1	的	10168	25	初级	11.74%	11.74%
2	是	9279	6	初级	2.82%	14.55%
3	了	8974	1	初级	0.47%	15.02%
4	不	8561	1	初级	0.47%	15.49%
5	在	7726	2	初级	0.94%	16.43%
6	有	7694	6	初级	2.82%	19.25%
7	很	6418	1	初级	0.47%	19.72%
8	都	6139	1	初级	0.47%	20.19%
9	多	5157	1	初级	0.47%	20.66%
10	人	5100	1	初级	0.47%	21.13%
11	还	4895	1	初级	0.47%	21.60%
12	上	4674	1	初级	0.47%	22.07%
13	大	3536	2	初级	0.94%	23.00%
14	会	3531	1	初级	0.47%	23.47%
15	里	3280	1	初级	0.47%	23.94%

图 2-6 词语档案信息总览图

给出包含三项内容的"字词档案结果报告"（如图 2-7，见下页）。

教材语料库和文本难度测量软件的研制，既是本课题成果，也为课题研究提供了语料基础和技术支持。本课题研究大多直接或间接使用了该语料库和软件，定量研究有数据依据，定性研究有事实根据，结论可信度高。

此外，文本难度评测软件发布后在全球广泛使用，为国际汉语教材评估和汉语教育做出了应有的贡献。

字词档案结果报告

表 1：汉字档案

字表	字数	字种数	分布（%）	累积分布（%）
初级	340	138	94.44	94.44
中级	17	12	4.72	99.17
高级	1	1	0.28	99.44
更高级	0	0	0.00	99.44
超纲字	2	2	0.56	100
总计	360	153	100	100

表 2：词语档案

词表	词数	词种数	分布（%）	累积分布（%）
初级	128	75	60.38	60.38
中级	23	16	10.85	71.23
高级	16	5	7.55	78.77
更高级	0	0	0.00	78.77
专有名词	3	3	1.42	80.19
超纲词	42	36	19.81	100
总计	212	135	100	100

表 3：HSK 词汇档案

词表	词数	词种数	分布（%）	累积分布（%）
一级	58	19	27.36	27.36
二级	10	9	4.72	32.08
三级	22	20	10.38	42.45
四级	6	5	2.83	45.28
五级	12	9	5.66	50.94
六级	7	4	3.30	54.25
超纲词	97	69	45.75	100
总计	212	135	100	100

图 2-7　字词档案结果报告图

（四）教材库、语料库和评测软件的应用研究成果

自教材库和教材语料库的成果在网上发布后，访问"全球汉语教材库"的人次接近 80 万，遍布全球五大洲。使用的访客达 30 万人次，注册人员近万人。使用全球汉语教材库和"汉语阅读分级指难针"完成的博士学位论文 20 多篇，硕士论文 300 多篇；发表论文上百篇（其中 C 刊 30 多篇）。

本书的所有成果（除了有关教材库建设的部分）都是应用教材库和评测软件完成的，其中大部分已经发表于各类刊物（核心刊物 6 篇）。

二、教材语料库和评测软件的应用

国际中文教材语料库的应用价值，主要体现在以下方面：教材编写指南的研制，教材评估与难度测定，测评软件的研制与使用，教材语料库与其他语料库的配合使用。

（一）研制教材编写指南

不同的汉字、词汇、语法点，学习难度不同，二语使用频率也不同。教材编写必须了解现有教材的字、词、语法点分级和文化点选用情况，考虑它们的频率与分级。

现有汉字、词汇等级表，基本根据母语者使用频率研制。现有语法点等级表，只参照汉语本体研究的语法体系。现有文化项目表，是根据对本族人的文化介绍研制而成的。这些等级、项目表，既未充分考虑二语学习、使用情况，也未充分考虑二语教学和教材

情况。如果能依据国际汉语教材语料库中字词、语法点、文化点频率，研制出相应分级表和项目表，能直接促进汉语二语教材编写，对教学有指导作用。

中山大学国际汉语教材研发与培训基地广泛收集国际汉语教材，形成教材语料库，对其中字、词汇、语法点、文化点进行频率统计，结合汉语教学专家组意见，2012年基地研制出《国际汉语分级字表》《国际汉语分级词汇表》《国际汉语分级语法点表》和《国际汉语分类文化项目表》，形成教材编写指南，实现语料库建设"从教材中来，到教材中去"。

1. 编制分级汉字表

《国际汉语分级字表》（2012）包含2719个汉字，选自3212册教材中频率较高的汉字；根据频率高低，参考汉字与词汇的关系，分成4个等级：一级869个，二级784个，三级574个，四级492个。

使用建议：零起点教材只选取最常用的一级字；初级教材只从一、二级汉字中选取；中级教材尽量只从一、二、三级汉字中选取，慎用超纲字；高级教材汉字使用相对自由，尽量覆盖四级汉字，超纲字不超过35%。

2. 编制分级词汇表

《国际汉语分级词汇表》（2012）是在通过统计、分析3212册教材中词汇频率的基础上，结合国际汉语教学专家组的意见制订的。研制过程参考《国际汉语教学通用课程大纲》（国家汉办，2008）。词汇表包括词汇8531个，分4级：一级1032个，二级1999个，三级2155个，四级3345个。

使用建议：零起点教材词汇除专有名词外，应限定在一级词汇之内，超纲词严格限制。初级教材除专有名词外，应严格限定在一、二级词汇之内，超纲词不超过20%。中级教材应从一、二、三级词汇中选择，超纲词不超过30%。高级教材词汇相对自由，但应尽量覆盖四级词汇，超纲词不超过35%。

3. 编制分级语法点表

提取、标注3212册教材中的显性教学语法点，进行频率统计和排序；参考《国际汉语教学通用课程大纲》等大纲，研制成《国际汉语分级语法点表》(2012)。包含245个语法点（287项），分四个等级：一级80个（102项），二级77个（88项），三级56个（62项），四级32个（35项）。

语法点较复杂，分四个层次，融在上述四个等级里。第一层次包括语素、词类、句子成分、单句、复句、固定格式六个部分；其中，语素仅在第三、四级出现。第二层次在第一层次基础上展开。如第一层次的词类，具体包括名词、代词、数词、量词、动词、形容词、副词、介词、助词、连词等。第三层次介绍具体语法点，如助词分为语气助词、结构助词、动态助词等。第四层次列出具体的语法项。如动态助词细分为四个语法项（即表中语法点后的"项"）：过、了、着、呢。

使用建议：零起点教材覆盖30%以上的一级语法点，可选用不超过10%的二级语法点，三、四级语法点应严格限制。初级教材尽可能涵盖一、二级语法点，超纲语法点不多于10%。中级教材基本涵盖所有三级语法点，超纲语法点不多于30%。高级教材可根据教材性质和内容选取，超纲语法点一般不多于35%。

4. 编制分类文化项目表

考察、统计3212册教材中的显性文化点，参考《国际汉语教学通用课程大纲》"AP 汉语语言与文化课程概述"（College Board，2015）等相关大纲，制订《国际汉语分类文化项目表》（2012）。项目表共四层，第一层项目 5 项（中国国情，成就文化，日常生活和习俗，交际活动，思想观念），二层项目 38 项，三层项目 179 项，四层项目 61 项：

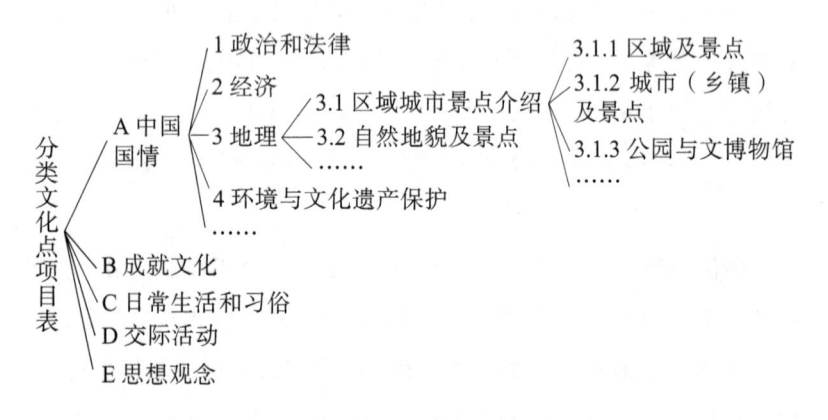

分类文化点项目表
- A 中国国情
  - 1 政治和法律
  - 2 经济
  - 3 地理
    - 3.1 区域城市景点介绍
      - 3.1.1 区域及景点
      - 3.1.2 城市（乡镇）及景点
      - 3.1.3 公园与文博物馆
    - 3.2 自然地貌及景点
    - ……
  - 4 环境与文化遗产保护
  - ……
- B 成就文化
- C 日常生活和习俗
- D 交际活动
- E 思想观念

图 2-8　国际汉语分类文化项目表分类

文化项目表为国际汉语文化教学总体设计、课堂教学、教材设计与测试提供依据和参考。教材编写者在使用该表编写教材或设计文化内容时，可根据具体情况从项目表中选取合适的话题，也可对话题进行综合概括介绍。建议使用者以现有教材为基础，继续探索补充新的文化素材和主题，优化项目表的设置。

（二）教材评估与难度测定

教材语料库为教材评估与难度测定提供了研究语料，依托语料库可以评估和测定现有教材中的词汇、成语、练习、文化项目等内容。

1. 教材评估

词汇。周小兵、陈楠（2013）对比两种"一版多本"教材（《新实用汉语课本》7个语种：英、法、西、日、韩、泰和阿拉伯语；《当代中文》还有印尼语和意大利语）与6部9册海外汉语教材的词汇本土化情况。发现：海外教材本土词汇涉及面广于"一版多本"教材；本土词汇数量远高于后者。梁建华（2016）系统考察5部泰国高中汉语教材词汇使用情况，发现泰国主编或自编教材本土词汇高于中国国内的汉语教材，"一版多本"教材极少收录泰国本土词。研究显示，有必要借助语料库进行中外教材词汇对比研究，提高国别化教材编写质量。

成语。周小兵、程燕（2013）基于语料库系统考察31册汉语二语教材，发现教材选用成语跟《汉语水平词汇与汉字等级大纲》（国家汉办，1992）差别巨大。教材成语，尤其是超纲、越级成语过多。对比母语者语料库发现，《汉语水平词汇与汉字等级大纲》中一些成语是母语者低频成语，难度等级不合理。

练习。陈楠、杨峥琳（2015）对比3部美国、日本、韩国编写的汉语教材和3部在中国使用的英、日、韩教材，发现面向不同地区的教材练习，在学习策略上有显著差异。美国教材注重社交策略，日本教材突出认知和记忆策略等。原因是学习策略与当地教学法协同。研究为汉语教材练习的区域化提供了参考。

文化。周小兵、罗宇和张丽（2010）参考其他语种的经典二语教材，系统考察9部汉语文化教材。研究发现，不少汉语文化类教材存在以下问题：对象、目标不明确，偏重古代文化，语言难度大，跨文化体验练习不足。对比语料发现：课文语言难度，对话体比非对话体要低；有非母语者参与的对话，比纯母语者参与的对话难度要低。内容、话题、难度相对合适的，编写者大多兼为教材使用者；古代内容过多、话题老旧、难度偏高的，编写者基本不是教材使用者。此研究对文化类教材编写有所启发。

2. 难度测定

周小兵、刘娅莉（2012）依据《汉语水平词汇与汉字等级大纲》，比较国内 4 部、国外 4 部初级汉语综合课教材词汇发现，甲、乙级词比例，国外教材高于国内教材；越级词、超纲词比例，国内教材高于国外。国外非华人所编教材，甲、乙级词汇比例高于华人所编教材；越级词、超纲词比例低于华人所编教材。相对而言，4 部国外教材词汇等级与分布更符合《汉语水平词汇与汉字等级大纲》。此外，国外教材词汇中，汉语母语者使用的高频词比例远高于国内教材。有初级教材出现"白薯、圆圈、按摩、镯、飞碟"等超纲词，难度太高。研究者还提出了可行的教材编写建议，如参考大纲，参考教材共选词和母语者词的频度。

（三）测评软件研制与使用

基于教材语料库可研制衍生工具，促进智能化教材评估、研究和编写。"汉语文本指难针"（金檀、李百川，2016）采用语言数据智能技术，以"汉语教材语料库"中的课文语料为数据基础，具有文本难度定级、改编反馈与例句查询三大功能。

该软件基于汉语字词等级、平均句长与文本长度等计算文本难度。字词等级依据《汉语国际教育用音节汉字词汇等级划分》；平均句长计算每句所含字数；文本长度计算文本所含总字符数；计算文本难度采用机器学习中的支持向量算法。以《阶梯汉语·中级精读 1》（赵新、李英，2009）第 10 课第一段为例。

红色是汉民族最喜爱也最常用的颜色之一。红色的种类很多，比如红中带紫的紫红，颜色较浅的粉红，颜色很浓的大红，像火一样的火红，像血那样的血红，还有跟红橘子皮一样颜色的橘红，等等，真是数也数不清。与汉语中的多数颜色词一样，红色包含着深厚的汉民族的文化心理和感情色彩，具有丰富的文化象征意义。

该文本平均句长为43，文本长度为129，难度三级，对应中级水平，适应中级学习者。经检验，该工具定级准确率已超90%（林星彤，2016）。由于定级准确、操作方便，汉语文本指难针已被许多二语研究采用，如许琪（2016）。

改编反馈。该工具主要提供词汇等级和最长句标注。标注初、中、高、更高级词和超纲词，分别用不同颜色标注（黑、绿、黄、紫、红）。如"喜爱、种类、紫、浅、火、清、包含、深厚、心理、色彩、象征"为中级词，标绿色。超纲词"紫红、火红、血红、橘红"标红色。编写者可视情况替换上述超纲词。标注最长句，可方便文本难度改编，尽管最长句未必是最难的句子。

例句查询。该工具依据教材库3212册/种教材语料信息，基于"频数驱动"理念，筛选代表性教材语料数据，实现词语查询功能。可根据需求输入特定词语（"见面、满足、都、了"等），找出各教材中呈现该词汇或语法点的句子、语篇，用于教学或编写教材、教辅。通过查询，明确特定词汇在教材语料库中的使用，决定取舍。如查询"橘红"会发现教材语料库中只有3例。

由于具备上述功能，该工具可促进教学，帮教师解决选材主要靠个人经验和主观判断，教学时找不到合适例句，不知道如何改编文本难度等问题。

（四）教材语料库与其他语料库的配合使用

汉语第二语言学科建设，要解决"教什么、怎么教、怎么学"等基本问题。（赵金铭，2001）而这些问题的解决，需要综合使用教材语料库和其他相关语料库，包括目标语语料库、学习者母语语料库、中介语（二语学习者）语料库。

1. 相关语料库的功能

在二语研究中，这三种语料库和教材语料库的功能有一定分工，需协同使用。

目标语语料库可用于考察教什么。例如可通过目标语语料库看学习者中介语表达跟目标语母语者有何异同，形式不同会被认定为"错误"。如韩国人说"*我一小时学习了"。又如，使用频率不同，可显现二语使用特点。如"见面"在"离"状态（见了他两面）时的频率，母语者远高于二语者。通过目标语语料库，还可以从某语言项的使用方式、频率中总结具体用法，概括规则。如表示逐指的"都"，从其位置、搭配可总结出用法，从用法、频率中可概括规则。

中介语语料库可用于考察怎么教。例如可通过中介语语料库看中介语跟目标语有何异同，形式跟目标语不同为"错误"。正确率统计可看出语言项的习得状况。如同一学习者，使用"我学了一小时"的频率超过"我一小时学了"，证明基本习得。大范围统计可概括语言项习得顺序。还可以从特定语言项的使用方式、频率等，总结它在中介语中的用法、规则和发展趋势。

学习者母语语料库可用于考察"怎么学"。例如可用学习者母语语料库跟目标语语料库对比，看学生母语与目标语的异同，形式相同会产生正迁移,形式不同可能发生负迁移。如"我比他高得多 / I am _much_ taller than him",形式不同,所以英语区人易出现"*我比他很高"这样的偏误。还可以通过系统对比学习母语与目标语,概括两种语言的规则和差异。

国际汉语教材语料库可综合运用于考察"教什么、怎么教"。例如比照教材语料库特定语言点的信息与其他三种语料库的异同。如:存现句否定式("墙上没挂着画儿")在汉语母语语料库中频率极低,不需要教学;但不少汉语教材却用很多篇幅讲解。

各类语料库可根据学习者母语不同再分类。国际汉语教材语料库根据学生母语分类,可凸显教材的本土性特征。如阿拉伯语区教材,"酒、猪肉、比基尼"等词语是否出现,如何呈现,就要慎重考虑。

2.教材语料库与相关语料库综合使用案例

下面以二语者使用离合词"见面"为例,看如何使用多种语料库进行考察。

第一步,用中介语语料库考察二语者对"见面"一词的使用情况。如:

表 2-1 北语 HSK 动态作文语料库"见面"使用情况

总频次	正确频次	正确率
281	236	84%

从中介语角度考察,可以把出现"见面"的句式分为以下几类:

(1)能愿/否定/频度……+见面(+了)

我们又能见面了。(错误极少)

(2) 时/地等状语+见面

我们每天都在学校见面。

*他们隔了好久才见面在一个公园里面。

(3) 跟+宾语+见面

如果我没跟她见面的话,我可能现在不学汉语。

*回去我的国家我就见面同事。

(4) 见+了/过/……+面

我们去年见过面。

*这么多年都没见面过。

(5) 见+次数词+面

我和家人一周见一次面。

*一年之中一两次我跟他见面。

(6) 见+对象+的/一+面

他们不想见对方的面。

*我一见他面就觉得有一些奇怪的感觉。

以下是这6类句子的使用情况。

表2-2 北语HSK作文语料库"见面"小类使用情况

	总频次	使用频率(%)	正确频次	正确率(%)
(1)	85	29.7	84	98.8
(2)	58	20.3	48	82.8
(3)	108	37.7	92	85.2
(4)	14	4.9	7	50

续表

	总频次	使用频率（%）	正确频次	正确率（%）
（5）	20	7.1	15	75
（6）	2	0.7	1	50

由表 2-2 可知，外国学生使用"见面"、"合"时正确率高，"离"时正确率低。

对比母语者使用频率，请看表 2-3。

表 2-3　北大 CCL 语料库"见面"使用情况（抽样 1000 条）

	频次	使用频率（%）
（1）	234	19.3
（2）	168	13.9
（3）	394	32.6
（4）	148	12.2
（5）	211	17.4
（6）	55	4.6

对比可知，"离"状态的"见面"，二语者使用频率为 12.7%，远低于母语者的 34.2%。

第二步，用双语语料库考察汉外语言对比，探索二语者出现错误、回避"离"态的原因是否跟母语有关。此处只列举英汉、韩汉对比，使用"二语星空"英汉语料库和沪江韩语学习网站。

英语和韩国语，跟汉语"见面"对应的词用法如下：（1）都不能分离。（2）都可带对象词做宾语，如：I met Liz / 나는（我）친구를（朋友）만났다（见面）。（3）表示过去等语义单位，或在

该词后，或动词变形。(4)次数、时间、地点等成分，韩国语均在动词前，如：일년에(一年)그와(他)한두번정도(一两次左右)만나요(见面)；英语一般在动词后如：We meet once a week。母语影响使学习者容易回避"离"的状态，容易出错。

第三步，使用汉语教材语料库考察"怎么教"，统计教材对"见面"的呈现情况，看教材对学习可能产生什么影响。下面是部分教材展示的"见面"句：

(1)(能愿/否定/频度……)+见面(+了)

马老师：我们还在一个学校，会常常见面的。(《乘风汉语》4)

咱们聊聊天儿吧，很久没见面了。(《发展汉语》，高级上)

(2)时/地等状语+见面

田中平：好吧，七点一刻见面。(《新编汉语教程》1)

过一会儿我们在咖啡厅见面。(《中国全景·中级汉语》3)

(3)跟/和/同+宾语+见面

太好了，我也想和你见面。(《乘风汉语》3)

她说三点钟跟我们见面。(《拾级汉语》第2级)

(4)见+了/过/……+面

毕业后，我们再也没见过面。(《博雅汉语》初级起步篇Ⅱ)

路易斯：见了面，我给你介绍。(《中国全景·中级汉语》1)

(5)见+次数词+面

我想跟你见一个面。(《当代中文》)

传说王母娘娘只许牛郎和织女每年七月七日见一次面。(《新中国语》5)

(4)+(5)见+过+次数词+面

我们曾经见过一次面，后来就没再联系。(《走进中国·中级汉语》)

我们见过三次面，每次都很愉快。(《目标汉语·基础篇》6)

（6）见＋对象＋的／一面

如"见他的面，见妈妈一面。"教材库中没有体现。

句式分布情况如表 2-4 所示。

表 2-4 "见面"句式统计（数量/%）

合			离				共计
（1）	（2）	（3）	（4）	（5）	（4）+（5）	（6）	
122/37.78	90/27.86	50/15.48	38/11.76	13/4.02	10/3.10	0/0	323/100
262/81.12			61/18.88				323/100

注："合"指"见面"未分离状态；"离"指分离状态。

教材解释"见面"多用英语 to meet 注释；多标注为"动词／V."，极少数标为"离合词"。拼音多是 jiànmiàn（说明是一个词），少数为 jiàn//miàn（说明是离合词）。

目前教材的普遍问题是：呈现"见面"句"合"态（尤其是对象不用介词导引的 AB 句式）比率过多，"离"态比率太少，仅占 18.88%。学生使用"见面"偏误多（"离"态频率高），常回避"离"态"见面"，跟教材输入严重不足密切相关。

由上可知，教材语料库跟其他语料库配合使用，可解释学习者偏误产生的部分原因，可直接促进教材研发和教学，有助于解决"教什么、怎么教、怎么学"。

三、问题与展望

综上所述,我们认为目前国内教材语料库建设,存在以下问题:

一是类别少,分类不科学。海外非母语者教材语料库主要收录通用教材,缺少专用教材。在通用汉语教材内,未区分传承语教材和面向非华裔汉语教材。

二是规模小。中大汉语教材语料库目前仅500万字。跟实际教材比,教材库收录教材量还不够。多媒体教材只能查询基本信息,未将其纳入语料库建设。

三是加工不够。多数教材语料库仅做分词、词性标注等加工。中大语料库只对字、词、显性语法点和文化点做了标注。教材其他内容如图片、表格、练习等尚未深加工。

为满足全球汉语教育的迅速发展,满足从业人员对教材研发使用的迫切需求,面向海外非母语者的汉语教材语料库建设,应着力做好以下工作:

首先,加大语料库类别、规模建设,强化语料库分类建设,以提高使用范围和效率。语料库分类可分层进行。如,第一层,传承语/非传承语教材。第二层,目标语/非母语环境教材。第三层,通用汉语/专用汉语教材。第四层,各年龄段教材。第五层,水平分层。此外,语别、国别因素,也需要适当考虑。

其次,对教材语料进行系统、纵深加工。在识别字、词、显性语法点和文化点的基础上,对隐性语法点、篇章结构、话题点、交际点(含功能与场景)等进行标注。进而标注话语态度,标注图片、表格等多模态资源。使之成为多方面的参考依据。

  再次，加强多种语料库综合使用功能的开发。作为教与学的辅助工具，语料库在功能上需配合多种语料库共同使用，实现教学、教材之间的互动。

  国外成熟的二语教学资源已初步形成从词汇到语法的各类数字应用产品，以词典、手机应用APP、教材等方式呈现。国内教材语料库的发展趋势，是依托现有教材库，编制出国际汉语教学各类大纲的参考依据，形成教材编写资源，通过从人工评定教材到机器自动评定的研发，构建出"人—机"评估模型基础，全面促进教学。

第二节　高频超纲词覆盖率与语义透明度

  在国际汉语教学和教材编写中，词表的作用非常重要。科学的教学词表可以合理地揭示出词语的难易程度，是"语言教学总体设计、教材编写、课堂教学和水平测试的依据"（刘长征、张普，2008）。国外最有影响、广为使用的教学词表是General Service List（West，1953），它被广泛应用于英语二语词汇教学与研究中。国内有代表性的汉语二语教学词表有《汉语水平词汇与汉字等级大纲》（以下简称《等级大纲》）（1992）和《汉语国际教育用音节汉字词汇等级划分》（以下简称《等级划分》）（2010）的词汇部分。词表被用作规范性的词汇大纲，在二语教学领域发挥了巨大作用，产生了广泛影响。

  在汉语二语教材中，没有被词汇大纲收录的词被称作"超纲词"。与大纲内的词相比，超纲词一般使用频率较低，这是没有被大纲词表收录的主要原因。那么，是否所有超纲词的使用频率都较低呢？黄伟（2012）基于中介语语料库发现，一部分超纲词具有常用性特点，使用频率较高，学习者确实掌握了超纲词。因此，在超纲词中存在一些使用频率较高的词，即高频超纲词。以往对超纲词的研究多集中在统计超纲词在某些汉语教材中所占的比例，很少关注超纲词中的高频超纲词。如杨德峰（1997）将几部有代表性的汉语教材的词表和《等级大纲》比对，发现超纲词比例都在50%以上。另外，郭曙纶（2008）、赵明（2010）、吴成年（2011）、董琳莉（2012）等也发现一些汉语教材中的超纲词占有较大的比例，但并未对高频超纲词给予关注。为什么高频超纲词具有较高的使用频率，却没有被收录在大纲词表中？我们认为，有以下两方面原因。

  一是因为高频超纲词的覆盖率较低。覆盖率指"被调查语料内指定调查对象占所有调查对象总量的百分比，即所有调查对象按照频次降序排列，每一调查对象的频次同其前调查对象频次的累加和，与所有语料中调查对象总次数的比值"。（侯敏，2010）覆盖率可以反映某些词汇在教材词汇中的地位和重要程度。郭曙纶（2008）对《多文体精泛结合：高级汉语教程（上册）》每课超纲词的覆盖率进行了统计，得出其平均覆盖率为19.1%。可见，超纲词的覆盖率较高。那么，高频超纲词的覆盖率是不是较低，这有待相关研究去证实。

  二是因为高频超纲词的语义透明度为"完全透明"。语义透明度（semantic transparency）指由合成词的构成语素义推知词义的难易程度。有的合成词语义透明度是"完全透明"，词义完全可由语素义推知，如"大雨"；有的是"部分透明"，词义的一部分可由语素义推知，如"金鱼"；有的是"完全不透明"，词义完全不能从语素义推知，如"龙眼"（一种水果）。语义透明的概念较早见于Ullmann（1962），其中透明词和隐晦词的概念后来被广泛应用于国内外心理学界和语言学界的研究中。在汉语语言学界，对语义透明度的研究主要涉及分类（徐彩华、李镗，2001）、影响语义透明度的因素（任敏，2012；高翀，2015）及其对词汇学习和教学的影响（干红梅，2008）等方面。

高翀（2015）发现，某些词（如"树叶""树枝"等）未被词典收录的原因是这类词的语义透明度很高。我们认为，大纲词表中未收录高频超纲词与语义透明度相关，但并非皆因如此。

覆盖率可以作为衡量某些词语在教材词汇中重要程度的指标，语义透明度可以反映合成词的难易程度，二者对词汇研究具有重要意义。虽然二者在以往研究中都有所涉及，但仍存在一定的局限性。首先，在研究方法上缺乏基于大规模语料的研究，多基于小样本语料（郭曙纶，2008；董琳莉，2012；吴日娜，2014），导致研究结果存在局限性和显著差异。其次，尚未有研究将语义透明度理论应用于汉语二语教材词汇分析中。鉴于以上研究现状，本节拟基于大规模语料库全面考察高频超纲词的覆盖率及语义透明度问题，以期获得对高频超纲词特点的认识，并推进超纲词领域相关问题的研究。

一、研究设计

（一）研究问题

本研究旨在对汉语二语教材中高频超纲词的覆盖率及语义透

明度情况进行系统考察。具体探讨高频超纲词在教材文本中的覆盖率，及其语义透明度情况的具体表现这两个问题。

（二）研究对象

1. 汉语二语教材

本研究涉及的所有高频超纲词均来自汉语二语教材，以"全球汉语教材库"（以下简称"教材库"）中325册教材作为研究对象。这325册教材是中山大学教学科研人员从近万册汉语教材中筛选出来的目前海内外正在使用的综合类汉语教材，涵盖了中国、日本、韩国、英国、泰国、美国、新西兰、新加坡、法国、西班牙、俄罗斯等多个国家出版的汉语教材，共300多万字。

2. 汉语国际教育用词表

本研究所用词表为《等级划分》的词汇部分。该词表共收词11092个，分成三个等级与三级水平，即：一级（普及化水平，2245个词）、二级（中级水平，3211个词）、三级（高级水平，4175个词）。另有高级"附表"词1461个。（国家汉办、教育部社科司《汉语国际教育用音节汉字词汇等级划分》课题组，2010）

（三）研究工具

1. 汉语阅读分级指难针

汉语阅读分级指难针（以下简称"指难针"）是供国际汉语教师、教材编写者、汉语学习者及研究者免费使用的以字词分析为核心内容的在线工具。该工具可对教材语料进行切词及字词等级划分（划分标准依据《等级划分》），并可对不同等级词和超纲词的词数、词种数等进行统计。

2. 国际汉语教材语料库检索系统

国际汉语教材语料库检索系统（http://www.languagedata.net/corpus/，以下简称"检索系统"）是在教材库基础上建立的供教材编写者、研究者使用的以字词检索为核心内容的工具。本研究利用该工具获取超纲词的出现频次和例句等信息。

（四）研究步骤

1. 利用"指难针"生成超纲词表

以《等级划分》的词表为标准，使用"指难针"统计325册教材中出现但未见于《等级划分》的超纲词，生成超纲词列表。

2. 对超纲词列表进行人工校对

机器切词后的超纲词列表中有些不是严格意义上的词，需要进行人工校对和甄别[①]，并将专有名词（人名、地名、组织机构名等）排除在外。

3. 利用检索系统生成高频超纲词表

利用检索系统获取超纲词的出现频率，并进一步确定高频超纲词的范围，得到高频超纲词列表，统计其数量及文本覆盖率。

4. 分析高频超纲词的语义透明度

本研究对语义透明度的分析方法参照李晋霞（2011）的研究，分为以下四类：

[①] 人工校对主要是对列表条目的再切分，切分对象包括：一般词组（"科学技术"→"科学/技术"）、数量词组（"一个"→"一/个"）、数词词组（"二十"→"二/十"）、特殊前缀词（"第五"→"第/五"）、表星期时间时期等的词组（"星期一"→"星期/一"、"一九七八年"→"一/九/七/八/年"）、实词重叠形式（"天天"→"天/天"、"试试"→"试/试"、"长长"→"长/长"）。

"完全透明"类：词义基本等于语素义的直接相加[①]，如"建国"。

"比较透明"类：每个语素义对词义都起主要提示作用，词义大于语素义的相加，如"冰灯"。

"比较隐晦"类：部分语素义对词义不起提示作用，如"坏蛋"。

"完全隐晦"类：每个语素义对词义都不起提示作用，如"青衣"。

语义透明度分析需要说明的问题有：

第一，语义透明度反映的是合成词语素义与词义的关系，分析对象不包括单纯词，因此不对高频超纲词中的单纯词进行分析。

第二，对多义词的分析选择使用频率较高的义项和代表语文义的义项。如"后门"的释义为："❶房子、院子等后面的门。❷比喻通融的、舞弊的途径。"义项❶、义项❷的使用频次分别为13次、2次，将义项❶作为分析对象。"小雨"的释义为："❶指下得不大的雨。❷气象学上指24小时内雨量在10毫米以下，或1小时内雨量在2.5毫米以下的雨。"义项❶为语文义，义项❷为专科义，将义项❶作为分析对象。

第三，对同形词的分析选择使用频率较高的条目义项。如同形词"下水"的释义分别为："【下水】¹xià // shuǐ 动❶进入水中。❷把某些纺织品、纤维等浸在水中使收缩。❸比喻做坏事。【下水】²xiàshuǐ 动向下游航行。【下水】xià·shui 名食用的牲畜内脏，有些地区专指肚子（dǔ·zi）和肠子。""【下水】¹"的义项❶和"【下水】"的义项使用频次分别为7次和2次，其他义项的使用频次都为0次，把

[①] 本研究对语素义和词义的确定全部参照《现代汉语词典》（第5版）的释义，对该词典未收录的词，参考了汉典（http://www.zdic.net）中的释义。

"【下水】"[1]的义项❶作为分析对象。

第四，分析尽量参照词典释义，但不拘泥于词典释义。如"毒蛇"的释义为："有毒的蛇，头部多为三角形，能分泌毒液，使被咬的人或动物中毒。如蝮蛇、白花蛇等。毒液可供药用。"释义中"有毒的蛇"已精练概括出了"毒蛇"的意义，其他部分为附加性说明的内容，因此只依据释义中最精练的部分（"有毒的蛇"）进行语义分析。

二、研究结果

（一）高频超纲词的覆盖率

本研究生成的超纲词共 22053 个，出现 74941 次，覆盖率为 6.80%。本节主要依据教材中纲内词的平均出现频次来确定"高频超纲词"。结果详见表 2-5。

表 2-5　纲内词在 325 册教材中的出现频次

纲内词	词种数	频次	平均频次	总频次
一级词	2117	850676	402	1027167
二级词	3054	138384	45	
三级词	3581	34343	9	
高级"附表"词	964	3764	4	

注：词种数指每级词在 325 册教材中出现的词种数；平均频次的计算方法是用每级词的频次除以词种数。

表 2-5 中的一、二、三级词和高级"附表"词指《等级划分》

分出的不同等级词。我们统计出教材中每级词的词种数、频次、平均频次以及所有纲内词的总频次,并以三级词的平均频次(9次)为标准,将超纲词中使用频次大于等于9次的看作高频超纲词。高频超纲词的词种数、比例和覆盖率如表2-6。

表2-6 高频超纲词的词种数、比例和覆盖率

| 高频超纲词词种数 ||||| 高频超纲词的频次 | 占超纲词词种数的比例 | 高频超纲词的覆盖率 |
单音节词	双音节词	三音节词	四音节词	五音节词	合计		
175	612	157	28	1	973	23360	4.41%	2.12%

注:占超纲词词种数的比例指高频超纲词的词种数(973)占超纲词词种数(22053)的比例;高频超纲词覆盖率的计算方法是用高频超纲词的频次(23360)除以超纲词和纲内词的总频次(74941+1027167)。

按音节分类,高频超纲词每类的例词如下(括号内的数字为出现频次):

单音节词:嗯(71)、铢(47)、甚(23)、款(20)、咦(18)、岂(18)、婶(16)、尊(15)、呗(14)、诶(13)、罢(13)、眨(13)、哩(12)、呈(10)、遂(9)

双音节词:建国(174)、发音(139)、聊天(134)、明月(89)、国人(73)、小雨(68)、同屋(68)、饭菜(60)、表哥(54)、茶馆(54)、店员(53)

三音节词:科学家(74)、中国话(49)、照相机(39)、理发师(39)、快餐店(35)、糖醋鱼(31)、健身房(29)、运动场(25)、学生证(23)

四音节词:少数民族(37)、计划生育(25)、不见不散(22)、一举两得(11)、望子成龙(9)

五音节词：发展中国家（9）

如表 2-6，高频超纲词词种数为 973 个，占超纲词词种数的 4.41%，覆盖率为 2.12%。在高频超纲词中，双音节词比例最高，占 62.90%，其次分别是单音节词（17.98%）和三音节词（16.14%），四音节词和五音节词所占比例较低，分别占 2.88% 和 0.10%。

另外，高频超纲词共出现 23360 次，平均使用频次为 24.01 次。在高频超纲词中，名词所占比例最高，为 69.89%；动词占有一定比例，为 16.14%；形容词、副词和其他类词所占比例较低，分别为 1.95%、2.88% 和 9.14%。

（二）高频超纲词的语义透明度

高频超纲词语义透明度分布如表 2-7 所示（单音节词排除在外）。

表 2-7　不同语义透明度类别的高频超纲词分布情况

语义透明度类别	高频超纲词数量	比例（%）	累加比例（%）
完全透明	508	63.66	63.66
比较透明	141	17.67	81.33
比较隐晦	122	15.29	96.62
完全隐晦	27	3.38	100
总和	798	100	

不同语义透明度类别的高频超纲词例词如下：

"完全透明"类：大雨、村子、名牌、高楼、球赛、急事、全班、羽毛、理发店、化妆师

"比较透明"类：同屋、剪纸、画报、糖醋鱼、毛笔、助教、年糕、冰灯、机房、冰鞋

"比较隐晦"类：熊猫、伯母、师母、舅妈、唐装、土著、银河、笔名、金鱼、面孔

"完全隐晦"类：青衣、大虫、百姓、元宵、接风、光阴、鸦片

可见，高频超纲词在语义透明度的四个类别中都有分布。"完全透明"类所占比例最高，为63.66%；"比较透明"和"比较隐晦"类比例相当，分别为17.67%和15.29%；"完全隐晦"类比例最低，为3.38%。

总体上看，随着语义透明度类别由"完全透明"到"完全隐晦"的变化，每个类别高频超纲词的数量分布及比例呈逐渐下降的趋势。

三、结果分析

（一）高频超纲词的重要性

为便于和超纲词、高频超纲词覆盖率进行比较，我们统计了纲内词的覆盖率。三者间的比较结果详见表2-8。

表2-8 纲内词、超纲词与高频超纲词的覆盖率（%）

	一级词	二级词	三级词	高级"附表"词	纲内词	超纲词	高频超纲词
覆盖率	77.19	12.56	3.12	0.34	93.21	6.80	2.12

超纲词的覆盖率为6.80%，这与前人研究结果存在显著差异。张卫国（2006）、郭曙纶（2008）分别考察了《中级汉语阅读》《多文体精泛结合：高级汉语教程（上册）》等教材，发现超纲词的覆盖率分别为11.657%和19.1%。覆盖率明显高于本研究的调查结果，原因主要有二：首先，语料规模有较大差异。前人研究主要以

某部教材文本作为语料,本研究基于325册教材语料,语料规模的较大差异导致研究结果存在明显差异。其次,研究所使用的词表不同。前人研究以《等级大纲》(1992)为大纲词表,本研究以《等级划分》(2010)为大纲词表,使用词表不同也会导致结果存在差异。

通过表2-8可见,超纲词的覆盖率(6.80%)明显高于三级词和高级"附表"词的覆盖率(3.12%和0.34%),说明超纲词出现的总频次多于三级词和高级"附表"词的总频次。三级词相当于高级词,因此超纲词的覆盖率实际上高于高级词的覆盖率,在教材中的地位不容忽视。

高频超纲词的覆盖率为2.12%,高于高级"附表"词的覆盖率(0.34%)。据前文,高频超纲词仅占超纲词很小的一部分(4.41%),却能使超纲词的覆盖率提升2.12%(超纲词的覆盖率为6.80%)。可见,高频超纲词在超纲词中具有重要的地位和作用。

诸多研究认为,学习者认识的词汇覆盖率如能达到95%—98%,就能完成可接受的理解(acceptable comprehension)。也就是说,学习者不认识词汇的覆盖率如果低至2%—5%,则可实现对文本的可接受性理解。(Hsueh-Chao, Hu & Nation, 2000; Hilde van Zeeland & Schmitt, 2013; Schmitt et al., 2015)根据表2-8,纲内词的覆盖率为93.21%,与学习者所认识词汇的覆盖率最低标准(95%)还有一些差距。我们统计了不同语义透明度类别的高频超纲词覆盖率,如表2-9。

表2-9 不同语义透明度类别高频超纲词覆盖率(%)

	完全透明	比较透明	比较隐晦	完全隐晦
覆盖率	1.12	0.28	0.23	0.06

对于"完全透明"类高频超纲词,学习者很容易通过语素义推知词义,而且基本上不会影响对文本的理解,可归为学习者所认识的词汇。据表2-9,"完全透明"类高频超纲词的覆盖率为1.12%,与纲内词的覆盖率之和为94.33%,也就是说,学习者所认识词汇的覆盖率已经接近了其应达到的最低标准(95%)。由此可见,高频超纲词中语义透明度为"完全透明"的词具有非常重要的作用,它能够使学习者所认识词汇的覆盖率提高1.12%,使之接近所应达到的最低标准。

(二)高频超纲词的语义透明度分析

1. 与前人研究的差异

对高频超纲词语义透明度的考察结果表明,"完全透明"类所占比例最高,"比较透明"和"比较隐晦"类比例相当,"完全隐晦"类比例最低。但据李晋霞(2011)统计,在33095个词中,完全透明的占28.67%,比较透明的占64.86%,比较隐晦的占4.64%,完全隐晦的占1.83%。也就是说,该研究表明,"比较透明"类比例最高,"完全透明"类占一定比例,"比较隐晦"和"完全隐晦"类比例较低。这项研究与本研究的主要差异在于"完全透明"和"比较透明"类词语比例的差异。

2. 原因分析

产生差异的主要原因分析如下。

其一,对多义词和同形词的处理方式不同。李晋霞(2011)对多义词和同形词的处理方式是,以意义隐晦度最高的义项为准进行分析,本研究把使用频率较高的义项和代表语文义的义项作为分析对象。我们发现,使用频率较高的义项和代表语文义的义项一般为字面义,如"后门""小雨"使用频率较高的义项分别为"房子、院子等后面的门""指下得不大的雨",这两个义项都是字面义。据宋贝贝、苏新春(2015),义位类型为字面义的词,语义透明度更倾向于完全透明。因此,本研究中"完全透明"类词语比例最高。我们以义项使用频率为标准,分析教材词语的常用义项,也是学习者的常见义项,是从对外汉语词汇教学和词汇学习的实际出发,对语义透明度做出的比较准确的判定。

其二,语义透明度分析原则有所不同。李晋霞(2011)的分析以《现代汉语词典》的释义为准,对每个词语义透明度的判定都建立在词典释义基础上。本研究参照《现代汉语词典》和汉典的释义,但不拘泥于释义本身,对有些词语义透明度的分析仅参照工具书释义中最精练的部分。

3.高频超纲词的语义透明度的类别和成员

研究结果显示,高频超纲词中语义透明度为"完全透明"的词占了最高比例,那么,这些词包含哪些成员?它们具有怎样的特点?在此重点对其进行分析。

"完全透明"类高频超纲词例词如下:

"形素+名素"组合:明月、女友、古城、小孩、微风、名牌、高楼、急事

"名素+名素"组合:月光、世人、校门、体内、衣柜、饭菜、车门、春风

"动素+名素"组合:建国、离家、逛街、饮茶、听课、结账、赏月、降雨

"词根+词缀/类词缀"组合:老鼠、店员、村子、管理者、猴子、消费者、教育家、理发师

"形素""名素"和"动素"分别代表"形容词性语素""名词性语素"和"动词性语素",根据高频超纲词内部组合的不同主要分成以上四类。

"形素+名素"组合的高频超纲词为定中结构,体现为形素对名素的修饰关系。这种修饰关系是直接的,不需要额外补充其他词语就能获得对词义整体的理解,如"微风"即"微弱的风"。形名组合是一种比较松散的组合,董秀芳(2004)指出:"在英语的词法研究中,一般的形名组合被认为是短语而不是词。"在汉语中,形名组合在被认定为词或短语时也很容易产生分歧。如《现代汉语词典》未收录"蓝天""白云",可能认为这些词不完全具备词的资格,更像短语,但这些词的词感反而较高(刘云、李晋霞,2009)。因此,形名组合词的主要特点是意义结合松散,可分离,语素义直接加合基本等于词义,语义透明度为"完全透明"。

"名素+名素"组合中大多数高频超纲词也为定中结构,体现为名素对名素的限定关系。这种限定关系多数是直接的,不需要补充其他词语即可获得对词义的理解,如"月光"即"月亮的光线"。少数词的限定关系不是直接的,需补充其他词语才能理解完整词义,但补充是比较容易的。如"衣柜"不能解释为"衣服的柜子",需补充词语"收藏(或盛放)",即"收藏(或盛放)衣服的柜子"。学习者应该可以通过联想为理解完整词义补充额外的词语,而且有些词的构词语素义本身就包含额外的词语,如"衣柜"的"柜"释义为"收藏衣物、文件等用的器具,方形或长方形,一般为木制或铁制",释义本身就包含需补充的额外词语"收藏",词语补充比较容易实现。因此,"名素+名素"高频超纲词词义等于或大致等于语素义的加合,语义透明度为"完全透明"。

"动素+名素"组合的绝大多数词都为动宾式。据统计,《现代汉语词典》的动宾式合成词中,65%以上是离合词。(董秀芳,2011)我们发现,大多数动宾式高频超纲词也是离合词。如"逛街""听课""挥手""得病"等可作为词单独使用,也可中间加入其他成分,如"逛了一天街""听了两节课""挥了挥手""得了一场病"。因此,这类词内部结合较松散,词汇化程度较低,很容易通过内部成分义推知词义,语义透明度为"完全透明"。

"词根+词缀/类词缀"组合的高频超纲词体现为词根与"老""子""者""头""员""家""性""师"等词缀或类词缀的组合,意义完全或主要侧重于词根。如"老鼠"的意义完全侧重于词根"鼠",词缀"老"的意义已完全虚化;"可能性"的意义主要侧重于词根"可能",类词缀"性"的意义未完全虚化,表示"事物的某种性质或性能"。只要了解词根义,并掌握词缀和类词缀的意义虚实情况,就完全能够推知这类词的意义。因此,这类词的语义透明度为"完全透明"。

总之,语义透明度为"完全透明"的高频超纲词主要包括:定中结构的"形素+名素"组合、定中结构的"名素+名素"组合、动宾结构的"动素+名素"组合及"词根+词缀/类词缀"组合。这几种组合的高频超纲词意义结合较为松散,词汇化程度较低,有的可扩展为短语(如"离合词"),词义基本可通过语素义推知。

四、研究启示

本研究对词表研制和修订、教材编写以及词汇教学等均具有重要的启示意义,主要体现在以下三方面。

（一）词表可适当吸收覆盖率高且语义透明度较低的超纲词

在词表研制及修订方面，可适当吸收此类高频超纲词：覆盖率较高且语义透明度为"比较透明""比较隐晦"和"完全隐晦"类词语。词表未收录高频超纲词可能是认为这些词的覆盖率较低，语义透明度为"完全透明"。事实上，高频超纲词覆盖率较高且语义透明度并不都是"完全透明"。如"舅妈""笔名""关切"等高频超纲词的覆盖率较高且语义透明度为"比较隐晦"，并未被收入词表（《等级划分》）。这说明词表收词还存在一些问题，尚未很好地考虑覆盖率及语义透明度因素。今后词表收词需综合考虑频率、覆盖率及语义透明度等多方面因素。

（二）教材可适当收入语义透明度高的高频超纲词

在教材编写方面，我们可以把"完全透明"类高频超纲词或纲内词编入课文中，而不必将其编入生词表中。有些教材把"完全透明"类词语编入生词表，如《发展汉语·高级汉语（上）》把"亲友"编入生词表，解释为"亲人和朋友"。"完全透明"类词语对学习者来说基本不存在理解困难的问题，完全可通过猜词策略猜出词义，建议编写者尽量不要将此类词编入生词表。

（三）词汇教学中适当进行猜词训练

词汇教学方面，对"完全透明"类高频超纲词只需稍加解释，鼓励学生通过语素义猜测词义（即采用"语素教学法"），对"比较透明""比较隐晦""完全隐晦"类高频超纲词则需进行重点讲解，尤其应该把后两类高频超纲词作为一个整体教给学生，引导学生对词义整体进行记忆（即采用"整词教学法"）。

五、结论

本节基于大规模语料库的实证研究，主要考察了国际汉语教材中高频超纲词的覆盖率及语义透明度情况。研究结果表明，高频超纲词的覆盖率较高，高于词汇大纲（《等级划分》）中高级"附表"词的覆盖率，高频超纲词只占超纲词很小一部分，却能使教材文本中超纲词的覆盖率得到较大提升。而且，由于大部分高频超纲词语义透明度为"完全透明"，因此能使学习者所认识词汇的覆盖率得到较大提升，接近对文本可接受性理解所应达到的最低标准。

高频超纲词在语义透明度的四个类别中都有分布，其中，"完全透明"类占绝大多数，"比较透明"和"比较隐晦"类比例相当，"完全隐晦"类比例最低。语义透明度的考察结果与前人研究有显著差异，这主要源于对同形词、多义词的处理方式及语义透明度分析原则不同。另外，本节重点对"完全透明"类高频超纲词进行分析，发现其主要包括四种组合模式：定中结构的"形素＋名素"组合、定中结构的"名素＋名素"组合、动宾结构的"动素＋名素"组合及"词根＋词缀/类词缀"组合，属于这些组合的词内部结合较为松散，意义完全透明，词汇化程度较低。

第三节　商务汉语教材词汇考察

近年来，随着我国国际地位的不断提高，出现了学习汉语的热潮，以经商、贸易为主要用途的学习者占了相当的数量，由此带来了商务汉语的蓬勃发展。近年来"一带一路"倡议的提出，进一步促进了我国和世界各国的经济交流与合作，越来越多的海外学习者开始关注和学习商务汉语课程，商务汉语教材的专业性和多样性的需求也愈加明显。"全球汉语教材库"收录的课堂教材中，有49.7%的专用汉语教材是商务汉语教材，所占比例最高。

目前学界对于商务汉语教材的研究主要包括：编写理念和设想（李忆民，1999；张黎，2007）以及教材要素的评估，如词汇、文化、话题等（倪明亮，2015）。前人的研究中，教材词汇的选取是研究的重要议题，因为词汇的选取是商务汉语教材与通用汉语教材的最大区别（周小兵、干红梅，2008；季瑾，2007）。

辛平（2007）以初、中、高级商务汉语教材为基础，对教材选词进行了定量分析，并根据《商务汉语考试大纲》，构建了商务汉语教材词汇的参数模型。与此类似，安娜、史中琦（2012）考察了7本商务汉语教材，在参照《（汉语水平）词汇等级大纲》和《商务汉语常用词语表》的基础上，根据教材课文提供的词语频度信息，得出了商务词汇核心词表。此类研究得到的数据结果和词表对商务汉语教材的编写具有重要参考价值。

但目前的研究也存在不足，主要有以下两点：第一，研究选取的同一级别教材多为不同编者编写的单本教材，较少研究考察同一系列出版的初、中、高级"大综合"系列商务汉语教材，无法深入、全面、立体评估商务汉语教材词汇等级和难度，并且鲜有研究考察近十年出版的教材。第二，对于商务词汇比例的研究多基于收录比例有限的《商务汉语考试大纲》或人工从《等级大纲》挑选出商务词汇进行探讨，这样的研究一方面参考的大纲年代较为久远，人工判定商务词汇的主观性大，另一方面商务词表仅收录2000多词汇，收录范围过窄，结论的可信度有待提高。

基于此，本研究通过自建教材语料库，考察商务汉语词汇的选取情况，评估教材词汇对大纲词汇的覆盖率、词汇等级、词汇总量和商务词汇比例，为优化商务汉语教材的编写提供参考。

一、研究方法

（一）教材语料

本研究的语料来源于6套教材，共计31册教材生词表中的词汇。选取的教材包括《赢在中国：商务汉语系列教程》（简称《赢在中国》）《商务汉语综合教程》（简称《综合教程》）《新丝路：商务汉语综合教程》（简称《新丝路》）《卓越汉语·商务致胜》（简称《商务致胜》）《通用商务汉语》（简称《商务汉语》）《新丝路：速成商务汉语》（简称《新丝路速成》）。

教材的选取主要考虑以下四个因素：(1)编写体系，包括初、中、高三个级别的商务汉语"大综合"系列教材。(2)教材质量，国家一级出版社出版，由知名专家编写的教材。(3)出版时间，近十年出版的教材，保证教材的时效性。(4)适用范围，目标语环境下使用，面向汉语言文学专业的商务汉语教材。

（二）参考大纲

我们参考《汉语国际教育用音节汉字词汇等级划分》（简称《词汇等级》）、《经贸汉语本科教学词汇大纲》（简称《经贸大纲》）、《商务汉语考试BCT大纲》（简称《考试大纲》）三个大纲考察教材选词，主要考虑到大纲收录的词汇范围相对较广，由于研究31册教材词汇，大纲词汇表基数越大，越有利于真实反馈教材词汇的等级划分。另外，之前参照的大纲出版时间较早，本研究的三本大纲分别于2010年、2012年和2015年出版，保证研究的时效性。

（三）教材定级

为了考察教材生词等级，与大纲进行比照，需要对每册教材进行初、中、高级的等级划分。我们参考《新丝路》《新丝路速成》编者现有的等级划分，保持不变。《商务致胜》参照倪明亮（2015）的分类方法，1册界定为初级，2册和3册界定为中级，4册和5册界定为高级。《赢在中国》参照编者的等级划分，基础篇1、2、3界定为初级，提高篇界定为中级，成功篇界定为高级。《综合教程》参照编者前言，将1、2册界定为初级，3册为中级，4册为高级。《商务汉语》参照编者的等级划分，结合人工判断，1、2册界定为中级，3册界定为高级。

（四）研究程序

第一，将大纲词表和教材生词表按照难度定级分别输入语料库。需要指出的是，本研究统计了所有每一课教材中列举的"生词"中的词汇，诸如副课文、阅读材料、练习中编写者列举的"生词"词汇即使没有在教材生词总表中列出，也纳入研究范围。第二，采用"汉语阅读分级指难针"（http://www.languagedata.net/clpat）和Excel作为研究工具统计数据，人工校对与检查统计过程与结果，进行数据分析。

二、结果与讨论

（一）教材生词表对大纲的覆盖率

以往的研究多基于词汇大纲考察教材词汇的生词等级和难度，较少研究考察教材的生词对大纲词汇的覆盖率。教材词汇对大纲词汇的覆盖率高，一定程度上可以证明教材词汇选取的合理性和全面性。鉴于《词汇等级》和《经贸大纲》收录词汇量较多，我们参考《考试大纲》，以其收录的 4600 词为基础，考察教材词汇对大纲词汇的覆盖率（见表 2-10）。

表 2-10　6 套教材对《考试大纲》词汇覆盖率

教材	词汇总量	大纲初级词涵盖词数（个）/初级覆盖率（%）	大纲中、高级词涵盖词数（个）/中、高级覆盖率（%）	大纲涵盖总词数（个）/覆盖率（%）
《赢在中国》	2628	512/85.3	1501/37.5	2013/43.8
《新丝路速成》	2558	401/66.8	1575/39.3	1976/43.0
《新丝路》	2199	297/49.5	1068/26.7	1365/29.7
《商务致胜》	1995	174/29.0	1020/25.5	1194/26.0
《综合教程》	3475	86/14.3	1003/30.3	1089/23.6
《商务汉语》	1120	193/32.2	346/8.7	539/11.7

从表 2-10 可以看出，对大纲词汇覆盖率最高的是《赢在中国》（43.8%），最低的是《商务汉语》（11.7%）。需要指出的是，虽然《综合教程》词汇总量最大，但是对大纲词汇的覆盖率仅高于《商

务汉语》，位居次低；《赢在中国》《新丝路速成》的词汇总量虽少于《综合教程》，但是对大纲词汇的覆盖率（43.8%和43.0%）接近《综合教程》（23.6%）的两倍。我们认为，这只能说明《综合教程》选用的大部分词汇是大纲没有收录的词汇，未覆盖大纲的词汇比例达到76.4%。整体来看，教材词汇对《考试大纲》词汇的覆盖率较低，具体词汇难度等级和超纲词比例，还需要参考《经贸大纲》进行进一步考察。

（二）教材词汇难度等级

商务汉语教材的词汇等级虽然与通用汉语词汇等级相关，但是词汇的"发展向度不同"（辛平，2007），应当参照相关商务汉语词汇大纲进行分析。《经贸大纲》较为全面地收录了商务词汇，与《词汇等级》类似，将词汇难度进行了初、中、高级划分（沈庶英，2013）。我们参考《经贸大纲》，考察了教材词汇的难度等级（见表2-11、2-12、2-13）。

表2-11 初级教材的词汇等级

初级教材	词汇总量	初级词数/%	中级词数/%	高级词数/%	高级附录词数/%	超纲词数/%
《新丝路》	296	234/79.1	10/3.4	2/0.6	50/16.9	0/0.0
《新丝路速成》	834	538/64.5	77/9.2	8/1.0	82/9.8	129/15.5
《赢在中国》	1136	680/59.8	126/11.1	26/2.3	79/7.0	225/19.8
《商务致胜》	358	170/47.5	87/24.3	15/4.2	23/6.4	63/17.6
《综合教程》	1863	243/13.1	580/31.1	287/15.4	77/4.1	676/36.3

表 2-12 中级教材的词汇等级

中级教材	词汇总量	初级词数/%	中级词数/%	高级词数/%	高级附录词数/%	超纲词数/%
《商务汉语》	385	72/18.7	158/41.0	66/17.1	21/5.5	68/17.7
《商务致胜》	823	205/24.9	275/33.4	104/12.6	37/4.5	202/24.6
《新丝路速成》	693	186/26.8	229/33.1	86/12.4	62/8.9	130/18.8
《新丝路》	1373	303/22.0	388/28.3	141/10.3	65/4.7	476/34.7
《赢在中国》	807	208/25.8	260/32.2	123/15.2	38/4.7	178/22.1
《综合教程》	881	20/2.3	215/24.4	311/35.3	19/2.2	316/35.9

表 2-13 高级教材的词汇等级

高级教材	词汇总量	初级词数/%	中级词数/%	高级词数/%	高级附录词数/%	超纲词数/%
《新丝路》	534	30/5.6	151/28.3	191/35.8	22/4.1	140/26.2
《新丝路速成》	1031	81/7.8	408/39.6	328/31.8	82/8.0	132/12.8
《综合教程》	631	4/0.7	38/6.0	159/25.2	12/1.9	418/66.2
《商务汉语》	735	77/10.4	282/38.4	180/24.5	38/5.2	158/21.5
《商务致胜》	784	75/9.6	277/35.3	183/23.4	41/5.2	208/26.5
《赢在中国》	685	124/18.1	215/31.4	140/20.4	35/5.1	171/25.0

从表 2-11、2-12、2-13 中可以发现如下几点情况：

第一，教材词汇难度等级基本与教材级别一致。大部分初级教材初级词比例较高，初级词和中级词比例大多占到 70% 以上。初级阶段商务汉语教材的词汇选取与质量高的通用教材类似，词汇涵盖了日常生活和商务交际的范围。而《综合教程》初级词和中级词比例仅有 44.2%，与其他教材差距较远。中级教材初级和中级词比例较高，除《综合教程》外，其他教材词汇等级比例由高到低均是中级词—初级词—高级词。这与中级教材突出中级词比例，同时关注适当的初级词的编写原则相一致。高级教材高级词、高级附录和超纲词比例较高，均超过教材词汇总量的 50%。可以看出，虽然不同的教材编写者有不同的编写意图，但是整体上看来，词汇难度等级随着教材级别的提高整体趋于合理。初级教材的初级词比例最高达 79.1%，最低为 13%，极差较大；中级教材的词汇等级有所改善，初、中级词的比例在 26.7% 到 59.9% 之间；高级教材以高级词和高级附录词为主，在 25.5% 到 39.9% 之间，与初级和中级教材相比更为合理。

第二，大部分教材超纲词汇的比例控制较为合理。周小兵等（2017）指出，初级教材词汇的超纲词不应该超过 20%，中级不超过 30%，高级比例不超过 35%。以此作为参照，大部分教材的超纲词比例均在合理范围之内。《新丝路》中级比例略高，这与教材编写目的有关，该教材中级包括 4 册，生活篇 2 册，商务篇 2 册。由于词汇总量和教材内容的增多，超纲词比例的相对数量较大，但即便如此，也低于中级《综合教程》的 35.9%。

第三，考察的 6 套教材中，仅有《综合教程》词汇难度过大，超纲词比例高。以初级为例，《综合教程》的超纲词比例达到 36.3%，超纲词的比例是多数教材的 2 倍以上。我们对《综合教程》

的超纲词做了分类，主要分为以下两类：

（1）中、高级阶段应当学习的商务性较强的词汇

信用证、国债、按揭、本息、财团、承兑、磋商、发盘、绩效、赊销、融资

（2）四字成语

精打细算、胸有成竹、应运而生、扭亏为盈、量入为出、不遗余力、铺天盖地、趋利避害

超纲词的比例过高，会影响学习者的学习效率。商务汉语教材编写者以及商务汉语教师要有较强的超纲词意识，减少超纲词、适当控制超纲词的比例，提高商务汉语教学的效率（郭曙纶，2013）。前人对于超纲词的考察多参照通用词汇大纲，尚未发现有研究对比通用大纲和商务大纲考察教材词汇的差异。我们参考《词汇等级》和《经贸大纲》，对教材超出大纲收录范围的词汇进行了对比考察。

表 2-14　《词汇等级》与《经贸大纲》超纲词统计对比表

级别	词汇量（个）	《词汇等级》超纲词数（个）	比例（%）	《经贸大纲》超纲词数（个）	比例（%）
初级	4583	1093	23.8	1046	22.8
中级	4962	1665	33.6	1370	27.6
高级	4430	1714	38.7	1227	27.7
总计	13975	4472	32.0	3643	26.1

从表 2-14 可以看出参照两部大纲比较的结果,《经贸大纲》的超纲词比例（26.1%）低于《词汇等级》的超纲词比例（32.0%）。这也与周小兵、干红梅（2008）的预测一致，使用通用大纲考察商务汉语教材词汇，会发现很多超纲词，因为通用大纲不能满足商务汉语教材编写的需求。从表 2-14 可以看出，参考《经贸大纲》统计出的初级、中级、高级的超纲词比例均低于参考《词汇等级》的统计结果。

同时，不管是参考通用大纲还是商务大纲，教材中均有一定比例的超纲词，其中一种可能是大纲收录的词汇有限，某些该收录的词汇大纲没有收录，但是教材却出现了，导致了超纲词占有一定的比例。通用大纲面向的是通用汉语，不收录商务词汇导致超纲词比例过高这一结论已经得到了众多验证。教材词汇的评估还需要结合商务大纲考察教材的商务汉语词汇比例。

（三）商务汉语词汇比例

目前学界对于商务汉语教材的生词应该收入的通用汉语和商务汉语词汇的比例存在较大分歧，教材生词的确定多根据编写者的教学经验和个人理解。这样的现状与缺乏统一的商务词表的规范指导有密切关系。

本研究将 6 套商务汉语教材的生词与《经贸大纲》收录词汇进行交集计算，得到的词汇数量记为商务词汇量，然后与教材词汇总量进行比较，得到商务词汇比例。例如"银行"一词，教材生词表中出现，《经贸大纲》中也出现，那么"银行"一词就记为"商务词汇"。特定教材出现，《经贸大纲》中未收录的词汇，则为"非商务词汇"。表 2-15、2-16、2-17 显示了初、中、高级教材商务词汇比例。

表 2-15 初级商务汉语教材商务词汇比例表

初级教材	词汇总量（个）	商务词汇量（个）	商务词汇比例（%）
《新丝路》	296	296	100
《新丝路速成》	834	705	84.5
《商务致胜》	358	295	82.4
《赢在中国》	1136	911	80.2
《综合教程》	1863	1187	63.7

表 2-16 中级商务汉语教材商务词汇比例表

中级教材	词汇总量（个）	商务词汇量（个）	商务词汇比例（%）
《商务汉语》	385	317	82.3
《新丝路速成》	693	563	81.2
《新丝路》	1373	897	65.3
《赢在中国》	807	629	77.9
《商务致胜》	823	621	75.5
《综合教程》	881	565	64.1

表 2-17 高级商务汉语教材商务词汇比例表

高级教材	词汇总量（个）	商务词汇量（个）	商务词汇比例（%）
《新丝路速成》	1031	899	87.2
《商务汉语》	735	577	78.5
《赢在中国》	685	514	75.0
《商务致胜》	784	576	73.5
《新丝路》	534	394	73.8
《综合教程》	631	213	33.8

从上面 3 个表中可以看出如下两点：

第一，词汇总量的编排较为混乱，合理性和体系性有待完善。具体表现在：

同一级别不同系列教材词汇总量差异较大，如初级《新丝路》和《综合教程》词汇总量极差达到 1567。整体来看，初级教材词汇量的离散程度最大，说明编者对初级阶段的词汇量的编排有较大分歧。现有较为成熟和优秀的通用汉语教材词汇总量一般是初级极差小，编排共识度较高；高级极差大，共识度相对较低，编排的自由度相对较大。我们认为，商务汉语教材应当借鉴通用汉语教材的做法，对同一级别编排的词汇总量应当达成共识，适当调整词汇总量。

同一系列不同级别教材词汇总量编排没有循序渐进递增，随意性较大，如《新丝路》初级为 296，中级达到 1373，而高级却仅有 534。编者在编写教材之前应当确定标准，采用逐渐递增的方式来编排，充分考虑学习者的学习时限和学习能力，生词总量的安排要符合学习者的习得和认知规律。编写时不仅要严格控制教材词汇总量，还需要合理安排每一课词汇量，有梯度地进行分布和安排，同一级别每一课词汇量应当大致相同，随着课数的增加，词汇总量可以略有增加。

另外，不同级别教材应当编排的词汇总量有待商榷，如中级《商务汉语》包含 2 册，而词汇总量仅有 385，较难满足中级学习者的需求。"大综合"商务汉语教材的词汇总量同样可以参照通用汉语教材的常用做法，初级 800—1000 个，中级 1000—1200 个，高级 1200—1600 个（周小兵，2017）。根据商务汉语教材编写的不同目的和用途，可以上下浮动 10%—15%。

第二，商务词汇比例与教材级别关系不够清晰，不同教材差异较大。具体有以下几种表现：

初级阶段教材的商务词汇比例最高的是《新丝路》，所有词汇均在大纲范围之内，最低的是《综合教程》，仅有63.7%，其他教材的商务词汇比例均高于80%。这与韩红（2012）的研究结果差异较大，主要原因是该研究参照的大纲是《商务汉语考试大纲》。该大纲设计的主要目的是商务汉语考试，并且该大纲收录的词汇仅有2457个，一定程度上影响了商务词汇比例。

中级教材中，商务词汇比例较高的教材分别是《商务汉语》和《新丝路速成》，两部教材的商务词汇比例差距不大，都超过80%，商务词汇比例最低的教材是《综合教程》，仅有64.1%。倪明亮（2015）将《综合教程》与其他商务汉语教材做了比较，也发现该教材的商务词汇比例最低。

高级教材商务词汇比例最高的是《新丝路速成》，接近90%，最低的依然是《综合教程》，仅有33.8%。这与安娜、史中琦（2012）的研究结果差异较大，该研究发现高级教材的商务汉语词汇比例较低，不到30%。这可能与研究对象有较大关系，该研究选取的高级教材出版于2003年和2005年，出版年代较早，并且是在非目标语环境下使用和编写的教材。

众多学者均从不同角度对商务汉语教材的商务汉语词汇比例进行了深入研究，但较少研究讨论同一系列教材不同级别商务汉语词汇比例的发展动态，也较少对比不同级别教材商务词汇比例的差异，多数研究静态比较了同一级别商务汉语词汇的比例。针对上述研究的不足，我们对比、统计了6部教材商务汉语词汇在不同级别的收录情况，见图2-9。

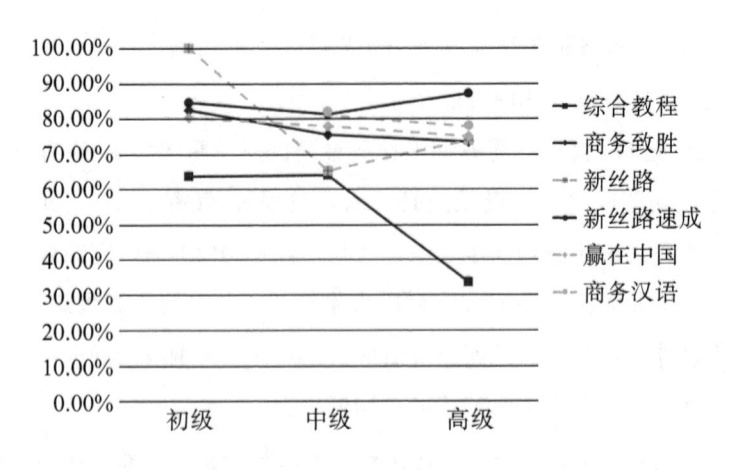

图 2-9　商务汉语词汇比例图

从图中看出，《综合教程》的商务词汇比例显著低于其他教材，其他各册教材在任何级别的商务词汇比例均超过了 65%。学界普遍认为，教材的商务词汇比例高，能够突出商务汉语教材的特色，应当提倡和借鉴。相反，商务词汇比例低就说明教材商务特色低、教材编写有待提高，这一观点有待进一步探讨。

我们认为，发现商务词汇比例低时应考虑两个因素：一个是要具体分析非商务词汇的词语是否真的不属于"商务"，有可能该词语是通用词汇，没有在《经贸大纲》中收录，因而不算作商务词汇，导致教材商务词汇比例偏低，这样的教材无法体现商务特色，应当进行完善。另外，还需要考虑有可能非商务词汇本来就是商务词汇，只是因为该词汇的难度等级太高，专业性强或者使用频率太低，大纲中没有收录该商务词汇，因此导致商务词汇比例偏低。这就需要具体分析非商务词汇的词语属性。

我们对高级《综合教程》的非商务词汇做了进一步的整理，主要分为以下两类：

(1) 古语和俗语，如：不啻、悖论、裨益、蚕食、饕餮
(2) 四字成语，如：鹬蚌相争、痴人说梦、垂涎三尺

当然，《综合教程》也有 33.8% 的商务词汇，如：

持仓、市盈率、换手率、房奴

但总体而言，该教材的商务词汇比例偏低，不利于商务汉语的学习。

另外，教材级别与商务词汇比例的关系也值得探讨。辛平（2007）指出，随着教材中商务知识的增加，商务词汇所占的比例应该不断加大。也就是说，随着级别上升，商务词汇的比例也应当上升，即商务词汇比例由少到多排序应为：初级—中级—高级。我们赞同此观点。但图 2-9 的数据显示：《商务致胜》《赢在中国》商务词汇比例由少到多排序为：高级—中级—初级。这与辛平（2007）的观点截然相反。另外，《综合教程》《新丝路》《新丝路速成》呈现出"V"形的趋势，初级和高级的商务汉语词汇比例均高于中级商务汉语词汇比例，这与安娜、史中琦（2012）的观点相矛盾，该研究发现中级教材的商务词汇比例最高，认为中级教材承担着快速提高学习者商务词汇量的重任。

目前教材级别与商务词汇比例的关系很难讨论清楚，主要是由于对商务词汇的界定存在偏差。教材中的通用词汇多，那么商务词汇的比例相对就会下降，将通用词汇和商务词汇视为对立关系，我们汇总了部分前人对于商务词汇和通用词汇的研究，参看表 2-18。

表 2-18　商务词汇和通用词汇研究汇总表

研究来源	研究教材	词汇总量（个）	通用词汇 词数（个）	通用词汇 百分比（%）	商务词汇 词数（个）	商务词汇 百分比（%）
韩红（2012）	《经理人汉语（生活篇）》	932	820	88.0	112	12.0
安娜、史中琦（2012）	《卓越商务·汉语教程》	564	454	80.5	110	19.5

此类研究的计算方法可以概括为如下的公式：

词汇总量－商务词汇量＝通用词汇量

本节认为，商务汉语教材中的"商务词汇"和"通用词汇"不是互补关系。不能把非商务词汇看成通用词汇，因为可能没有入选《经贸大纲》的词也是商务词汇，只是因为难度更大没有入选，比如"水渍险"，但它本身不是通用词汇。目前界定的混乱与研究者参照的大纲有密切关系，如果某词汇入选了其参考的商务大纲，则判定为商务词汇，没有入选，则判定不是商务词汇，难免有失偏颇。例如，"支付宝"一词，没有入选《考试大纲》，但是入选了《经贸大纲》，那么如何判定该词汇？又如，"金融"一词，入选了《考试大纲》，判定为商务词汇，但同时该词汇又在《词汇等级》中，到底如何界定？

有众多学者对"商务词汇"进行了阐述，提出了众多术语，如业务类词汇、商务类词语、工作类词语、商务词语等等，体系较为混乱。如辛平（2007）指出商务汉语教材中的生词由商务词汇和"商务领域词汇"组成，但并未指出二者的显著差异和区别。我们认为，有必要提出"通用商务词汇"的概念，既入选通用大纲，又入选商务词汇大纲的词汇，划入"通用商务词汇"；入选通用大纲，没有入选商务大纲的词汇，称之为"通用词汇"；入选商务大纲，没有入选通用大纲的词汇，称之为"商务词汇"；既没有入选通用大纲，也没有入选商务大纲的词汇，称之为"超纲词"。也就是说，一本商务汉语教材的词汇构成可以用图2-10表示。

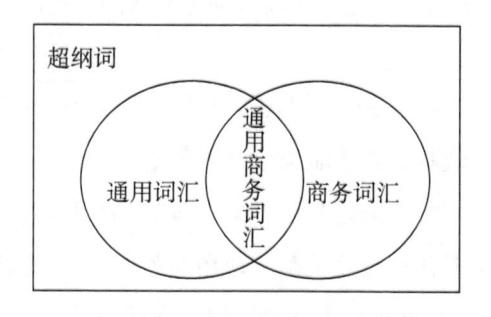

图 2-10　商务汉语教材词汇构成图

即，商务汉语教材的词汇＝通用商务汉语词汇＋通用汉语词汇＋商务汉语词汇＋超纲词。

初级阶段的教材应当多选取"通用词汇"和"通用商务词汇"。随着教材级别的上升，适当降低"通用词汇"的选取数量，增加"商务词汇"的数量。高级阶段的教材则应多选取"商务词汇"和适量的"通用商务词汇"，少选取"通用词汇"，以突显教材的商务特色和不同级别教材词汇选取的区分度。

三、结论

本研究考察商务汉语教材词汇对大纲的覆盖率、难度等级和商务词汇比例发现：教材对考试大纲词汇的覆盖率较低，各级别教材均有一定数量的超纲词和超等级词汇,参考商务大纲考察所得超纲词的比例要低于参照通用大纲词汇的结果。同时,各级别教材词汇总量和商务词汇比例体系较为混乱,教材编写缺乏共识。同一级别教材词汇总量和商务汉语词汇比例差异显著,极差较大;同一系列不同级别教材词汇总量和商务汉语词汇比例没有按照难度增加而递增,仍有待完善;教材对于商务词汇和通用词汇的界定存在较大分歧。

本节在此基础上提出"通用商务词汇"概念,认为"通用商务词汇"需要在教材词汇和商务大纲中进行区分,以往研究把"通用"和"商务"的关系理解为"非A即B"的观点值得商榷,通用词汇和商务词汇存在过渡范畴"通用商务词汇"。另外,初级—中级—高级教材中商务词汇的比例应当逐渐递增,编写不同级别教材词汇可参考表2-19:

表2-19　商务汉语教材词汇阈值比例表

教材级别	通用词汇比例	通用商务词汇比例	商务词汇比例	超纲词比例
初级	≥40%	30%—40%	≤5%	≤10%
中级	10%—30%	40%—50%	15%—30%	≤20%
高级	≤10%	20%—30%	≥50%	≤35%

我们已经完成《新商务汉语教学词表》的研制,区分了不同级别的通用词汇、商务词汇和"通用商务词汇",商务汉语教材编者可参考上表和《新商务汉语教学词表》等工具确定不同级别教材词汇,原则有三:第一,超纲词必须严格控制,比例可借鉴通用汉语教材的研究成果;第二,初级教材应当选取适量通用词汇,离

开"通用"谈"商务"不符合商务汉语教学实际;第三,高级教材需要体现商务特色,保证商务词汇的数量,满足商务汉语学习者需求。

  因篇幅有限,如何基于商务汉语语料库提取"通用商务词汇"将另文探讨。另外,本节仅通过生词表考察词汇等级的做法有一定缺陷(郭曙纶,2007),今后将统计教材全文中实际的生词次、超纲词次与总词次的比率,为完善商务汉语教材的编写提供参考。

第三章 国别教材词汇本土化编写研究

第一节 汉语教材本土化[①]方式及分级

至 2013 年底，全球已建立孔子学院 440 所、孔子课堂 646 个，分布在 120 个国家和地区。但海外教材问题日益突显，海外汉语教师教学缺少可用教材，不少孔子学院和孔子课堂基本无法使用国内编的教材。（陈绂，2008；许嘉璐，2008）

国内编教材在海外不适用的原因，前人已有讨论。佟秉正（1997）指出国内教材很少针对学生母语与汉语的关系而编写；王怀成（2006）认为，德国汉语教材多为英美学习者编写，没考虑德国人思维、语言特点。编写适用于海外的汉语教材，需要充分考虑当地教育制度、社会文化、学习者母语和汉语的关系等因素。（周小兵等，2013）

除汉语教材外，其他二语教材是否考虑本土因素？从哪些角度考虑？哪些方面值得汉语教材借鉴？本节系统考察海外使用较广泛、具有代表性的 3 部汉语教材；系统考察在中国广泛使用的 3 部

---

① 本土化汉语教材，是指根据当地教育体制、社会文化、学习者母语特点等因素开发的，适合当地人学习的教材。（周小兵、陈楠，2013）

其他二语教材，总结初级二语教材本土化的具体途径；对使用者进行需求调查，厘清各途径的重要程度，为汉语教材本土化编写提出建议。

汉语教材：美国版《中文听说读写》Level 1、Level 2（姚道中、刘月华，2009；简称《听说读写》），韩国版《多乐园掌握汉语》STEP1、2（박정구、백은희，2008；简称《掌握》），日本版《新编实用汉语课本》（相原茂、徐甲申，2004；简称《新编》）。

其他教材：《当代基础英语教程》[①]初级上、下册（简称《英语》），《新版中日交流标准日本语》[②]初级上、下册（简称《日语》），《标准韩国语》[③]第1、2册（简称《韩国语》）。

一、教材本土化方式

经考察，二语教材本土化的实现方式，主要体现在符合当地的社会文化习俗，考虑学习者母语特点，符合当地的教育制度等方面。本节主要讨论前两点。

（一）社会文化习俗

教材需符合当地的社会文化习俗，体现在词汇选择、文化点选择、课文背景设置及课文话题选择等方面。

1. 词汇。选用反映当地社会文化的词汇，学习者可用所学词汇

---

① 徐斌，北京大学出版社，2002年。
② 人民教育出版社（中国）与光村图书出版株式会社（日本）合编，人民教育出版社出版，2005年。
③ 北京大学等25所大学《标准韩国语》编写组编写（中韩合编），北京大学出版社，2010年。

表达身边事物。常见的本土化词汇包括以下7类：

(1) 人名：海伦（《听说读写》，美国）、李秀丽（《日语》，中国）、왕단（王丹）（《韩国语》，中国）

(2) 地名：济州岛（제주도）（《掌握》，韩国）、外滩（外滩）（《日语》，中国）、경덕진（景德镇）（《韩国语》，中国）

(3) 机关团体名：大手町车站（《新编》，日本）、북경도서관（北京图书馆）（《韩国语》，中国）

(4) 食物：泡菜（《掌握》，韩国）、油条（《日语》，中国）

(5) 节日：感恩节（《听说读写》，美国）、五一黄金周（《日语》，中国）、공자 탄신일（孔子诞辰日）（《韩国语》，中国）

(6) 货币：韩元（《掌握》，中国）、人民币（《日语》，中国）

(7) 运动：野球（棒球）（《新编》，日本）、太极拳（《日语》，中国）、배드민턴（羽毛球）（《韩国语》，中国）

(8) 其他：京劇（京剧）（《日语》，中国）、패왕별희（霸王别姬）、하지（夏至）（《韩国语》，中国）

各教材本土词汇选择情况如下表：

表 3-1 教材本土词汇情况

	《听说读写》	《新编》	《掌握》	《英语》	《日语》	《韩国语》
词种数（个）/占总词种数比例（%）	35/4.5	10/0.9	9/1.0	6/0.3	48/2.1	69/3.7

各教材都选择了一定数量的本土词汇，以激发学习者兴趣。

数量上，各教材差异较大。《听说读写》本土词汇占比最多；其次是《韩国语》《日语》；《英语》《新编》及《掌握》，本土词汇较少。

可见，美国汉语教材、中国的韩国语教材和日语教材都比较重视本土词汇选择；而韩国、日本的汉语教材及中国的英语教材对本土词汇的选择重视不够。

2.文化。当地文化一般包含日常生活习俗、国情、交际文化、成就文化等：

（1）日常生活

中国人和美国人有不同的饮食习惯。(《听说读写》，美国)

中国（跟日本不一样）是靠右侧通行，我总是记不住。(《新编》，日本)

（2）国情

韩国有一个很美丽的小岛，是济州岛，那儿是度蜜月的好地方。(《掌握》，韩国)

（3）交际文化

中国人的姓名是姓在名的前面，因此称呼中国人时……(《听说读写》，美国)

（4）成就文化

中国のお茶はもともと薬として使用する……今中国茶の生産量は約世界の お茶の生産高の三分の一。（中国茶原本是作为药物使用的……现在中国茶的产量约占世界茶产量的三分之一。)(《日语》，中国)

表 3-2　各教材本土文化情况

文化类型	《听说读写》	《新编》	《掌握》	《英语》	《日语》	《韩国语》
生活习俗	5	2	3	0	12	4
交际	2	0	0	0	6	1
国情	4	1	1	1	7	9
成就	0	0	0	0	11	10
总计	11	3	4	1	36	24

《日语》(36处)、《韩国语》(24处)注重展示当地文化;《听说读写》(11处)一定程度涉及了当地文化;《新编》《掌握》《英语》很少涉及本土文化。

《听说读写》《日语》《韩国语》较注重当地国情和日常生活,并涉及了当地交际文化,其他教材未体现。《日语》《韩国语》还比较注重中国的成就文化。

3.课文背景设置和话题选择。通用汉语教材,常将背景设置在中国某个或几个城市,本土教材可考虑将部分课文背景设置在当地。

表 3-3　教材本土词汇情况

	《听说读写》	《新编》	《掌握》	《英语》	《日语》	《韩国语》
背景	美国/中国	中国	中国	英语国家	日本/中国	韩国/中国

《听说读写》《日语》《韩国语》都将部分课文背景设置在当地,有助于拉近教材与学习者距离,有助于本土词汇和文化点的介绍。(周小兵、陈楠,2013)

《日语》《韩国语》教材先将背景设置在目的语国家,后转移到当地;《听说读写》则是先设置在当地,后转移到目的语国家。

海外教材话题选取体现所在国的特点。《听说读写》选择"美式足球"话题;《韩国语》选择"故宫""周口店"等话题。但这类话题在教材中比较少见。

(二)学习者母语特点

教材编写应突出学习难点,在吸收汉外对比和习得研究成果的基础上,对学习者较难习得的语言要素进行有针对性的讲解和操练。

1.语音。指基于学习者母语语音特点和汉语学习难点的语音点选择、排序、注释和练习。在语音选择、排序等环节,各教材基本按照汉语拼音方案展示声母和韵母,稍有调整。如《听说读写》将z、c、s调整到zh、ch、sh、r之前,因为前者的难度低于后者,这类排序在教材中尚不多见。

练习重点在容易出错的语音。如韩国教材《掌握》,"f—b、p""r—l"的练习比例较大,考虑到韩国人学习难点主要是"f—b、p""r—l"的混淆。(胡晓研,2007)

语音编写本土化还体现在语音的注释上。

(1)用学习者母语的相近音注释(相近音),如:

な行和ま行的发音与n、m基本相同。(《日语》,中国,用汉语相同音注释)

(2)用母语相近音注释,并描述目标语和母语相近音的区别

（相近音＋区别），如：

i，……，跟英语里 sheep 里的长元音相似，但是舌头比英语里的相应形式要高一些。(《听说读写》，美国，用英语相近音注释，并说明区别）

（3）用母语相近音注释，同时说明发音方法（相近音＋方法），如：

a，口张开，舌尖离开下齿后缩，与汉语"啊"发音类似。(《英语》，中国，用汉语相近音注释，同时说明发音方法）

表 3-4　海外教材语音注释本土化

	《听说读写》	《新编》	《掌握》	《英语》	《日语》	《韩国语》
相近音	4	0	0	0	4	22
相近音＋区别	11	6	8	0	26	0
相近音＋方法	5	0	30	1	0	14
总计	20	6	38	1	30	36

《掌握》《韩国语》《日语》及《听说读写》都注重采用本土化注释方式；《新编》较少使用；《英语》基本未使用。基于对比的注释方法，在初级阶段有助于以更直观的方式帮助学习者建立目的语与母语之间的联系。

《日语》和《听说读写》多采用"相近音＋区别"，详细描述两种语言的细微区别;《掌握》多采用"相近音+方法";《韩国语》多采用"相近音"。对两种语言"同中有异"的发音,应尽量使用清晰的语言描述其区别,否则学习者用母语相近音代替汉语发音,会出现洋腔洋调,甚至难以根除。(张维佳,2000)

2.词汇。主要体现在词汇选取和释义方面。下边主要讨论释义。

初级教材词汇基本都用学习者母语注释。学某个目标词时,学习者根据教材的母语对应词或释义所蕴含的语义信息,建立母语与汉语词语间的语义联系。(卢伟,1995)两者语义完全对应时产生正迁移,促进习得。两者语义不完全对应时,容易使学生将目的语词汇与其母语词汇做不恰当的比附,产生偏误。因此对语义形式不完全对应的词汇,应基于语言对比进行说明。如:

中学,汉语中"中学"包括"初中"和"高中"。(韩国语中"중학교"仅指"初中")(《掌握》,韩国)

汉源词是日韩学生学汉语、中国学生学日语和韩国语的优势。教材厘清汉源词与汉语词对应关系,可有的放矢,事半功倍。这种注释方法,目前教材中比较少。

3.语法。主要体现在语法点选择、排序及注释方法三方面。

(1)语法点选择。英语区教材指出"10000,不能说成'十千'",日韩教材无需指出。泰国教材应指出"'一百'前的'一'不能省略",英语区教材没必要指出。

(2)语法点排序。教材应根据习得顺序进行安排。中国版教材常将"了"安排在"过"之前,如《博雅汉语》。장승성(2008)

认为韩国人偏误率"了"最高,"着"其次,"过"最低。助词"过"和韩国语过去时态"欤欤"意义功能相似(김나리,2011,转引自金起闾,2012)。因此韩国教材《掌握》将"过"安排在"了"前。

(3)语法注释方法。教材中本土化语法注释方法,主要有三种:

第一,对于两种语言相同的语法点,用学习者母语注释,促进正迁移。如:

汉语里的"的"在一定程度上跟"'s"一样。(《听说读写》,美国)

第二,明确指出两种语言的区别(简称"对比"),防止负迁移。如:

汉语里,句子中有"谁""什么"时,句尾不用"吗",但是日语里,句子里即便有"だれ""何",句尾仍然要用"か"。(《日语》,中国)

第三,展示学习者偏误(简称"偏误")。如:

在日语中,不论名词之间是什么关系,一般都加の,如"わたしの父"。汉语中说"我父亲",但是日语里不能说"Xわたし父"。(《日语》,中国)

表 3-5 教材语法注释本土化情况

	《听说读写》	《新编》	《掌握》	《英语》	《日语》	《韩国语》
相同点	1	1	0	0	15	17
对比	9	8	0	0	34	2
偏误	27	6	6	0	10	0
总计	37	15	6	0	62	19

表 3-5 显示：(1)《听说读写》和《日语》最注重本土注释方式；其次是《韩国语》《新编》《掌握》；《英语》未采用。(2)类型上，《日语》《新编》多用"对比"；《韩国语》多用"相同点"；《听说读写》《掌握》多用"偏误"。

二、本土化方式的重要性调查

英语教材基本未进行本土化处理；其他 5 部有本土化处理，但处理方式存在差异。对教师来说，教材是否需要本土化处理？何种处理方法好？为此，我们对中山大学、广州美国人学校 98 名教师和国际汉语教育专业硕士（均有汉语教学经验和二语学习经历）进行了问卷调查，获有效问卷 98 份；男性 29%，女性 71%。

本节采用 Likert 7 级量表，要求使用者对本土化方式的编写重要性评分：从"1=完全不需要"至"7=非常需要"。所得结果，平均分低于 4 分的归为不重要；超过 4 分的分三个等级：4—4.9 分为"一般重要"；5—5.9 分为"重要"，6—7 分为"非常重要"。

表 3-6　本土化具体方式及重要程度分级

	方式	具体内容	平均分	重要性
社会文化习俗	本土词	人名、地名、食物、节日等	5.8	重要
	本土文化	日常生活、国情、交际文化等	6.2	非常重要
		成就文化等	3.8	不重要
		方式：中外文化对比	5.4	重要
	课文背景、话题	以所在国为背景	4.8	一般重要
		所在国常见的话题	5.3	重要
学习者特点	语音	语音选择	6.3	非常重要
		按难易排序	6.1	非常重要
		注释方法	5.3	重要
	词汇	选词	5.8	重要
		注释方法	5.3	重要
	语法	语法点选择	5.6	重要
		语法点排序	5.7	重要
		语法注释：指出相同点	5.1	重要
		语法注释：指出不同点	5.4	重要
		语法注释：指出偏误	5.5	重要
其他	媒介语	以学习者母语作为媒介语	4.8	一般重要
	装帧	跟当地装帧风格一致	4.2	一般重要
	容量	容量适合当地课时	6	非常重要

（1）除成就文化外，本土化方式平均分都高于4分，说明本土化处理有必要。

（2）语音本土化编写极重要。有两项内容平均分超6分，属"非常重要"。

（3）语音本土化教学内容的"选择"和"排序"，比"注释方法"重要。语音选择6.3分，排序6.1分；语音注释5.3分。语法点选择和排序也高于注释方式。

（4）表层本土化方式不太重要。如"以所在国为背景""以学习者母语作为媒介语""跟当地装帧风格一致"，均属"一般重要"。

（5）方式重要性排序：语音选择（6.3）—文化点选择（日常生活、国情、交际文化等）（6.2）—语音排序（6.1）—教材容量（6.0）—选词（5.8）/本土词（5.8）—语法点排序（5.7）—语法点选择（5.6）—语法注释（偏误）（5.5）—中外文化对比（5.4）/语法注释（不同点）（5.4）—话题（5.3）/本土语音注释（5.3）/本土词汇注释（5.3）—语法注释（相同点）（5.1）—所在国为背景（4.8）/母语媒介语（4.8）—跟当地装帧风格一致（4.2）—成就文化等（3.8）。

结语

基于以上研究，我们对汉语教材本土化处理，提出以下建议：

第一，二语教材需要本土化处理。近年来越来越多的学者注意到中国使用的英语教材未进行本土化处理的弊端。从丛（2000）指出由于英语教材不涉及中国文化，使很多中国英语学习者"本土文化失语"。国春燕（2008）考察高中英语教材，认为许多学习者难以用英语得体地表达本土文化内容。可见,注重"本土化"已成为二语教材的发展趋势。

第二,本土教材编写应充分吸收已有二语习得成果,如语音和语法点的选择与排序,是非常重要的本土化途径,二语习得研究有丰富成果可借鉴。

第二节 基于学习策略的汉语教材练习本土化

学习策略是指学习者为了促进信息的获得、存储、提取和使用所采用的方法。(Oxford & Crookall, 1989)学习者所采用的学习策略会受到学习任务类型的影响(Chamot, 1987;丁安琪,2010),成功的学习者会根据不同的情况调整自己的学习策略。(Anderson, 1991)有鉴于此,教材编写者可通过设计不同类型的练习任务,有意识地引导和强化学习者合理选用策略,以达到更好的习得效果。因而,研究教材练习策略的使用情况,有助于探究编者的训练意图。据考察,不同国家编写的汉语教材练习存在较大差异,体现了各地区编者期望学习者采用不同学习策略进行语言操练的设计目标。他们的编写理念与当地教学思想、课堂现状和学习者习惯是否一致,也正是汉语教材本土化的一个重要指标。如:

(1)根据韩语补全句子。

안녕하세요. 저는 중국 사람입니다. (译:你好,我是中国人。)
nǐ____, wǒ____ zhōngguó____。(《多乐园掌握汉语》,韩国)

(2)向同学介绍自己,并问他们来自哪些国家。(《中文听说读

写》,美国)

例(1)例(2)都操练"打招呼"。例(1)希望学生借助母语,用"翻译(认知策略)"巩固第二语言习得;例(2)希望学生与同学交流完成任务,用社交策略巩固所学知识。

本节对比分析美国、日本和韩国编写的 3 部使用广泛的汉语教材,参照具有代表性的以英语、日语、韩语为目标语的二语教材,探讨汉语教材体现的学习策略与当地教学法、课堂现状和学习者需求的匹配情况,以期对汉语教材练习本土化编写提出有益的建议。

美国汉语教材为《中文听说读写》(Integrated Chinese,简称《听说读写》,刘月华、姚道中主编,美国 Cheng & Tsui Company,2009 年);日本的为《新编实用汉语课本》(新編実用漢語課本,简称《新编》,相原茂、徐甲申主编,日本东方书店,2004 年);韩国的为《多乐园掌握汉语》(다락원 중국어 마스터,简称《掌握》,박정구&백은희主编,韩国多乐园出版社,2010年)。3部作为参照的二语教材分别是《剑桥国际英语教程》(New Interchange,简称《英语》,Jack C. Richards 主编,剑桥大学出版社,2007 年),《大家的日语》(《みんなの日本語》,简称《日语》,株式会社スリーエーネットワーク,外语教学与研究出版社,2009 年)和《新标准韩国语》(《표준한국어》,简称《韩语》,金重燮等主编,外语教学与研究出版社,2009 年)。

一、学习策略在教材练习中的体现及其类型

20 世纪 70 年代就有学者对学习策略进行了分类,进入 80 年

代后，受不同理论基础的影响，学者们从多角度对其进行了更细化和科学的分类（钱玉莲，2007），如 Rubin（1981），O'Malley & Chamot（1990），Oxford（1990），Cohen（1998）等。其中 Oxford（1990）的分类系统最为全面，被大部分学者所认可（江新，2000；吴勇毅，2007）。Oxford 将学习策略分为直接策略和间接策略。直接策略包括记忆策略、认知策略和补偿策略；间接策略包括元认知策略、情感策略和社交策略。本节以 Oxford 的分类为框架，来分析上文提到的 6 部教材的练习中体现的学习策略，主要有以下几种[①]。

（一）记忆策略

记忆策略指学习者用以储存和记忆新信息的技巧。有助于学习者把一个学习项目、概念和已知的信息联系起来。教材练习体现的记忆策略有以下 4 类：

1. 分组（grouping）。指根据单词、术语、概念的特征或意义进行分类，可以减少材料的分散，使材料更易于记忆。（Oxford，1990；O'Malley & Chamot，1990）如：

（1）将下列名词分为可数名词和不可数名词。（《英语》）
（2）根据部首将下列汉字分组。（《听说读写》）
（3）用句中某个词汇的反义词填空。（《日语》）

例（1）至例（3）分别按照词汇的语法特征、汉字的结构特

[①] 教材练习中未体现的，如元认知策略、补偿策略、情感策略等，本节不做讨论。

征、词汇意义分组。

2. 将词汇放入上下文（placing new words into a context，简称"上下文"）。指将听到、看到的表达形式放入有意义的上下文中。（Oxford，1990）如：

（1）选择合适的词汇填空。（《掌握》）
（2）用下列动词的适当形式填空。（《日语》）

例（1）将词汇放在句中，以增强理解；例（2）将词形变化后放入句中，易于理解记忆。

3. 采用意象（using imagery，简称"意象"）。指将新的语言信息与视觉意象结合，意象可以是图片或实物。（Oxford，1990）如：

（1）连接图片和词汇。（《新编》）
（2）画出你房间的简图，并进行描述[1]。（《听说读写》）

例（1）通过图片建立词汇与意象的联系，记忆词汇；例（2）通过绘制图片帮助记忆和提取相关词汇。

4. 采用身体技巧（using physical techniques，简称"动作"）。指用身体演示听到或看到的词汇。（Oxford，1990）如：

（1）表演你看到的动词。（《英语》）
（2）表演身体不舒服的样子，让搭档猜。（《英语》）

---

[1] 此项练习还采用了"自然练习"（详见下文）等策略。

(二）认知策略

认知策略指学习者对学习材料直接进行处理的各种方式，如推理、分析、记笔记、合成等。（崔刚，2008）教材练习体现的认知策略有以下 10 类：

1. 重复（repeating）。指模仿某个结构。[①] 如：

(1) 替换练习。(《日语》)
(2) 听并模仿。(《英语》)

2. 对声音或者书写系统的正规练习（formally practicing with sounds and writing systems，简称"系统"）。指通过各种办法训练语音或者练习目标语书写系统。如：

(1) 抄写下列汉字。(《掌握》)
(2) 听录音标出声调。(《新编》)

3. 识别和采用公式或模块（recognizing and using formulas and patterns，简称"模块"）。公式（formulas）是不能拆分的表达方式；模块（patterns）至少有一个部分是可以替换的。如：

(1) 用"舍不得"翻译下列句子。(《新编》)
(2) 根据例子用"挺……的"回答问题。(《听说读写》)

[①] 第 1 至第 9 项认知策略的定义均采用 Oxford（1990）的界定。

4. 重组（recombining）。将已知的成分用新方式组合，如将一个短语跟另一个短语连成一个完整的句子或将句子连成语篇。如：

（1）将下列词汇连成完整的句子。(《新编》)
（2）用下面的问题问你的搭档，再将回答连成一段话向全班汇报。①(《英语》)

5. 自然练习（practicing naturally，简称"自然"）。指用语言进行自然表达，包括采用真实的材料及创造类似于真实的交际环境等手段进行练习。如：

（1）说说参加节日庆典时，你最喜欢穿的服装。(《英语》)
（2）假设你和朋友去旅行，四人一组根据地图和广告制定旅行计划。②(《掌握》)

例（1）让学习者根据自己的喜好练习目标语；例（2）创造了类似真实的交际环境，设置真实的任务。

6. 演绎推理（reasoning deductive，简称"演绎"）。指学习者将所学规则推广到新的目的语环境中。如：

（1）根据例子用"把"完成句子。(《掌握》)
（2）根据例子，用所给的句型改写句子。(《新编》)

---

① 此项练习还采用了"自然练习、社交"等策略。
② 此项练习还采用了"社交"等策略。

7. 表达分析（analyzing expression，简称"分析"）。指通过各组成部分理解整体的意思。如：

根据语素的意思猜测词汇的意思。(《听说读写》)

8. 翻译（translating）。指以母语为基础理解或输出第二语言。如：

（1）将下列漫画对话泡中的韩语句子翻译成汉语。①(《掌握》)
（2）翻译下面的句子。(《新编》)

9. 记笔记（taking notes，简称"笔记"）。指练习语言时，对关键词或概念做笔记。如：

（1）询问同学下列情况，并记录在表格里。②(《韩语》)
（2）记下所听到的内容。(《日语》)

10. 概括（summarizing）。指将语料进行浓缩，该策略包括给听到或看到的材料拟标题，或根据材料将图片按顺序排列等。(Oxford，1990；崔刚，2008) 如：

（1）阅读文章，概括主要内容。(《英语》)
（2）听录音，将下列图片排序。③(《听说读写》)

---

① 此项练习还采用了"意象"等策略。
② 此项练习还采用了"社交、自然"等策略。
③ 此项练习还采用了"意象"等策略。

（三）社交策略

社交策略（communication，简称"社交"）。指语言学习中需要他人参加的行为，学习者通过与他人之间的互动学习语言，包括"问问题（asking questions）""与同伴合作（cooperating with others）"和"理解别人（empathizing with others）"等。该策略重在通过人与人之间的互动来巩固新知识点，有助于促进主动的信息处理过程和交互模仿、提高参与者动机、为课堂外的交际做好准备，且可以让学习者比较自由地运用语言。（Dansereau，1988）教材中体现的社交策略主要为"与同伴合作"，如：

（1）在全班走一圈，向大家提5个要求，找出同意和拒绝的人。[①]（《英语》）

（2）打电话给你的朋友，他不在家，向接电话的人了解他的行踪。(《听说读写》)

（3）如果下列单词表中没有你喜欢的饮料，请询问老师。[②]（《听说读写》）

例（1）要求通过与其他学习者的合作交流，巩固所学知识；例（2）设置类似真实的语境，让学习者进行真实的语言交流，练习所学知识；例（3）希望学习者向水平更高者寻求帮助，以提高汉语水平。

[①] 此项练习还采用了"自然、重复"等策略。
[②] 此项练习还采用了"自然、重复"等策略。

二、学习策略在教材中的分布情况

(一)学习策略在汉语教材中的分布

3 部汉语教材练习采用的学习策略,统计情况见表 3-7。若同一练习题中,采用多种策略,每种策略各统计一次。[①]

表 3-7 学习策略在汉语教材中的分布

		记忆			认知									社交
		分组	意象	上下文	笔记	演绎	重复	自然	系统	模块	翻译	重组	概括	分析	
《听说读写》	次	45	171	179	42	234	177	410	54	29	75	56	11	35	227
	%	2.6	9.8	10.3	2.4	13.4	10.1	23.5	3.1	1.7	4.3	3.2	0.6	2.0	13.0
	合计	22.7%			64.3%									13.0%
《新编》	次	4	50	63	15	117	97	4	22	5	8	18	—	—	10
	%	1.0	12.1	15.3	3.6	28.3	23.5	1.0	5.3	1.2	1.9	4.4	—	—	2.4
	合计	28.4%			69.2%									2.4%
《掌握》	次	16	61	89	26	154	166	18	62	11	149	31	—	—	14
	%	2.0	7.7	11.1	3.3	19.3	20.8	2.3	7.8	1.3	18.7	3.9	—	—	1.8
	合计	20.8%			77.4%									1.8%

从表 3-7 可以看出:3 部教材采用最多的都是认知策略,其

[①] 由三位分类人员对练习体现的策略进行独立判断,采用 Flliess' kappa 进行检验,相关系数为 0.51,为较显著相关,结果可靠。

次为记忆策略,社交策略最少;3部教材共有的高频策略[1]是"上下文""演绎""重复"。3部教材有各自显著的特点:《听说读写》"社交"(13.0%)、"自然"(23.5%)为高频策略,远高于《新编》(2.4%、1.0%)和《掌握》(1.8%、2.3%);《新编》"演绎"(28.3%)、"重复"(23.5%)、"意象"(12.1%)所占比例高于《听说读写》(13.4%、10.1%、9.8%)和《掌握》(19.3%、20.8%、7.7%);《掌握》"翻译"为高频策略(18.7%),远高于《听说读写》(4.3%)和《新编》(1.9%)。

(二)学习策略在其他二语教材练习中的分布

3部汉语教材练习策略的采用有明显的国别差异,这些特点是否与当地二语教材编写思想存在共性?本节参照具有代表性的英语、日语、韩语二语教材进一步考察。

表3-8 学习策略在美国汉语教材及英语二语教材中的分布

		记忆				认知									社交
		分组	意象	动作	上下文	笔记	演绎	重复	自然	系统	模块	翻译	重组	概括	分析	
《英语》	次	75	256	4	192	59	231	183	429	61	12	0	52	7	0	271
	%	4.1	14.0	0.2	10.5	3.2	12.6	10.0	23.4	3.3	0.7	0	2.8	0.4	0	14.8
《听说读写》	次	45	171	0	179	42	234	177	410	54	29	75	56	11	35	227
	%	2.6	9.8	0	10.3	2.4	13.4	10.1	23.5	3.1	1.7	4.3	3.2	0.6	2.0	13.0

从表3-8可以看出:美国汉语教材与英语二语教材练习采用

---

[1] 本节以所占比例高于10%的策略为高频策略。

的策略基本一致,共同的高频策略是:"自然""演绎""社交""重复""上下文"等;英语二语教材的"意象"(14.0%)高于汉语教材(9.8%)。

表 3-9 学习策略在日本汉语教材与日语二语教材中的分布

		记忆			认知							社交
		分组	意象	上下文	笔记	演绎	重复	自然	系统	模块	翻译	重组	
《日语》	次	20	368	220	57	544	454	21	64	7	0	57	20
	%	1.1	20.1	12.0	3.1	29.7	24.8	1.1	3.5	0.4	0	3.1	1.1
《新编》	次	4	50	63	15	117	97	4	22	5	8	18	10
	%	1.0	12.1	15.3	3.6	28.3	23.5	1.0	5.3	1.2	1.9	4.4	2.4

从表 3-9 可以看出:日本汉语教材与日语二语教材采用的策略基本一致,共同的高频策略为:"演绎""重复""上下文""意象";日语二语教材的"意象"(20.1%)远远高于汉语教材(12.1%)。

表 3-10 学习策略在韩国汉语教材与韩语二语教材中的分布

		记忆			认知							社交
		分组	意象	上下文	笔记	演绎	重复	自然	系统	模块	翻译	重组	
《韩语》	次	28	114	59	28	116	125	78	23	13	0	30	70
	%	4.1	16.7	8.6	4.0	17.0	18.3	11.4	3.4	1.9	0	4.4	10.2
《掌握》	次	16	61	89	26	154	166	18	62	11	149	31	14
	%	2.0	7.7	11.1	3.3	19.3	20.8	2.3	7.8	1.3	18.7	3.9	1.8

从表 3-10 可以看出：韩国汉语教材与韩语二语教材采用策略差异较大，共同高频策略仅有"演绎""重复"；韩语二语教材的"意象"（16.7%）、"自然"（11.4%）、"社交"（10.2%）为高频策略，高于汉语教材（7.7%、2.3%、1.8%）；汉语教材"翻译"（18.7%）为高频策略，韩语二语教材未涉及此策略。

综上所述，6 部教材中美国汉语教材与英语二语教材多采用"社交""自然"；日本汉语教材和日语二语教材的"演绎""重复""意象"高于其他两国教材；韩国汉语教材的"翻译"高于其他两国教材，极少采用"社交"和"自然"，与韩语二语教材有较大差异。这体现了教材编写者不同的编写思想。

三、讨论

上述差异是什么原因造成的？这些差异是否符合当地学习者的需求？下文从三个方面深入探讨。

（一）教学法的影响

每一种教材的练习设计，都应是一种新的教学理念和教学法的体现。（周健、唐玲，2004）欧美教材采用的"社交""自然"，充分体现了其当前主流的任务型教学法。Skehan（1998）指出，任务型教学应"以意义为主""有问题需要通过语言解决""与真实世界中的活动有类似之处""将真实的语言材料引入学习环境"，等等。因此，美国汉语教材及英语二语教材均偏重学习者间的交流，较多采用"自然""社交"等策略，塑造真实语境，为学习者提供有意义、有交际目的的语言实践。如：

（1）假设一个同学走失了，你去警察局报案，请向警察描述你的同学；你的搭档扮演警察，问完报案人问题后，完成表格的填写。(《英语》)

（2）小王常常迟到，但是他自己不知道。请你用"才"说说他的情况，让他意识到这个问题。(《听说读写》)

（3）听电视节目：有3个人要约L，听完分别记下他们的爱好，讨论谁是L的最佳约会对象。(《英语》)

（4）你每个晚上睡多长时间，有睡眠问题吗？你怎么办？看下文说说与你的方法有什么区别。(《英语》)

例（1）虚拟真实场景，要求学习者通过语言交流完成任务。例（2）设定句型的适用语境，让学习者把注意力从语言学习中转移出来，转而注意交际的意义。例（3）提供接近真实的听力背景材料，带着任务操练，激发学习者兴趣。例（4）将阅读的目的与真实生活联系起来，增强阅读动机。可见，此类教材侧重以任务为导向，设定自然语境，让学习者在完成任务的过程中习得语言。

日、韩汉语教材及日语二语教材，很少采用"社交""自然"策略，不太注重设置真实的语境。如：

（1）听录音，模仿会话。(《新编》)

（2）与搭档合作，填写对话。(《掌握》)

例（1）在模仿的基础上稍作改动进行对话，实为一种替换练习。例（2）属于机械型或半机械型的操练，缺乏明确的交际任务和语境。

日本 1999 年颁布的《国家课程标准》建议采用任务型教学法。该教学法一定程度上是以英美文化为标准制定的，并非适用于所有的教学环境（Cameron，2002）。Sakui（2004）也指出由于教师对该教学法理解和认可度、课堂实施的难度等因素，该教学法在日本实施面临各种挑战。目前日本大学及语言学校大多采用直接法。（牟海涛，2012）而日本大部分汉语教学只是第二外语，教学缺乏具有指导地位的研究规划，尚未找到最佳教学法和教学模式（史有为，2008），更多参照日语教学常用的直接法，注重"采用绘画、动作、照片、实物等视觉教材"（牟海涛，2012），以模仿练习为主。这是日本教材主要采用"意象""重复""演绎"等策略的原因之一。

韩国汉语教材偏重"翻译"，与韩国当前的教学理念和教学法有关。韩国汉语教学界没有充分吸收各种教学法成就，只是沿用陈陈相因的语法—翻译法。（孟柱亿，1997）1997 年颁布的第七版《国家课程标准》提倡外语教师采用任务型教学法，而大部分新一代韩国汉语教师都深受语法—翻译法的影响，授课时仍照搬沿用。（张鹏等，2006）汉语研究者和汉语教师是教材的主要编写力量，韩国汉语教材采用"翻译"所占比例远超其他两国，也正是教学现状的一种体现。韩语二语教学发展较为系统，最为常用的方法是交际法，（Heo & Kang，2005）以培养学生的语言交际能力为目标，注重对语言使用的语境和意义表达的训练。因此，韩语二语教材以"社交""自然"为高频策略，较少采用"翻译"。可见，教学法的差异，是韩国汉语教材练习采用策略与韩语二语教材存在差异的主要原因。

（二）课堂现状的限制

教材练习采用的策略也受到各国汉语课堂现状的影响。任务型教学法优势明显，但耗费时间长，课堂效率不高。如班级规模过大，教师无法按照教学法的要求让每个学生参与到教学中来，这是其在亚洲地区实施遇到的挑战之一。(Sakui, 2004; Nishino, 2008) Li（1998）指出，人数太多，教师在教学中无法兼顾每个小组，大多数学生在小组活动中习惯采用母语交流，难以达到预期效果。美国大学的汉语课与其他外语课一样，注重交际能力的训练，汉语班约20人，甚至更小（王顺洪，2008），能够完成任务型练习。日本大学汉语班一般为30—50人，最多逾百人；韩国大学的汉语课为50人左右，上课主要是老师讲解、翻译，很难进行比较多的会话训练（郭春贵，2005），更难完成需要全班合作的任务型练习。可见，美国汉语教材设计较多采用"社交""自然"的任务型练习，课堂可操作性强；日韩汉语教材此类练习少，与课堂操作难有一定的关系。

（三）学习者需求调查

教材练习采用学习策略的差异与各国学习者的需求是否相符？本土化汉语教材的编写还需要做哪些调整？我们于2013年1月至2014年1月对美国印第安纳孔子学院、普林斯顿大学、韩国诚信女子大学、日本大阪大学和大东文化大学的110名初级汉语学习者进行了调查，获得有效问卷103份，其中美国31人、日本34人、韩国38人，男性占46.6%，女性占53.4%。

本节采用Likert 5级量表，调查学习者对教材中题型的接受程度：从"1=完全不接受"至"5=完全接受"。

调查结果显示，美国对"需要与同学合作的题型"（如"采访同学假期做了什么"）和"需要汇报的题型"（如"介绍一个你去过的地方"）平均分为 3.64，标准差为 1.18，接受度显著高于日本学习者（$p<0.05$）。访谈中的美国学习者认为"向别人学习是一种很好的办法""学语言就是为了与人交流"等。日本学习者更接受"独立完成""不需要与别人合作，可以自己完成的练习"（如"填空""替换"等），原因是"我喜欢自己学习""自己学习理解得更好"等。这与学习者学习心理有关，每个学习者都有自己民族的背景，带有该民族社会特有的文化和群体心理。（史有为，2008）

欧美学习者大多性格外向，喜欢交际，常用社交策略。（江新，2000；吴勇毅，2007）日本学生"耻"的意识浓厚，害怕丢面子，有羞于在公众场合表达的特点，尤其不习惯在本国人之间采用外语对话。课堂上日本学生经常是沉默寡言，等待观望，不爱开口，惯于接受灌输，从中学开始形成了抠语法、轻口语会话的外语学习习惯。（王顺洪，2008；史有为，2008）教材编写必须充分考虑这类因素，面向美国的汉语教材应采用"社交""自然"等策略，编写任务型的交际练习；面向日本的汉语教材应多采用"演绎""重复""上下文"等策略，设计可独立完成的题型。

韩国汉语教材的社交策略仅占 1.8%（见表 3-10），并且有学者认为韩国学生"开口度"低一直是痼疾。（崔健，2011）这与我们的调查结果相左，韩国学习者与美国学习者对题型的态度无显著差异，对"需要与同学合作的题型"和"需要向大家汇报的题型"的接受度较高（平均分 3.60，标准差 0.99），他们在访谈中表示"在课堂上会配合教师"。而对翻译练习的接受度较低（平均分 2.06，标准差 1.33）。这与钱玉莲（2007）调查结果一致，钱文指出韩国学习者认为通过翻译的方法学习外语不是一种好方法，交际与功能操练为他们最偏爱的方法。本节研究认为韩国汉语教材练习缺乏"社交""自然"的题型，是受到该国传统汉语教学思想的影响。韩国学习者已经意识到语言交际的重要性，韩语二语教材编写者也较认同这类策略。因此，可以尝试在面向韩国的汉语教材中适当增加"社交""自然"策略；同时，考虑到韩国汉语课堂人数较多这一现状，此类题目数量上应加以限制。

结语

通过考察美国、日本、韩国3部汉语教材练习所采用学习策略的异同，参照英语、日语、韩语二语教材，结合各国教学法、课堂现状及学习者需求调查，我们认为今后本土化汉语教材的练习编写，应考虑以下几点：

第一，该地区常用教学法和学习者习惯。这些特点构成了汉语教材的本土化和个性化。（赵金铭，2009）如开发针对美国的汉语教材，应注重设计"社交""自然"等策略的题型；面向韩国的教材应适当增加采用"社交"的题型，减少采用"翻译"的题型等；面向日本的教材应适当开发可独立完成的题型，如"替换""改写句子"等。

第二，该地区汉语教学的课堂现状。如美国的汉语课堂为小班教学，可较多开发社交型题型；韩国学习者对社交型练习接受度较高，但课堂规模较大，可适量开发。

第三，参考成熟的该语种二语教材。细致了解该地区二语教学的主流观念,编写出更合适的汉语教材。如参考各二语教材,汉语教材应增加采用"意象"的题型;参考韩语二语教材,应增加"社交""自然"的题型,减少"翻译"的题型等。

第三节 《初级汉语教程》生词的俄语注释

掌握词汇对二语学习者十分重要,也存在一定难度。"二语学习者尤其是在初级阶段非常依赖教材注释,注释的质量在某种程度上影响汉语教学与习得状况。生词解释和外语注释必须准确。"(周小兵,2017)教材生词表是二语者学习词汇的重要依据。二语教材中学生母语注释生词的优劣,直接影响习得质量。请看俄罗斯母语者偏误:

(1)＊妈妈让我<u>吃饭</u>蛋糕。(……吃蛋糕。)

(2)＊我<u>以为</u>这个演出精彩,所以我鼓掌了。(我<u>认为</u>这个演出精彩,……)

(3)＊我们<u>住</u>在这个世界里。(我们<u>生活</u>在这个世界里。)[1]

有教材用кушать注释"吃饭",而实际上кушать仅对应"吃"。注释会使学习者误以为"吃饭"跟кушать一样是及物动词,可带宾语,导致偏误(1)出现。(2)误用"以为"代替"认为",因教

---

[1] 本节偏误语料来源主要有两个:一是俄罗斯汉语学习者的作文;二是测试卷(测试共有30道题,包括15道翻译题和15道造句题,参加人数共14人,均为俄罗斯初级汉语学习者)。

材常用 полагать 注释这两个词，却没有解释它们的区别。(3)误用"住"代替"生活"，因教材常把"住、生活"都注释为 жить，不做解释；语言对比显示，"住"才是 жить 最高频对译词。

我们访谈过有 45 年教学经验的俄罗斯资深汉语教师 Семёнова Е.А.①，她说类似偏误很多，类似例（3）的偏误到高级阶段还会出现，有的教师也解释不清。教学应结合足量例子和练习，使学生清楚汉语和俄语的异同；还应向教师提供实用参考，帮助他们讲练。

生词注释已有不少研究成果，如王素云（1999）、李萍（2013）、张欣然（2015）等。Kalykova Nurgul（2017）研究了《新实用汉语课本》（俄文版）和《当代中文》（俄文版）注释，发现它们都存在俄语注释和汉语词不对应、俄语注释不完整等问题。

本节结合俄汉对比和俄罗斯人学汉语的困难和偏误，系统考察《初级汉语教程》（Благая А.В. 主编，2008；简称《教程》）汉语生词的俄语注释。考察点有：注释词与被注释词语法性质和语义匹配度；单课结构中生词、课文等部分的一致性。

一、教材基本情况

《教程》由莫斯科师范大学东方语言系高级教师主编，莫斯科 Цитадель-трейд 出版社出版，对象是俄国大学初级汉语水平学生。全书主要部分有 37 课及附录（词典、补充课文、录音 CD

---

① Семёнова Екатерина Алексеевна，女，俄罗斯人。1968—1973 年在赤塔国立师范大学学习（英语和汉语教育专业），汉语教育工作经验 45 年（哈巴罗夫斯克第四东方语言中学）。

等)。每课含课文、生词、补充词、俄语注释、练习、认写基本汉字等。

《教程》中的生词只用俄语释义，包括：生词词形，拼音，俄语释义；没有标注词性。教材生词表中的生词共 1149 个（不算专名 62 个，补充生词 642 个），包括名词、动词、形容词、副词、介词等 12 种词类和一些短语①。没有词性标注，不利于成年人学习与教学。

每课包括以下部分：课文、生词、注释、练习。"生词"主要包括：生词、专有名词和补充词。如第十三课：

生词：跟　gēn　c, y
专名：上海　shànghǎi　Шанхай
补充词：语法　yǔfǎ　грамматика

"生词"后是"注释"，主要有两类：一是语法解释。如第一课，"我学汉语。主—谓—宾"。二是文化知识。如第八课的天干地支。"注释"后是"练习"，翻译（汉译俄、俄译汉、用词典翻译、朗读词语与翻译）占练习总数的 80.23%。如第一课：

Прочтите и переведите（阅读与翻译）：
1.他学习汉语，我也学习汉语。……

---

① 本节主要按照中国社会科学院语言研究所词典编辑室编《现代汉语词典》（第六版），商务印书馆 2015 年版，和吕叔湘主编《现代汉语八百词》（增订本），商务印书馆 1999 年版来确定该教材中词语的词性。

二、生词注释的词性考察

教材未标注词性，但从注释的俄语词可看出编者对词性的看法。本节分几点探讨教材不足。

（一）词性和词义不匹配

目标语生词的词性和词义，跟母语注释词的词性、词义不一致。

例：（第三十五课）

生词表：对门 duìmén напротив

课文：看不起她的**对门**因为他的鞋总是很脏。

课文"对门"指住在对面的邻居。《现代汉语词典》无此义项，只有另外两个义项：

①（动）大门相对；②（名）大门相对的房子。

《学汉语用例词典》（刘川平，2005）有相关用例：

对门是一家退休工人。

BCC语料库有不少"对门"指人的例句，如：

那天请客，差几把椅子，还是问**对门**借的。

《俄语详解词典》[①]中，напротив 有四个义项：①（副词）在某人面前，在某人的对面；（生格介词）跟副词一样的意义；②（副词）故意跟某种情况相反（另一样、做……故意刁难）；③（副词）相反、反之；④（连接词）相反。

《汉俄俄汉词典》（以下简称《词典》）[②]翻译 напротив 为：①（副词）对面，对过；②（插入语）相反；③（介词）在……对面。

这两个词典的解释，无论词性还是词义，没有一个可解释课文的"对门"；用 напротив 注释"对门"不准确。因俄语没有对译词能表达"住对面的邻居"，《词典》采用词组注释：

сосед　напротив

词译：邻居　　对面（意译：对面的邻居）

其中 сосед 是名词。因此，教材完全可以借鉴《词典》的方法来注释指人的"对门"：

对门　duìmén　名词 сущ.[③] сосед напротив

（二）语法单位不一致

汉语目标项是词组，注释的俄语是词，可能诱发二语者偏误。
例：（第三十五课）

[①] 词典网址：https://onlinedic.net/ushakov/page/word32172.php。
[②] 词典网址：https://dabkrs.com。
[③] 俄文词性标注。

生词表：唱歌 chànggē петь

课文：喜欢跳舞、**唱歌**、参加舞会、看最新的电影和表演、玩电脑游戏、上网交流。

俄语 петь 对应汉语"唱"的第一个义项：①（动）口中发出（乐音）；依照乐律发出声音（《词典》）。"唱歌"是动宾结构，不能带宾语，петь 是及物动词，可带宾语。

《俄语详解词典》将 петь 解释为：（带或不带宾语）用嗓子发出音乐旋律，用嗓音表达音乐作品。请看俄译汉情况：

（1）Девушки перестали **петь** свой гимн——они не могут его продолжать, ...

词译：　姑娘复数　不再　　**唱**　代词 赞歌 她复数 不可以 它 继续

句译：姑娘们不再**唱**赞美诗了，她们无法再唱下去，……①

（2）..., и неугомонно, как снегирь, насвистывает, тихо **поёт** и хихикает.

词译：　连词 无休无止　像 红腹灰雀　唿哨动词　轻声 **唱歌** 和嘻嘻地笑

句译：……他无休无止地像灰雀那样打唿哨，轻声**唱歌**，嘻嘻地笑。②

Петь 在例（1）中带实指宾语；在例（2）中不带宾语，但还翻译为"唱歌"（"歌"是虚指）。用 петь 注释"唱歌"而不加解释，容易使学习者混淆动词和动宾词组，出现误用：

---

① http://ruscorpora.ru/search-para-zh.html，屠格涅夫《初恋》，1860；奉真译，1998。
② http://rucorpus.cn，Антон Павлович Чехов. Собрание сочинений и писем в 30-ти томах. Человек в футляре. 契诃夫《套中人》，《契诃夫小说全集》，汝龙译，上海译文出版社，2000年版。

*他**唱歌**俄罗斯国歌。

一些英语媒介语教材把"唱歌"分成两个词，用不同的英语词汇分别注释：

唱（动）chàng　to sing　　歌（名）gē　song

为提高学习效果，避免诱发偏误，俄语媒介语教材可以借鉴此方法进行注释：

唱（动）chàng　петь　　歌（名）gē　песня

三、生词解释的语义考察

（一）俄语注释词误用

由于学生母语和目标语在词义、形式上存在差异，以及编写者认知水平有限，母语注释可能出现错误，导致误用，妨碍二语学习。

例：（第二十课）

生词表：号　hào　номер

　　课文：可是七月十五**号**我弟弟要参加一次考试，我要帮（助）他准备。

生词与课文应具有一致性。номер 译成汉语是"号；号码；路；

房间"等,并没有课文例句的用法。如①:

Номер телефона

词译:**号码** 电话 (句译:电话号码)

Ехать на шестом **номере** трамвая

词译:乘 *介词* 六 **路** 电车 (句译:乘六路电车)

Я **номер** успею и вечером занять.②

词译:我 **房间** 来得及 也 晚上 占 (句译:晚上还来得及要旅馆**房间**)

《教程》错误地将表示日期的"号"注释为номер,会诱发学生出现偏误:

*我想在你们的酒店订一个号。(我想在你们酒店订一个房间。)

表示日期的"号",对应俄文число。如:

Никогда дней не знают. Которое **число**?③

词译:从来 日子 不知道 几 **号** (句译:她们总不知道日子。今天几号?)

值得注意的是,число 是多义词,除表示日期外,还有"数;数

---

① 例子来源于 https://dabkrs.com。
② 来源于 http://ruscorpora.ru/search-para-zh.html 陀思妥耶夫斯基《白痴》,1868 年版;句译来自石国雄汉译本,2004。
③ 同上。

量"等义项。因此，我们建议注释表示日期的"号"时，用以下方式：

号 hào 名词 *сущ.* (календарное) число

其中 календарное 表示是"日历的"，以便区别于一般的"数；数量"。

（二）俄语注释词语过多

注释生词，从义项的多少来区分，有三种基本的情况。
第一，只注释该课出现的义项。
生词：花 flower   课文：山上的花很好看。
第二，在第一类的基础上，注释其他常用义项（意思可能与课文词词性相同，意义有关联；也可能词性不同，意义无关联）。
生词：花 flower; spend   课文：山上的花很好看。
第三，母语注释跟课文词无关的义项；甚至只是该词的同形词，根本不是同一个词。
生词：本 root   课文：一本书
第三类生词注释，对课文词语学习没有帮助，还会产生副作用。第二类注释对初级学生也要谨慎使用，避免增加学习负担。第一类注释对学习者比较合适，但对教材编写者是个挑战——特定目标词的其他义项出现在其他课时，还需要出现相应的义项注释。

下边看看该教材的例子。
例：(第十四课）

生词表：住 zhù **жить**, проживать *где-то*[1]

课文：他**住**在他的同学家。

俄语两个注释词，哪个更恰当？жить 是多义词，《词典》翻译：①活着，生存；②怀着，有，存在；③住，居住，栖身等。两个俄译汉双语语料库[2]，有 131 个 жить。

表 3-11 俄语 **жить** 译汉语的情况

俄汉	жить											
	生活	住	活	过（得）	居住	维生	生存	住处	景况	条件	生成	身处	总数
个	59	47	8	4	4	2	2	1	1	1	1	1	131
%	45.05	35.88	6.11	3.05	3.05	1.53	1.53	0.76	0.76	0.76	0.76	0.76	100

жить 最多译成"生活"，其次译成"住"；译成其他词语的情况很少。如[3]：

　　Эх, господа, как вы можете тут **жить**!

词译：哎呀 先生们 怎么 你们 能 这儿 <u>生活</u>

句译：哎呀，先生们，你们怎么能在这儿<u>生活</u>!

　　Да вы, что же, у нас **жить** что ли намерены?

词译：助词 您 那么 在 我们 <u>住</u> 难道 打算

句译：您，那么，难道打算<u>住</u>这里？

---

[1] 副词，地点状语（在某地）。
[2] http://ruscorpora.ru/search-para-zh.html 和 http://rucorpus.cn。
[3] 来源于 http://ruscorpora.ru/search-para-zh.html 契诃夫《套中人》，1898；陀思妥耶夫斯基《白痴》，1868 年版，石国雄译本，2004。

проживать 也是多义词,《词典》翻译:①住,居住;②花费。《汉俄俄汉大词典》翻译:①居住;②花费;③生活。

在俄译汉双语语料库中,含 проживать 的句子 6 个,全都翻译成汉语"住":

Прежде, при отце, Иван Дмитрич, **проживая** в Петербурге, ...
词译: 以前 在 父亲 伊凡德米特里奇 住伴随 在 彼得堡
句译: 以往父亲在世时,伊凡德米特里奇住在彼得堡,……

《汉俄俄汉大词典》"住"的翻译有 10 个义项,第一个义项用 проживать,而 жить 在翻译中没有出现。"生活"的翻译中,4 个义项中有 жить,而 проживать 没出现。

由上可知,жить 在双语词典中第一义项是"生活",第三义项才是"居住";在双语语料库中译成"生活"的频率最高,译成"住"的频率第二。Проживать 在双语词典中第一义项是"居住",第三义项才是"生活";在双语语料库中都被译为"居住"。因此,用 проживать 注释"住/居住"效果好一些。即:

住 zhù 动词 гл. проживать(где-то)[①]

这样注释也跟课文和练习的"住"一致。相应地,"生活"最好用 жить 注释。

如果教材用 жить 注释"住",而不做任何解释,容易诱发以下

[①] 在某地。

偏误：

*我们都**住**在这个世界。
*我们**住**在地球。

例：(第十八课)
 生词表：送 sòng провожать, дарить
  课文：几点出发？我想**送**你。

"送"有三个义项：① 把东西运去或拿去给人；② 赠送；③ 陪着离去的人走一段路或到某处去。(《现代汉语词典》)该课课文的"送"是义项③，对应 провожать。但《教程》注释"送"时，还用了对应"送"义项②的 дарить。对这个课文未出现的词语义项，老师要专门讲解，给例句并设计练习。学习负担重，还可能影响对义项③的学习。

（三）用同一个俄语词注释汉语一组易混淆词

汉语两个甚至多个词含有相同的语素，如"相反，反而"，很容易让二语者感到困惑。如果用同一个俄语词给它们注释，更容易让二语学习者出现混淆，诱发偏误。

例：(第二十五课)
 生词表：以为 yǐwéi полагать
  课文：甲：对。日语和汉语差别很大。汉语发音和语法跟日语不一样。

乙：真有意思！我还**以为**日语跟汉语差不多。

例：（第二十八课）

生词表：认为 rènwéi полагать

课文：甲：你**认为**我一表扬，他就不努力了吗？

乙：谁知道。

"认为""以为"都表示在理解、分析基础上得出对人或事物的看法，但是"以为"主要指错误的、跟实际情况相反的看法。（赵新、李英，2009a）有时二者不能互换：

老师们一直**认为**学生们这个学期进步很快。（*以为）[①]
我**以为**这件大衣是老王的呢，原来是你的。（*认为）[②]

полагать 对应"认为、以为"（《汉俄俄汉大词典》）。但"以为"现在最常用义项是"错误认为"，此义项俄语没对应词，只能靠上下文表示。如：

Я **полагал** что мы скоро выйдем к морю, но ошибся.

词译：我 **以为** _{连词}我们 快 到 _{介词}海边 但 想错

句译：我**以为**我们快要到海边了，但是我想错了。

[①] 赵新、李英主编《商务馆学汉语近义词词典》，商务印书馆，2009 年版。
[②] 杨寄洲、贾永芬编著《1700 对近义词语用法对比》，北京语言大学出版社，2003 年版。

"认为""以为"都用 полагать 注释，学生很容易混淆，出现如下偏误：

*我**以为**跟孩子要多说话，谈谈，总是要说世界上的好比坏多。[1]
（我**认为**跟孩子要多说话，谈谈，总是要说世界上的好比坏多。）

为此我们建议注释"以为"时，полагать 前面加副词 ошибочно（错误地）：

以为 yǐwéi 动词 глаг.（ошибочно）полагать

例：（第三十七课）

生词表：忽然 hūrán вдруг, внезапно

　课文：丈夫：（**忽然**在身上找什么）坏了，糟糕。

生词表：突然 tūrán внезапно, вдруг

　练习：（二）阅读与翻译：

　　　……必然，忽然，**突然**，既然，当然，……

"忽然"与"突然"都可以翻译成 вдруг 或 внезапно，如：

她那没有精采的眼睛**忽然**发光了。[2]

俄：В её угасших глазах **вдруг** появился блеск.

词译：里 她 无神　眼睛 **忽然** 出现　光

---

[1] 北京语言大学 HSK 动态作文语料库。
[2] http://ruscorpora.ru/search-para-zh.html 鲁迅《祝福》，俄语句子由 А. Рогачёва 翻译。

В переднюю **вдруг** вошел мо лодой человек с бумагами в руках.[①]

词译：里 前厅　**突然**　走　进　年轻　人　介词 文件　里 手

句译：一个年轻人手里拿着文件**突然**走进了前厅。

"突然"兼形容词和副词，可以受"很、太、十分、非常、特别"等修饰；（吕叔湘，1999）"忽然"是副词，没有这样的用法。如：

李小姐死得很**突然**。（*忽然）[②]

"忽然""突然"在教材注释里被翻译成 вдруг, внезапно, 容易诱发以下偏误：

* 这种忽然事件，是很难预料的。

* 她死得很忽然。

事实上，"忽然""突然"的区别完全可以用俄语准确翻译出来。Вдруг 与 внезапно 都表示事情、行为在很短时间内发生，让人没有想到。但 вдруг 是副词，只能做状语；внезапно 兼副词和形容词，可充当状语、谓语、定语、补语，可受程度副词修饰[③]：

---

① http://ruscorpora.ru/search-para-zh.html 陀思妥耶夫斯基《白痴》，1868；石国雄译，2004。
② 赵新、李英主编《商务馆学汉语近义词词典》，商务印书馆，2009年版。
③ http://morphological.ru（俄语词法）。

Это получилось **совсем внезапно**.① (*вдруг)

词译：这　发生过去　**十分**　　**突然**

句译：这件事发生十分突然。

为了促进母语正迁移，建议将"忽然"与"突然"分别注释为：

忽然　hūrán　副词 *нар.*　　вдруг

突然　tūrán　形容词 *прил.* внезапно

四、其他问题

（一）生词表生词在课文、练习未出现

《教程》生词表列出的生词，有的在该课课文和练习没有出现。如：

（第十九课）生词表：村子　cūnzi　деревня

（第三十四课）生词表：古代　gǔdài　древний, древность

第十九课课文没出现"村子"，而出现了"农村"；三十四课课文没出现"古代"，出现的是"六大古都"。估计是编写时疏忽所致。

---

① Благовещенский Б.《Судьба в желтом платье. Проза. Фантастика. Трагедийная драма.》Издательские решения, 2019（P10）.

（二）专有名词只有音译没有意思解释

如何注释专有名词是一个难题。请看该教材情况。

（第三十一课）生词表：燕飞 yànfēi Янь Фэй

（第三十四课）生词表：开封 kāifēng Кайфэн

第三十一课的"燕飞"在课文里是女人的名字，第三十四课的"开封"是城市名。《教程》只使用音译，即用俄文字母表示汉语读音，没说明相关信息。其实，生词表已有拼音，不需要再写俄文字母拼音。我们询问使用该教材的教师、学生，绝大多数人认为，对此类专有名词，应该使用"音译+意译"的方法。如：

燕飞 Yànfēi 专有名词 собств. Янь Фэй（женское имя）（女性的名字）

开封 Kāifēng 专有名词 собств. Кайфэн（город в Китае）（中国城市名）

这样注释，让学习者既掌握发音，又知道它的类属意义，比只标发音要好得多。

结语

二语学习初级阶段，学生受母语干扰较严重，对母语注释依赖性强。教材编者应该特别注意母语注释的词项和相关讲解。为避免诱发学生偏误，编写者应特别注意被注释目标词与注释语母语词之间在词性、语法功能和语义上的契合度，注意母语注释词语的准确性和实用性。

希望本节能对俄罗斯汉语教学和汉语教材编写有所帮助，同时对第二语言教学和教材编写有所促进。因为我们讨论的问题，在所有二语教材编写和教学实践中都可能存在。

第四节　韩国汉源词对应汉语词教材词典编写

韩国语汉源词对韩国人学汉语有利有弊。教材合理利用韩汉词语的相同点，可有效促进学习；忽视二者差异，则可能会误导学习者产生偏误。

汉源词 문장（mun jang）词源为"文章"，意义对应汉语"句子"；音相似，义不同。韩国人易受母语影响，误用"文章"代替"句子"。如：

*错一个字也是在意思上全变的一个文章了。①（句子）（HSK库）

《新视界2》②虽将"文章（글）""句子（문장）"放在一起讲解、辨析，但是没有明确说明它们的区别，学习者也可能会出现误代偏

---

① 本节偏误语料主要来自北京语言大学HSK动态作文语料库2.0（简称"HSK库"）、中山大学汉字偏误标注的汉语连续性中介语语料库（简称"中大库"）、暨南大学留学生书面语语料库（简称"暨大库"）等中介语语料库，部分语料来自语法测试和课堂教学。语料后标注具体来源，未标注具体来源的来自语法测试或课堂教学。
② 北京语言大学出版社2006年出版《汉语新视界·大学汉语教程2》，本节简称《新视界2》。

误。汉源词 소개（so gae）词源为"紹介"，跟汉语"介绍"意义相同但语素顺序相反。该教材用（동）소개하다 解释"介绍"却不做必要说明，容易诱发偏误。如：

＊那首先简单地<u>绍介</u>我自己。（介绍）（HSK 库）

韩国语中汉源词约占一半以上，汉语教材中许多词都能在韩国语中找到对应的汉源词。基于语言对比梳理韩汉词语的异同，可以使教材、词典编写更有针对性，使用更有实效。

本节以韩国人学汉语最容易被汉源词误导的几组汉语词语为研究对象，考察面向韩国人编写的汉语教材和韩汉双语词典[①]，看其词汇解释、例句展示能否促进汉语习得；其解释不准确、不周全之处是否会诱发偏误。

一、相关理论与研究现状

Rod. Ellis（1985，1999）指出，当两种语言中对应的语言点存在"关键相似度"（crucial similarity measure）时，即表面相似而实际有区别时，更可能诱发偏误。如英语、旁遮普语所属结构均可用

[①] 本节主要考察《NAVER 中韩词典》（网址：http://cndic.naver.com）的解释。该网络词典使用广泛，可实现韩汉、汉韩双向查询。词典释义多来源于高丽大学《中韩辞典》、教学社《现代中韩词典》、Chinalab《EDUWORLD 标准韩中词典》、韩国外国语大学《韩语学习词典》、黑龙江朝鲜民族出版社《中韩词典》等词典，本节分别简称为"《高丽大》《教学社》《EDUWORLD》《韩外大》《民族》"。

of，旁遮普语母语者学英语时容易出错。而两种语言介词的位置、句中动词有明显区别时，学习者偏误不多。韩国语汉源词虽然借自汉语，语音、语义跟对应汉语词有相似性，但经不同地域多年的发展演变，词义、用法产生了一些差异。（周小兵等，2017）因此，韩国语汉源词和对应的现代汉语词语就存在典型的"关键相似度"，它自然会影响韩国人的汉语学习。

王庆云（2002）探讨汉源词及其在对韩汉语教学中如何利用的问题。全香兰（2004，2006）从多方面考察汉韩同形词造成偏误的原因。孟柱亿（2004）提出"蝙蝠词"概念，认为这类来源相同但义项有差别的词，是韩国人学汉语的误导词。吕菲（2011）指出韩国人受母语迁移出现的偏误，有形式、意义两方面。赵杨（2011）考察韩国人对五种与汉源词相关汉语词的习得情况，指出韩汉词语间的相似性和区分度影响习得。陆姗娜（2017）研究韩国人受汉源词影响的词汇学习策略。

当前，汉源词对应汉语词的教材、词典编写研究较少。王丽（2008）考察三部汉语教材，发现韩汉词语存在意义与形式对应关系的差异性，使韩国人学汉语受到干扰。陈楠、杨峥琳（2019）指出汉源词与相应汉语词并非完全对应，注释准确能促进学习，处理不当会妨碍习得。

结合中介语考察教材编写的研究更少。事实上，教学误导，教材、词典编写不当，是造成偏误的重要原因。本节聚焦教材、词典中汉源词对应汉语词的具体解释和举例，精准描写韩国语汉源词与对应现代汉语词的细微差异，探索真实偏误的教材误导原因，进而对优化教材、词典编写模式提出具体建议。

二、"发展""发达"教材词典考察

"发展"和"发达",韩国学习者容易误代或错用。如:

(1)*首尔是在韩国的最发展的大城市。(发达)(暨大库)
(2)*随着经济的发达,人们的生活水平也提高了。(发展)(HSK库)
(3)*我们每天吃的东西也是一样发展了。(改善)(HSK库)
(4)*吸烟阻止正常的成长发达。(发育)(HSK库)

双向误代最多,如例(1)(2);也会用"发展""发达"误代其他词语,如例(3)(4)。

(一)本体研究和对比研究

발전(bal jeon)、발달(bal dal)源于"發展""發達"。발전、발달用法相关,语法功能相似,某些条件下可互换;"发展""发达"意义相关,但语法功能差异大,不能互换。对应情况见表3-12:

表 3-12 발전、발달 与相关汉语词的对应关系

	韩国语词及释例	对应汉语词及释例
발전	발전（名）：과학의 발전에 기여하다	发展（名）：为科学发展做贡献
	발전되다/하다（动）：경제가 발전하다；학업이 발전하다	发展（动）：经济发展；进步：学习进步
	발전시키다（动）：공업을 발전시키다	发展（动）+宾语：发展工业
	발전된/한（冠）：발전된/한 사회	发达（形）：发达社会
발달	발달（名）：문명의 발달	发展（名）：文明的发展
	발달되다/하다（动）：기술이 발달하다；지능이 발달하다	发展（动）：技术发展；发育（动）：智能发育
	발달시키다（动）：공업을 발달시키다	发展（动）+宾语：发展工业
	발달된/한（冠）：발달된/한 도시	发达（形）：发达城市

注：韩国语谓词可根据时态不同在词干后加"는/ㄴ/은/ㄹ/을"等冠形词词尾变为冠词形，在体词前做定语，表中用"冠"标示。

由表可知，韩汉词语交叉对应，발전除了对应"发展"，也可对应"发达"；발달除了对应"发达"，也可对应"发展"。此外，발전、발달还可对应其他汉语词（"进步、发育"等），对应关系复杂。韩汉词语语音相近，语义相似。但语法功能上存在区分度："发展"做名词、动词，"发达"基本做形容词；발전、발달做名词，变形后有动词、形容词的用法。教材、词典若不进行有效引导，容易诱发偏误。

（二）教材研究

表 3-13　三部教材①对"发展""发达"的解释

	词性	词语释义	课文例句	教材
发展	动（动）	발전하다	北京的服务行业这几年发展很快，竞争得也很厉害。	《提升》
发达	\	발달하다	现在交通、通讯都很发达。	BINGO
	형（形）	발전된	已经接近发达国家的水平。	《教科书》

"发达"的解释和例子有值得商榷之处。

第一，"发达"多作形容词。但 BINGO 未标注词性，用动词 발달하다 译注，例句却又是形容词用法。虽然例句中的"发达"可以对应韩国语 발달하다，如：

现在交通、通讯很发达。（현재 교통과 통신이 매우 발달한다．）

但韩汉词语词性不同，如不解释，会误导学生以为"发达"就是 발달하다，是动词，从而用"发达"误代"发展"：

＊科学继续发达，我们可以解决这种关于食品不足。（发展）（HSK 库）

---

① 三部教材分别为韩国다락원出版社 2010 年出版《신공략 중국어：실력향상편(新攻略汉语：能力提升篇)上》，韩国쎄게이지러닝코리아(주)2008 年出版《쉽게 빨리 재미있게 빙고 중국어(容易迅速有趣的BINGO汉语)2》，韩国지영사 2000 年出版的《표준 중국어 교과서(标准汉语教科书)4》，本节分别简称为"《提升》BINGO《教科书》"。

第二,《教科书》用冠词形 발전(bal jeon/ 發展)된 注释"发达",而它直译为"发展的"。参照解释和例句,学生会出现以下偏误:

*广州是个发展城市。(发达)(暨大库)
*经济发展的国家要提供粮食。(发达)(HSK库)

발달(bal dal)源于"發達"且音近,较好的方法是用冠词形 발달된 注释"发达",促使学生习得例句中形容词"发达"作定语的用法,减少甚至避免类似的偏误。

《发展汉语》(荣继华,2011、2012)等英语媒介语教材用 develop、development 注释"发展"的动词、名词用法,用 developed 注释"发达"的形容词用法,便于区别两个词。此方法可以借鉴。

(三)词典研究

1. 发展

동사(动词)

발전(bal jeon/ 發展)하다|발전 시키다(使发展)|성장(seong jang/ 成長)하다|진보(jin bo/ 進步)하다

该解释罗列多个近义词,但大多无例句,容易使学习者混淆。词典用 진보(進步)하다 译注,会让学习者误以为"发展"等同"进步",出现如下偏误:

*我没有发展,所以很担心。(进步)(中大库)

2. 发达

① 동사（动词）

발달（bal dal/ 發達）하다 | 발전（bal jeon/ 發展）하다

例：肌肉发达 근육이 발달（發達）하다（《高丽大》）

词译：肌肉 主格 发达

由解释、例句可知，韩汉对应词词性不同，발달하다 是动词，"发达"是形容词。

② 동사（动词）

발달（bal dal/ 發達）하다 | 발전（bal jeon/ 發展）/ 발달（bal dal/ 發達）시키다（使发展/发达）

例：发达经济 경제를 발전（發展）시키다（《高丽大》）

词译：经济 宾格 使发展

例：发达贸易 무역을 발전（發展）시키다（《EDUWORLD》）

词译：贸易 宾格 使发展

对比可知，발전/발달 시키다 是使动词形式，可带宾语，"发达"不行。如不说明 발달시키다（使发达）和"发达"的词性区别，容易诱发学生输出以下偏误：

* 我们要发达经济。（发展）（中大库）
* 这个主要原因是快速发达科学和技术。（发展）（HSK 库）

将"发达"标为动词，例子为"发达贸易"，可能是参照《现汉》（5）[①] 的解释：

[①] 商务印书馆 2005 年出版《现代汉语词典》（第 5 版），本节简称"《现汉》（5）"。

发达：①[形]（事物）已有充分发展；（事物）兴盛：肌肉～／四肢～／工业～／交通～ ②[动]使充分发展：～经济／～贸易。③[动]〈书〉发迹；显达。

检索BCC语料库"报刊"语料发现，"发达经济""发达贸易"共857条，均为定中结构，如：

通胀压力正在从新兴经济体扩大到发达经济体。（《人民日报》2011年4月14日）

可见，《现汉》（5）"发达"的义项②解释不甚妥当。《现汉》（7）[①]已删除此义项。但有的词典、教材仍沿用《现汉》（5）的解释，容易诱导学生把"发达"用作动词并带宾语，产出类似的偏误。

词典不足主要是将"发达"标为动词，可能因韩国语 발달하다 是动词。这正是韩汉词语的差异，但词典却未做任何解释，容易诱导学生用"发达"误代动词"发展"。

（四）建议

根据教学实践和韩国人学汉语常见偏误，我们认为教材或词典若能做如下解释和举例说明，可以促进韩国人更好地习得"发展""发达"。

[①] 商务印书馆2016年出版《现代汉语词典》（第7版），本节简称"《现汉》（7）"。

1. 发展

（1）动词（동사）：발전하다, 발전되다, 발전시키다

例：a. 近几年，中国大力**发展**教育。b. 中国的经济**发展**得越来越快。c. 中国是一个**发展**中国家。

错句：a.*近几年，中国大力**发达**教育。b.*中国的经济越来越**发展**。c.*中国是一个**发达**中国家。

（2）名词（명사）：발전

例：a. 这本书讲了中国的**发展**和变化。b. 随着社会的**发展**，人们的生活水平越来越好了。

错句：a.*这本书讲了中国的**发达**和变化。b.*随着社会的**发达**，人们的生活水平越来越好了。

解释：① '发展'은 일반적으로 '发展速度' '发展水平'과 같은 추상 명사를 수식한다. 구체적인 명사를 수식하지 않는다. 예：*发展城市。'발전한/된'은 '发达的'으로 번역해야 한다. 예：发达城市（발전한/된 도시）.［"发展"一般修饰抽象名词，如"发展速度""发展水平"等。不修饰具体名词，如：*发展城市。"발전한/된"应译为"发达的"，如：发达的城市（발전한/된 도시）。］

② '发展'은 정도 부사, '越来越'의 수식을 받지 않는다. 예：*很发展 *非常发展 *越来越发展。（"发展"不受程度副词和"越来越"修饰，如：*很发展、*非常发展、*越来越发展。）

③ '发展中国家'는 중국어의 고정 용법이고 한국어 '개발도상국'에 해당한다.［"发展中国家"是汉语固定用法，相当于韩国语的"개발도상국（開發途上國）"。］

2. 发达

形容词（형용사）: 발달된/한, 발달하다（动）

例: a. 韩国是一个**发达**国家。b. 广州的公共交通**很发达**。

错句: a.*韩国是一个**发展**国家。/ *韩国是一个**先进国**。b.* 广州的公共交通**很发展**。

解释: ① '발달하다'는 동사이고 '发达'는 형용사이다. '发达'은 형용사로, 상태를 나타내며, 동태를 표시할 수 없다. 예: *科学继续发达。'发达'은 '随着……'의 목적어를 할 수 없다. 예: *随着科学的发达。（"发达하다"是动词，"发达"是形容词。"发达"表示状态，不能表示动态，如: *科学继续发达。"发达"不能作"随着……"的宾语，如: *随着科学的发达。）

② '发达国家'은 중국어 고정용법으로, 한국어의 '선진국'에 해당한다.["发达国家"是汉语固定用法，相当于韩国语的"선진국（先進國）"。]

三、"经历""经验"教材词典考察

韩国学习者很难区分"经历""经验"，常误用"经验"代替"经历"，如:

*我在中国经验了很多好的事。（经历）（HSK 库）
*我在韩国的时候一次也没有这样的经验。（经历）（HSK 库）

（一）本体研究和对比研究

경력（gyeong lyeog）、경험（gyeong heom）源于"經歷""經驗"，但词性、语义与当代汉语"经历""经验"不完全对应，存在区分度。我们将 경력 分为 경력₁、경력₂、경력₃；将 경험 分为 경험₁、경험₂，将 경험하다（动词标志）分为 경험하다₁、경험하다₂。韩汉词语对应关系详见下表：

表 3-14　경력、경험与"经历""经验"对应关系

		"경력"与"经历"		"경험-하다"与"经验"	
		경력 （經歷）	经历	경험 / 경험하다 （經驗-하다）	经验
词性	名词	+	+	+	+
	动词	-	-	+	-
语义	名词义	①경력₁：（个人）工作经历，由经历得来的知识、资格和经历等。 ②경력₂：亲身见过、做过或遇到过的某事。 ③경력₃：由实践得来的知识或技能。	亲身见过、做过或遇到过的事情。	①경험₁：由实践得来的知识或技能、经验、教训。 ②경험₂：经历，亲身见过、做过或遇到过的事情。	由实践得来的知识或技能。不表示亲身见过、做过或遇到过的事情。
	动词义	-	亲身见过、做过或遇到过。	①경험하다₁：经历，亲身见过、做过或遇到过。 ②경험하다₂：体验，通过实践来认识周围的事物，亲身经历。	-

注："+"代表有该词性，"-"代表没有该词性。

韩汉词语对应关系基本可概括为两点。

第一，词性。경험（gyeong heom/ 經驗）是名词，但带上动词词尾 하다 后整体可做动词；当代汉语"经验"只是名词。경력（gyeong lyeog/ 經歷）只是名词；"经历"可做名词和动词。

第二，语义。对应关系具体如下：

1. 名词 경력₁可与汉语词语"工作经历、履历、资历、阅历"等对应：

他的资历还很浅。[그는 아직 경력（經歷）이 짧다.]（《EDUWORLD》）

2. 名词 경력₂与名词"经历"对应，也跟 경험₂意思一样；如：

光看他走过的经历也可以说前途已经有保障了。[그가 걸어온 경력（經歷）만 해도 전도가 이미 보장됐다고 할 수 있다.]（《韩外大》）

3. 경력₃与名词"经验"对应，也跟韩国语名词 경험₁意思一样，如：

他坚持不懈地在同一个领域中累积了经验。[그는 꾸준히 한 분야만 경력（經歷）을 쌓았다.]（《EDUWORLD》）
他的教学经验很丰富。[그분은 교수 경험（經驗）이 풍부한 분이다.]（《民族》）

4. 名词 경험₂与名词"经历"对应，表示"亲身见过、做过或遇到过

的事情",如:

他有在上一次的国会议员选举中落选的经历。[그는 지난번 총선에서 낙선한 경험(經驗)이 있다.](《高丽大》)

5. 动词 경험 하다₁ 与动词"经历"对应,如:

她经历了很多挫折。[그녀가 많은 좌절을 경험(經驗)했다.](《韩外大》)

6. 动词 경험 하다₂ 与动词"体验"对应,如:

通过旅行体验很多东西。[여행을 통해 많은 것을 경험(經驗)하다.](《民族》)

可见,경력、경험 与"经历""经验"不是简单的一一对应关系,既有相似性,又有区分度。词性方面,四个词都可做名词;"经历"能做动词,而 경력 不能;"经验"不能做动词,而 경험 하다 可以。语义方面,경력、경험 的语义范围均大于"经历""经验"。因此,教材、词典必须给出正确的、适当的释义和例子,否则学习者很容易出现偏误。

（二）教材研究

表 3-15　三部教材① 对 "经历" "经验" 的解释

	词性	释义	课文例句	教材
经历	명（名）	경력, 경험	这些日子，咱们班就数你的经历最丰富。	《提升》
	동（动）	경험하다	—	
	명（名）	경력, 경험, 체험	我们每天都会经历各种各样的事情，谁都会有一些特别的经历，有的时候走运，有的时候倒霉。	《会话》
经验	명（名）	경험하다	别生气，我的经验是：感冒以后多睡觉，多喝水，吃不吃药没关系。	《银行4》

教材注释和例句不够准确。

第一，《提升》《会话》将 "经历" 解释为 경력、경험，由于 "经历" "经验" 分别对应汉源词 경력、경험，学习者容易认为 "经历" 和 "经验" 含义相同。该教材意识到仅用 경력 解释 "经历" 过于片面，便用 경험 补充解释，但又未对 "经历" 与 경력、경험 之间的对应差异进行说明。学习者容易出现理解上的混乱，误用 "经验" 代替 "经历"：

＊因为有差不多一个星期的假期，我们去了三个地方。……这些经验，让我的心情很复杂。（经历）（HSK 库）

---

① 三部教材分别为韩国 다락원 出版社 2007 年出版的《신공략 중국어: 실력향상편（新攻略汉语：能力提升篇）》《신공략 중국어: 프리토킹편（新攻略汉语：自由会话篇）》，韩国동양북스 出版社 2010 年出版的《중국어뱅크 북경대학 한어구어（中国语银行北京大学汉语口语）4》，本节分别简称为 "《提升》《会话》《银行4》"。

实际上，对应关系较为复杂。경험₁对应"经验"，而경험₂与上例中应使用的"经历"对应。根据习得研究和教学经验，学生一般先掌握跟경험₁对应的"经验"。教材中直接将"经历"解释为경험，而不对경험的具体用法进行划分，更没有说明경험₂与경험₁的区别。这种释义方法反而给学习者的理解性学习造成困扰，甚至引发偏误。

第二，경험的汉语词源是"經驗"。但《提升》用动词形式경험하다注释"经历"，既无例句，也不解释，会使学习者以为"经验"可以做动词，误用它代替"经历"：

* 我们年轻人没有经验过我们父母时代的社会、文化情况。（经历）（HSK库）

第三，《银行4》将"经验"标为名词，却用动词形式경험하다注释；会使学习者以为"经验"可做动词，出现以下偏误：

* 学汉语的过程中，我经验了很多有意思的和不太高兴的事情。（经历）（HSK库）

考察发现，误用"经验"代替动词"经历"的偏误远多于误代名词"经历"的偏误。

（三）词典研究

1. 经历
① 동사（动词）

경험（gyeong heom/ 經驗）하다

例：他一生经历过两次世界大战。

그는 일생동안 두 차례의 세계 대전을 겪었다. (《高丽大》)

词译：他_{主格}一生 时间 两 次 的 世界 大战_{宾格} 经历_{表过去}

②명사（名词）

경험（gyeong heom/ 經驗）| 경력（gyeong lyeog/ 經歷）

例：生活经历 생활 경험（經驗）(《高丽大》)

词译：　　　　生活 经验

例：难以忘怀的经历 잊을 수 없는 경험（經驗）(《EDUWORLD》)

词译：　　　　忘记 不能的 经验

义项①中경험하다是경험（經驗）的动词形式，用它解释"经历"且不做说明，学习者很容易混淆"经历"和"经验"。

义项②用名词경험（經驗）解释名词"经历"，例句也用源于"經驗"的경험，容易使学习者以为名词"经历"与"经验"一样，进而误用"经验"代替"经历"：

*回韩国的船上，闭眼睛想了这次经验的意义。（经历）（HSK 库）

2. 经验

①명사（名词）

경험（gyeong heom/ 經驗）

例：他对嫁接果树有丰富的经验。

그는 과수를 접붙이는 데 풍부한 경험（經驗）이 있다. (《高丽大》)

词译：他_{主格}果树_{宾格}嫁接_{词尾}更 丰富的 经验　　　有

②동사（动词）

경험（gyeong heom/ 經驗）하다（经历）

　例：这件事，我从来没经验过。

　　이 일은 내가 여태까지 경험（經驗）한 적이 없다.（《高丽大》）

词译：这事_{主格}我_{主格}　一直_{助词}　经验　　　表完成　没有

　义项②的解释、例句都把"经验"当作动词，对应动词경험하다，自然会诱导出类似下面的偏误：

　*我在中国经验了很多好的事。（HSK库）

　对"经验"的误释，很可能源于中国词典。《现汉》（7）对"经验"的解释如下：

　经验：① 名 由实践得来的知识或技能：他对嫁接果树有丰富的~。② 动 经历；体验：这样的事，我从来没~过。

　外向型词典《1700对》①也将"经验"解释为动词，例子为"经验过、没经验过"。

　检索 CCL 语料库和 BCC 语料库发现，"经验"做名词的例句占绝大多数，极少数做动词，且动词例句大多出现在现当代翻译作品中。如：

　胡顿有经验过这样一个例子；他在我讲习班里说出这段故事：他在近海的纽泽西州，纽华城的一家百货公司，买了一套衣服。（陶曚译《人性的弱点》）

---

① 北京语言大学出版社2005年出版《1700对近义词语用法对比》，本节简称《1700对》。

很多都是 20 世纪 80 年代之前的文学作品，如：

他似乎从来没有经验过这样的无聊。他对于自己的盘辫子，仿佛也觉得无意味，要侮蔑。（鲁迅《阿 Q 正传》）

80 年代之后的文学作品几乎没有"经验"做动词的情况。可见，"经验"的动词用法在当代汉语中已经逐渐消失。因此，教材、词典应与时俱进，删除其动词用法。

（四）建议

根据教学实践和韩国人常见偏误，我们认为以下解释、例句和说明，能帮助学习者有效习得"经历""经验"。

1. 经历

（1）名词（명사）：

경력

　　例：a. 那是一段非常难忘的**经历**。

错句：a.* 那是一段非常难忘的**经验**。

경험

　　例：b. 我们的一生中有很多难以忘怀的**经历**。

错句：b.* 我们的一生中有很多难以忘怀的**经验**。

解释：명사 '경력' 은 겪어 지내 온 여러 가지 일란 뜻이 있다. 한국어에서의 경력과 경험의 이런 뜻이 같다.

（名词"经历"表示"亲身见过、做过或遇到过的事"，和韩国语中"경력""경험"的此义项相同。）

（2）动词（동사）：

경험하다

　　例：a. 我**经历**了很多挫折。b. 他在中国生活了两年，**经历**过不少事情。

错句：a.* 我**经验**了很多挫折。b.* 他在中国两年，**经验**过不少事情。

解释：'경험하다'는 자신이 실제로 해 보거나 겪어 본다는 뜻이다. 대응하는 중국어 단어는 동사 '经历'이지 '经验'이 아니고 '경험'은 동사가 아니다.（经验하다表示亲身见过、做过或遇到过，对应动词"经历"，不是"经验"。"经验"无动词用法。）

2. 经验

名词（명사）：

경험

　　例：a. 他总结了很多教学**经验**。

错句：a.* 他总结了很多教学**经历**。

경력

　　例：b. 学习她的**经验**，我很快就完成了任务。

错句：b.* 学习她的**经历**，我很快就完成了任务。

解释：명사 '经验'은 '실천된 지식이나 스킬'이라는 의미를 나타낸다. '经验' 동사로 쓰이지 않는다. 한국어에서의 경험과 경력의 이런 뜻이 같다.（名词"经验"表示"由实践得来的知识或技能"，"经验"不用做动词，与韩国语中的"경험"和"경력"的此义项相同。）

四、"普通""一般"教材词典考察

"普通""一般"是韩国学习者的易混淆词。常见偏误有:

(1) *我普通早上7点坐地铁。(一般/通常)
(2) *他的汉语水平在我们班里普通。(一般)
(3) *他还是活人,但与死人一般。(一样)(HSK库)

相关偏误主要是误代。初学者常误用"普通"代替"一般"做状语,如例(1),随后会出现其他误代偏误,如例(2)(3)。

(一) 本体研究和对比研究

韩国语 보통 (bo tong)、일반 (il ban) 分别来源于汉语"普通""一般",对应关系可粗略概括为表 3-16:

表 3-16 보통、일반 与相关汉语词的对应关系

	韩国语词及释例	对应汉语词及释例
보통	보통(副):그는 보통 일곱 시에는 일어난다.	一般(副)/通常(副):他一般/通常七点起床。
	보통(名):보통 사람, 보통 실력	普通(形):普通人。一般(形):一般实力。
일반	일반(名):일반 법칙;일반 열차	一般(形):一般法则。普通(形):普通列车。
	일반이다:사람 마음은 다 일반이다.	一样:人心都一样。
	일반적으로:일반적으로 그녀는 토요일에 쇼핑을 간다.	一般来说:一般来说,她周六会去逛街。

注:일반이다、일반적으로为习惯用法,不是词,因此未标注词性。

由表 3-16 可知，韩汉词语对应关系比较复杂。韩汉词语语音相似，语义相近，但用法不完全对应。"普通"是形容词，보통 可做名词和副词；"一般"可做形容词和副词，일반 是名词，不能做副词。韩国学生混淆这组词多是受韩国语影响。教材、词典的不当解释也会诱导学习者产生偏误。

(二) 教材研究

表 3-17　两部教材[①] 对"普通""一般"的解释

	词性	词语释义	课文例句	教材
普通	형(形)	보통이다, 일반적이다	所以比普通公交车舒适，价格也稍微贵一点。	《多乐园》
一般	형(形)	보통이다, 일반적이다	晚上你一般干什么？	《银行2》

教材都用 보통、일반 或其变形来释义；翻译"一对多"，却没有必要的解释，容易使学习者混淆相关词语。具体有以下不足：

第一，《多乐园》用加了叙述格助词 이다 的 보통이다 解释"普通"。但 보통이다 可充当谓语，教材却没有说明，更没有例子。学习者会据已有知识推断，形容词"普通"也可做谓语，但不清楚它做谓语一般要用程度副词修饰，可能出现如下偏误：

＊这种衣服款式普通。(一般)

[①] 两部教材分别为韩国다락원出版社 2009 年出版《다락원 중국어 마스터 (多乐园掌握汉语)-Step 3》，韩国동양북스出版社 2010 年出版《중국어뱅크 북경대학 한어구어 (中国语银行北京大学汉语口语) 2》，本节简称《多乐园》《银行2》。

第二,《银行2》将"一般"标为形容词,例句却是副词用法。而且没有解释形容词的用法,容易使学习者认为"一般"与 일반 一样,类推出如下偏误:

* 高铁比一般列车快得多。(普通)

虽然 일반 源于"一般",但两个词用法不同。同是修饰名词,일반 열차(普通列车)、일반 도로(普通公路)、일반 판(普通版)中的 일반 译为"普通"更符合汉语习惯。因成人二语学习者习惯直译法,会出现类似上面的偏误。

第三,《多乐园》《银行》对"普通""一般"释义相同。但形容词"普通"和表示"普通"义的"一般"在用法上存在差异。如:"一般"可充当补语,"普通"不能;否定式"不一般"很常见,"不普通"极少用。教材释义相同,却未辨析上述差异,易诱发偏误。如:

* 小明今天文章写得普通。(一般)

《银行2》把"一般"标为形容词,但其展示的例子实际上是修饰谓语的副词:

晚上你一般干什么?

这样的解释,容易误导学习者将做状语的"一般"用作定语。

（三）词典研究

1. 普通

형용사（形容词）

보통（bo tong/ 普通）이다 | 일반（il ban/ 一般）적이다.

例：普通百姓 일반（一般）백성（《高丽大》）

词译：　　　一般　　　百姓

"普通"与"一般"、보통 与 일반 都可做定语修饰名词，韩汉词语差异不大。

2. 一般

① 형용사（形容词）

보통（bo tong/ 普通）이다 | 일반（il ban/ 一般）적이다

例：质量一般 품질이 보통（普通）이다.（《教学社》）

词译：　　　品质_主格_ 普通 _叙述格_

该解释例句为"质量一般"，韩国语翻译为 품질이 보통이다，容易导致学习者混淆"一般"和"普通"，出现"*质量普通"的偏误。

② 형용사（形容词）

같다 | 엇비슷하다（一样，差不多）

例：两个箱子一般重。두 상자는 무게가 엇비슷하다.（《教学社》）

词译：　　　　　两个箱子_主格_ 重量_主格_ 一样

韩国语表示"一样"的词往往出现在句末，如上述例句；汉语"一般"表示"一样"时常做状语（"一般大"），或以比况助词（"飞一般的"）、"像……一般"的形式（"夜黑得像墨一般"）出现。

일반（il ban）也可表示"一样"，但要加语法功能相当于汉语"是"的叙述格助词 이다，变为 일반이다 的形式，在句中做谓

语。如:

사람 마음은 다 <u>일반(一般)</u>이다

词译：人　心_{主格}　都　一样　　　　叙述格

词典没有解释这种差异，可能使学习者将"一般"用在句末表示"一样"，如：

＊我心目中，家庭是妈妈营造的公园一般。(一样)(HSK库)

③형용사(形容词)

보통(bo tong/普通)이다 | 일반(il ban/一般)적이다
例：他早上一般起得很早。
　　그는 아침에 일반(一般)적으로 일찍 일어난다.(《EDUWORLD》)
词译：他_{主格}　早上　一般　　　　　早　起床

该解释的例句为"一般"做副词在句中修饰谓语动词的用法，该词典也将其标注为形容词，容易诱发偏误。

我们猜测，词典的解释可能与《现汉》(7)对"一般"的解释有关：

① 形 一样；同样：哥儿俩长得～高 | 火车飞～地向前驰去。② 数 一种：别有～滋味。③ 形 普通；通常：～性 | ～化 | ～情况 | 他一早出去，～要到天黑才回家 | ～地说，吃这种药是很见效的。

义项③的词性、释义和例子值得商榷：

第一,"～性;～化"的"一般",词性像形容词,但都不能用"通常"替代,大部分不能用"普通"替代。释义跟例子不太吻合。

第二,例句"他一早出去,～要到天黑才回家","一般"可用"通常"解释和替代。但是,此位置(状语)的"通常"是副词,表示一般情况下,行为、事情有规律地发生。同理,例句中"一般"应是副词,而不是词典标注的形容词。

第三,最后一例"～地说,……",其中"一般地说"是语块(固定词组),意思、功能跟充当状语的副词"通常"对应。单独的"一般",跟"普通""通常"都不对应。因此,我们认为应该把"一般"的义项③分解为两个义项和用法:

义项③:形容词。跟"普通"意思接近,如"～性的问题|这件衣服款式～|这个讲座很～"。

义项④:副词。表示一般情况下,行为、事情有规律地发生,近似"通常",如"他一早出去,～要到天黑才回家"。

汉语二语教学中,义项①②很少出现,义项④出现频率最高。因此,汉语二语教材、词典中对"一般"4个义项的出现顺序应做相应调整。

(四)建议

基于教学实践和学生常见偏误,我们认为如下解释和例句更便于韩国学习者习得"普通"和"一般"。

1.普通

形容词(형용사):보통(명),보통이다

例:a.他是一个**普通百姓**。b.这件衣服款式很**普通**。

错句:a.*他是一个**一般百姓**。b.*这件衣服款式**普通**。

解释：① '보통'은 명사이고 '普通'은 형용사이며 모두 명사 앞에서 한정어가 될 수 있다. 예: 보통 사람(普通人). ["보통"是名词，"普通"是形容词，二者都可以在名词前做定语。如: 보통 사람(普通人)。]

② '普通'는 서술어로 사용할 때 일반적으로 정도 부사의 수식이 있어야 한다. ("普通"做谓语一般要有程度副词修饰。)

2. 一般

（1）形容词（형용사）：일반（名），일반적이다，보통이다

例：a. 读了研究生以后他开始学习语言学的**一般理论**。b. 这家饭店做的菜味道**一般**。c. 他妻子做饭的手艺**不一般**。d. 朴东民唱歌**唱得一般**。

错句：a.*读了研究生以后他开始学习语言学的**普通理论**。b.*这家饭店做的菜味道**普通**。c.*他妻子做饭的手艺**不普通**。d.*朴东民唱歌**唱得普通**。

解释：① '일반'은 명사이고 '一般'은 형용사이며 모두 명사 앞에서 한정어가 될 수 있다. 예: 일반 법칙(一般法则), 일반 가정(一般家庭). ("일반"是名词，"一般"是形容词，二者都可以在名词前做定语。如：一般情况、一般家庭。)

②형용사 '一般'과 '普通'의 의미는 비슷하지만 용법에는 차이가 있다. '一般'은 서술어, 한정어, 보어로 사용될 수 있으며, '普通'은 서술어와 한정어로만 사용되며 보어로는 사용할 수 없다. (形容词"一般"和"普通"含义类似，但用法有差异。"一般"可用作谓语、定语、补语，"普通"只用作谓语和定语，不能用作补语。)

（2）副词（부사）：일반적으로，보통（副）

例：a. 你早上**一般**几点起床？b. 我周末**一般**在宿舍休息。

错句：a.* 你早上**普通**几点起床？ b.* 我周末**普通**在宿舍休息。

结 语

"关键相似度"存在于不同层面。汉语"发展—发达"之间、"经历—经验"之间、"普通——一般"之间本身就存在相似度。同样，韩国语"발전（發展）—발달（發達）"之间、"경력（經歷）—경험（經驗）"之间、"보통（普通）—일반（一般）"之间也存在相似度。因此，两种语言的母语学习就会存在一定程度的混淆。而上述韩汉词语之间更是存在"关键相似度"，对应关系十分复杂，二语学习难度极高。如果第二语言教材、词典不能给出方便学习的解释和例子，就会人为地增加学习难度，甚至诱发学习偏误。

本节基于韩汉对比，结合典型偏误，挑选出这三组韩国人学汉语最容易混淆的词语，探究韩汉词语之间的关系，并细致考察汉语教材、韩汉词典对它们的编写情况。研究发现，教材、词典编者编写时大多只注意韩国语汉源词与对应现代汉语词的之间的相似度，忽略了二者的区别度，在解释、举例中存在明显错误。而这些恰恰是诱发韩国语母语者出现大量偏误的重要原因。

二语教材、词典编写者必须掌握二语学习理论，了解二语者学习真实情况和二语习得研究成果。汉源词对应汉语词的解释应避免多余释义，提高准确度。尤其要基于精准到位的韩汉对比，结合学习难点和学习者偏误，给出精准的解释，展示有充分信息的典型例句，让学习者明白韩国语汉源词和对应现代汉语词在意义、用法上的差异。在精准解释和展示典型例句的基础上，可以适当地展示典型偏误，进行学生可以理解的辨析，以切实提高习得效果。

第四章　少儿教材词汇研究

第一节　《轻松学汉语》和《轻松学中文》

美国国际学校的中学项目（MYP）要求学生除母语和小学沉浸式学习的第二语言外，选修一门第三语言学5到7年，汉语在越来越多的学校中成为除西班牙语、法语外的又一选择。这样的课程需要一套适合中学生的汉语教材。选择教材成为各国际学校的难题。（孟晓红，2004）

2001年开始，《轻松学汉语》（马亚敏、李欣颖，2001—2004；以下简称《轻汉》）由香港三联书店陆续出版，为国内外很多国际学校所选用。（李宇飞，2012）苗强（2012）指出使用《轻汉》的国家和地区已超过25个。使用如此广泛的《轻汉》是否符合海外中学的学习需求呢？初步调查显示，师生普遍反映《轻汉》前3册难度适当，后2册词汇突然增多，难度突然增大，给教学带来困难。

2006年开始，《轻松学中文》（马亚敏、李欣颖，2006—2011；以下简称《轻中》）由北京语言大学出版社陆续出版。"进化版"的《轻中》有哪些改善？还存在什么问题？这是我们希望通过研究解决的问题。

本节使用中山大学国际汉语教材研发与培训基地的汉语阅读

分级指难针分析工具（简称"指难针"），考察这两套教材的词汇总量、密度、重现率、难度等级等方面的异同，看它们是否符合学生的学习需求。

一、研究对象与方法

《轻汉》共5册，根据交际法原则编写，强调发展听、说、读、写的交际技能，帮助学生用汉语交流信息和沟通想法。马亚敏、李欣颖（2001）介绍：教材分两阶段，第一阶段为1、2、3册，第二阶段为4、5册。第1册约有250个新汉字，涵盖偏旁部首、汉字书写和结构分析。2、3册每册约300个新汉字，4、5册每册约350个新汉字。

《轻中》共8册，分三阶段。第一阶段为1、2册；第二阶段为3、4、5、6册；第三阶段为7、8册。（马亚敏、李欣颖，2006）学完4册，可掌握800个汉字；学完6册，可掌握1200个汉字；学完8册，可掌握1600个汉字。（马亚敏、李欣颖，2014）

综上所述，两套教材在编写背景、教材设计的起点（零基础）与终点（1500—1600个汉字）等方面都很接近，具有作为"最小差异对"的可比性。教学对象方面，《轻中》的为华裔，《轻汉》的为非华裔，本节也考察教学对象的不同在词汇编排上有何体现。

本节参照周小兵、刘娅莉（2012）的研究方法，考察两套教材的总词种数、词汇等级、超纲词等信息；依据2010年出版的《汉语国际教育用音节汉字词汇等级划分》（国家汉办、教育部社科司，简称《等级划分》），使用"指难针"进行统计。

二、研究综述

江新(1998)认为,词汇是许多二语学习者的主要障碍之一。赵金铭(2004)指出,汉语词汇研究与词汇教学是对外汉语教学系统中一个极为基础的环节。赵芳(2013)指出了《轻汉》的优缺点:优点是注释生词,也注释生字,对同音词和多义词分别注释;缺点是注释义项过多,无词性标注等。吴昳俊(2014)统计发现,《轻汉》选取的量词在YCT考试要求范围内,但是与《中文》(修订版)相比总量低,复现率低。李宇飞(2012)对比《轻汉》《跟我学汉语》《你好》三套青少年汉语教材词汇指出,《轻汉》生词表词汇有2209个,比《跟我学汉语》多35.7%,比《你好》多59%;平均每课生词第4册比第3册增加了11.67个,第5册又比第4册增加了13.75个。

范晓菁(2012)、李静(2013)以《轻中》为例探讨中小学汉语作为第二语言教材的编写。高雅琳(2014)统计了《轻中》1至5册语法项目的选用与编排。杨雪菲(2014)统计分析了《轻中》文化词汇的类型与分布。马亚敏、李欣颖(2014)在介绍《轻中》的设计理念时指出,"第4册……有意识地出现没有学过的生词和短语,从第5册开始,扩展阅读中的阅读量、生词量陡然上升……但是这是一道必须经过的关卡"。这种过渡设计会不会造成学生的学习负担太重,是本节考察的问题之一。

对于词汇量和难度的统计,以往研究多参照1992年出版的《汉语水平词汇与汉字等级大纲》。自2010年《等级划分》发布后,有研究开始以此作为参照。如黄妍琼(2015)根据《等级划分》,分析了国际文凭大学预科项目初级汉语课程教学大纲表和该课程 2010—2014 年的考试真题词汇,得到了信度、效度都较高的结论。

本节比对《等级划分》,定量考察"本是同根生"的两套教材的词汇编排情况,尤其是由初级向中级过渡阶段的词汇表现。

三、两套教材词汇量的对比分析

词汇教学的首要问题是对学习者词汇学习的量和目标词的控制。(周小兵,2009)本节只统计课文中的词汇,不统计生词表、标题及扩展阅读中的词汇。统计前,我们先人工纠正了自动分词的错误,包括三类:第一,由于分词不彻底错认的词(如将"每天"错误地划分为一个词);第二,由于误解意义错认的词(如将"他考试得了十分"中的"十分"理解为一个副词);第三,由于分词位置不当错认的词(如将"他叫史小冬"中的"叫史"当成了一个词)。

(一)词汇总量

总词数是指课文中的词汇总数。总词种数是指课文中所有不重复的词数。《轻汉》1—5 册和《轻中》1—8 册课文的总词数、总词种数及每册的情况见表 4-1 和表 4-2。

表 4-1 《轻汉》的词数与词种数情况

册数	词数（个）	词种数（个）	词种增量幅度（%）	词汇重现率（%）
第 1 册	1322	293		77.84
第 2 册	1985	613	109.22	69.12
第 3 册	2134	780	27.24	63.45
第 4 册	2378	940	20.51	60.47
第 5 册	2627	1119	19.04	57.40
第 1—5 册	10446	2490[①]		76.16

表 4-2 《轻中》的词数与词种数情况

册数	词数（个）	词种数（个）	词种增量幅度（%）	词汇重现率（%）
第 1 册	597	165		72.36
第 2 册	1120	411	149.09	63.30
第 3 册	1600	633	54.01	60.44
第 4 册	2177	798	26.07	63.34
第 5 册	4519	1297	62.53	71.30
第 6 册	3890	1199	−7.56	69.18
第 7 册	3956	1366	13.93	65.47
第 8 册	4044	1463	7.10	63.82
第 1—8 册	21903	3739		82.93

---

① 此处的总词种数为全套教材整体考察的数据，并非各分册词种数相加之和。下同。

由表 4-1 和表 4-2 可知：

1.《轻中》总词数和总词种数都高于《轻汉》。姜蕾（2013a）分析了 5 套中学汉语教材，结论为中学教材总词种数在 2000—3000 的范围内比较合理。《轻汉》符合此标准，《轻中》的总词种数偏多。每册平均词种数方面，《轻汉》为 498.00[①] 个，略多于《轻中》的 467.38 个。

2.《轻中》的词汇重现率高于《轻汉》。使用公式"词汇重现率 =（1- 词种数 / 词数）× 100%"计算可知，《轻中》课文中重复出现的词平均有 82.93%，而《轻汉》平均只有 76.16%。

3.《轻汉》各分册间词种数的极差[②]（826）和词数的极差（1305）都远低于《轻中》各分册间的词种数极差（1298）和词数极差（3922）。这说明《轻中》设计的学习起点和终点的差距大一些。零起点的学习者学完全套《轻中》后的汉语词汇水平应高于《轻汉》的学习者。

（二）分册词汇量

根据表 4-1、表 4-2 两套教材各分册的词汇量数据，可以概括出以下几点：

1.《轻汉》的词种数和词数呈逐册递增趋势，词种增量幅度（简称"增幅"）最大的是第 2 册；《轻中》也如此。这种跨度属于入门阶段向初级阶段的过渡，本节不讨论。《轻汉》第 3 册、4 册、5 册的词种增幅递减；《轻中》后 2 册也是如此。

---

① 本节中词数与词种数的平均值都保留到小数点后两位。
② "极差"指最大值与最小值的差。

2.《轻中》前4册的词种数和词数平稳递增（第2册情况除外）；到了第5册出现猛增，词种数达1297个，比第4册增加了62.53%，词数4519个，在单册中最多；第6册却比第5册少；第7册、第8册才恢复正常。

3.《轻汉》前4册的词种数和词数均高于《轻中》前4册。《轻汉》第1册的词种数约为《轻中》第1册的1.8倍，词数约为《轻中》第1册的2.2倍；《轻汉》第2册的词种数约为《轻中》第2册的1.5倍，词数约为《轻中》第2册的1.8倍。《轻汉》册数少，每册容量比《轻中》大。《轻汉》前3册的词汇量大致相当于《轻中》前4册，接近初级阶段的要求。

中学生初级阶段应该学多少个词？目前尚无统一标准。2009年出版的《新中小学生汉语考试大纲（YCT四级）》包含600个词。姜蕾（2013a）指出，这个词汇量小于市面上绝大多数中学汉语教材。1992年出版的针对全日制成人学习者的《汉语水平词汇与汉字等级大纲》（国家汉办，1992）中，初级阶段要掌握3051个词，这显然不适合非全日制的中学生。为满足国外汉语教学而设计的《国际汉语教学通用课程大纲》（国家汉办，2008）的三级目标跟初级阶段的要求大致相符，要求掌握约900个词语，可作为参考。

4. 词种增幅方面，《轻汉》4、5册分别是20.51%、19.04%，高于《轻中》6、7、8册（-7.56%、13.93%、7.10%）。可见，从初级到中级阶段的过渡以及中级阶段本身的发展来看，《轻汉》的词汇量增幅太大；《轻中》相对平缓一些，学习者容易接受。

（三）分册词汇重现率

由表4-1、表4-2可以看出：

1. 词汇重现率大致呈逐册下降趋势。《轻汉》下降的速度快，《轻中》整体上下降的速度慢。

2.《轻中》的词汇重现率变化可分为三个阶段：第一阶段，第1册到第3册持续下降，由 72.36% 降到 60.44%；第二阶段，第4册上升为 63.34%，第5册达 71.30%；第三阶段，从第6册开始缓慢下降。马亚敏、李欣颖（2014）介绍该教材编写理念时解释过重现率起伏的原因，"从第5册开始，扩展阅读中的阅读量和生词量陡然上升……但是这是一道必须经过的关卡"。《轻中》第5册每课双课文，词汇量猛增，与此同时提高词汇重现率，可在一定程度上减轻词种猛增带来的学习压力。

3.《轻汉》各分册的词汇重现率持续下降，第1册词汇重现率为 77.84%，到第5册降为了 57.40%。

（四）分课词汇量

作为完整的教学单位，每课的词汇量要适中。词汇量太大会增加学习难度；太小完成不了教学任务，不能高效提高交际能力。两套教材各分册的课数、课均词数和词种数见表 4-3 和表 4-4。

表 4-3 《轻汉》分课词汇量

册数	课数	课均词数（个）	课均词种数（个）
第 1 册	21	62.95	13.95
第 2 册	18	110.28	34.06
第 3 册	17	125.53	45.88
第 4 册	12	198.17	78.33
第 5 册	12	218.92	93.25
第 1—5 册	80	130.58	31.13

表 4-4 《轻中》分课词汇量

册数	课数	课均词数（个）	课均词种数（个）
第 1 册	15	39.80	11.00
第 2 册	15	74.67	27.40
第 3 册	15	106.67	42.20
第 4 册	15	145.13	53.20
第 5 册	15	301.27	86.47
第 6 册	15	259.33	79.93
第 7 册	15	263.73	91.07
第 8 册	15	269.60	97.53
第 1—8 册	120	182.53	31.16

由表 4-3 和表 4-4 可知：

1.《轻汉》第 4 册与第 5 册课数一样，其他每册课数不同；《轻中》每册课数一致，方便教学实施。

2. 两套教材的课均词种数相似：《轻汉》是 31.13 个，《轻中》是 31.16 个。各分册课均词种数的极值也接近：《轻汉》课均词种数的极小值与极大值分别是 13.95、93.25，《轻中》的分别是 11.00、97.53。但课均词数有差别，《轻汉》的是 130.58 个，《轻中》的是 182.53 个，说明后者的词汇重现率高于前者。

3. 两套教材的课均词种数比较适中。对于每课应该学多少个词，学界没有共识。吕必松（1996）提出过一个浮动范围，平均每课时的生词量在 2 至 6 个比较合适。马亚敏、李欣颖（2001）在《轻汉》第 1 册前言中指出，这套教材第 1、2、3 册每册需 100 课时完成，4、5 册需要更多时间。全套教材共 80 课，按平均每册需 140 课时完成来计算，平均每课需要 8.75 课时，即每课时教的词种数约为 3.56 个。同样，根据马亚敏、李欣颖（2006）在《轻中》第 1 册前言中提及的，如果每星期上 3 节课，每节课在 1 小时左右，大部分学生可在 1 年之内学完 1 册。以笔者曾任教的美国印第安纳国际学校为例，每年教学周约为 34 周，每周 4 课时，即平均每册需要约 136 课时完成。《轻中》共 8 册 120 课，平均每课需要约 9.07 课时，即每课时要教的词种数约为 3.44 个。这两套教材每课时需要教的词种数都在吕必松（1996）的指标范围内。

4. 两套教材的课均词种数基本上呈逐册递增趋势。《轻汉》增长快，《轻中》增长较平缓。

四、两套教材词汇等级的对比分析

（一）词汇等级对比

本节参照《等级划分》将词划分为"普及化等级""中级""高级"（"高级"包括"高级水平"和"高级'附录'"，表 4-5 和表 4-6 中写作"高级+附录"），未被收录的词为超纲词或专有名词。两套教材的词汇等级分布情况见表 4-5 和表 4-6。

表 4-5 《轻汉》词汇等级分布

册数	普及化等级		中级		高级+附录		超纲词		专有名词	
	词种数（个）	所占比例（%）	词种数（个）	所占比例（%）	词种数（个）	所占比例（%）	词种数（个）	所占比例（%）	词种数（个）	所占比例（%）
第 1 册	210	71.67	14	4.78	1	0.34	12	4.10	56	19.11
第 2 册	433	70.64	63	10.28	26	4.24	48	7.83	43	7.01

续表

册数	普及化等级 词种数(个)	普及化等级 所占比例(%)	中级 词种数(个)	中级 所占比例(%)	高级+附录 词种数(个)	高级+附录 所占比例(%)	超纲词 词种数(个)	超纲词 所占比例(%)	专有名词 词种数(个)	专有名词 所占比例(%)
第3册	492	63.08	131	16.79	56	7.18	82	10.51	19	2.44
第4册	537	57.13	164	17.45	66	7.02	122	12.97	51	5.43
第5册	582	52.01	239	21.36	127	11.35	140	12.51	31	2.77

表4-6 《轻中》词汇等级分布

册数	普及化等级 词种数(个)	普及化等级 所占比例(%)	中级 词种数(个)	中级 所占比例(%)	高级+附录 词种数(个)	高级+附录 所占比例(%)	超纲词 词种数(个)	超纲词 所占比例(%)	专有名词 词种数(个)	专有名词 所占比例(%)
第1册	128	77.58	14	8.48	4	2.42	11	6.67	8	4.85
第2册	314	76.40	40	9.73	9	2.19	30	7.30	18	4.38
第3册	424	66.98	86	13.59	38	6.00	74	11.69	11	1.74
第4册	509	63.78	129	16.17	48	6.02	87	10.90	25	3.13
第5册	789	60.84	233	17.96	86	6.63	155	11.95	34	2.62
第6册	745	62.14	239	19.94	77	6.42	116	9.67	22	1.83
第7册	737	53.95	330	24.16	144	10.54	125	9.15	30	2.20
第8册	766	52.36	356	24.33	165	11.28	135	9.23	41	2.80

由表4-5、表4-6可以总结出几点：

1.两套教材的词汇等级都随级别的升高而变化：普及化等级词的比例整体上逐步降低，中高级词的比例基本上呈逐步上升趋势，符合系列教材的基本要求。不足的是,《轻中》第6册的普及化等级词汇比例高于第5册。

2. 两套教材的词汇等级分布具有相似性。如最后一册普及化等级、中级、高级词的比例,《轻汉》分别是52.01%、21.36%、11.35%,《轻中》是52.36%、24.33%、11.28%。

3.《轻中》词汇难度等级的提升比《轻汉》平缓。《轻汉》的普及化等级词比例平均每册的递减率是4.92%,《轻中》的是3.60%;《轻汉》的中高级词比例平均每册的递增率是6.90%,《轻中》的是3.53%。这跟两套教材的册数不同(《轻汉》5册,《轻中》8册)有关。

(二)超纲词

教材编写允许一定数量的超纲词存在。根据李泉、金允贞(2008)提出的教材编写参考标准,初、中、高级综合汉语教材应纳入有关大纲的词汇的比例分别在80%、70%、60%左右。也就是说,初级、中级阶段超纲词比例应分别控制在20%、30%以内。

根据表4-5、表4-6,可以总结出几点:

1. 超纲词比例方面,两套教材基本符合李泉、金允贞(2008)的标准。

2. 专有名词方面,《轻汉》第1册多达56个,主要是人名、国名。入门阶段出现这么多专有名词会增加教学难度。《轻中》的专有名词比例整体比《轻汉》低。

3. 超纲词、专有名词比例变化不够理想:《轻中》各册基本持平;《轻汉》的超纲词比例整体呈上升趋势,而专有名词比例则整体呈下降趋势。

两套教材的超纲词、专有名词比例基本没有超过20%,只有

《轻汉》第 1 册超纲词、专有名词的比例相加超过 20%。具体可能有如下原因：

第一，《等级划分》只收录了两个专有名词——"中国""北京"。一些亲属名词，如"表姐、堂哥"等，《等级划分》没有收录。

第二，两套教材都有较多文化词汇，如景点"唐人街、自由女神像"，菜名"龙井虾仁、东坡肉"，电影《大红灯笼高高挂》等。编者希望增加文化性，促进学生了解世界，自然会增加超纲词、专有名词比例。

五、两套教材句子档案的对比分析

张宁志（2000）的研究显示，通过测定句含平均词数可有效区分文本难度。本节考察教材中句子包含的词汇数量，具体包含句子总数，每句所含字数的平均值以及所含词数的最小值、最大值、平均值等数据。

表 4-7　《轻汉》句子档案表

册数	句数	句含最小词数	句含最多词数	句含平均词数	句含平均字数
第 1 册	272	1	18	4.86	7.39
第 2 册	250	1	30	7.94	12.36
第 3 册	172	2	34	12.41	18.69
第 4 册	178	1	34	13.36	21.58
第 5 册	180	2	45	14.59	24.36
第 1—5 册	1052	1	45	9.93	16.88

表 4-8 《轻中》句子档案表

册数	句数	句含最少词数	句含最多词数	句含平均词数	句含平均字数
第 1 册	117	1	25	5.10	6.86
第 2 册	201	1	18	5.57	8.52
第 3 册	226	1	24	7.08	10.78
第 4 册	277	1	34	7.86	12.32
第 5 册	496	1	32	9.11	14.15
第 6 册	322	1	39	12.08	19.29
第 7 册	305	1	41	12.97	21.79
第 8 册	307	1	38	13.17	21.97
第1—8册	2251	1	41	9.73	14.46

由表 4-7 和表 4-8 可见：

1.《轻汉》每册句子总数整体呈下降趋势；《轻中》分两段，先递增再减少，第 5 册是转折点。《轻汉》第 1 册句子最多，第 3 册最少；《轻中》第 1 册最少，第 5 册最多。

2. 两套教材句子的平均句长都是逐册递增的。递增趋势《轻中》比《轻汉》相对平缓。《轻汉》第 1 册平均句长 4.86 个词，到第 3 册就增加到了 12.41 个词。《轻中》前 5 册平均句长都少于 10 个词，第 8 册是 13.17 个词，略低于《轻汉》第 5 册。

3. 初级向中级阶段过渡时，《轻中》平均句长跨度比《轻汉》小。《轻汉》第 2 册到第 3 册的平均句长跨度最大，平均每句增加了 4.47 个词，增长了约 56.30%；《轻中》第 5 册到第 6 册跨度最大，平均每句增加了 2.97 个词，增长了约 32.60%。

结语

本节通过数据统计和对比分析,对马亚敏、李欣颖主编的《轻汉》与《轻中》的词汇做了系统研究,得出以下结论:

第一,词种数无论是平均每册,还是平均每课,两套教材都大致相同。词汇重现率《轻中》整体高于《轻汉》,特别是在由初级向中级的过渡阶段。

第二,两套教材的词汇难度变化趋势相似:整体上看,普及化等级词比例逐渐下降,中高级词比例逐渐上升。词汇难度的上升幅度方面,《轻中》相对平缓一些。

第三,两套教材的平均句长都是逐册递增的。递增幅度方面,《轻中》相对平缓。

《轻汉》册数少,词汇量小,第4、5册的词汇量和词汇难度跨度偏大。《轻中》作为新编教材,对这些不足做了修补,在词汇编排上有明显改进。

目前全球针对青少年的教材不少,适用的不多。主要原因有:客观上缺少合适的词汇、语法大纲;主观上缺乏衡量学习者汉语水平标准的共识和编写汉语作为第二语言青少年教材的科学理念。此外,系列教材容易出现一个问题:前几册按既定原则细致编写,后几册应出版社要求编写太快,系统性、科学性贯彻得不够。

本节选择了海外使用范围相当广泛的两套青少年汉语教材进行词汇编排研究,探究其异同,找出其优点及不足。希望能对系列教材的编写提供参考:既注重单册教材的科学性,也兼顾分册教材之间难度变化的合理性;对教材词汇难度进行科学控制,可通过数据统计、科学计量来完成。

第二节　泰国小学汉语教材词汇

泰国小学汉语词汇教学面临几个问题：应该教多少词语？如何划分最常用、次常用和一般词语？哪些本土词语应该教？带着这些问题，我们对 10 套泰国小学汉语教材课文词汇的总词种数[①]进行考察。教材分 3 类，简介如下：

老华文教材 2 套[②]。《华文课本》(Mali Liangchaigun，1979)，《华文读本》(Pramot Chaiyagid 等，1979)，都是曼谷 Kurasapa Press 出版[③]，是 20 世纪 70 至 90 年代通用的华文教材。编写出版时泰国处在政治敏感期，对华文教学管理比较严格。泰国教育部组成教材审核小组，学术部副部长 Pramot Chaiyagid 任主席，警察上将 Tawon Jiriyasin、警察中将 Prasit Bancharean 等 12 位成员为组员；委任 Mali Liangchaigun[④]根据《1978 年教育课程》修订教材。学校根据不同的课时选择使用教材。

新华文教材 3 套[⑤]。《泰国小学华语课本》(简称《华语课本》)由中国大陆汉语教师金振邦编著，暨南大学出版社 1999 年出版，泰华文化教育基金会与泰国华文民校协会发行，是 1992 年泰国汉

---

① 指不计算重复，各套教材原始词汇的总量。
② 老华文教材，指 1966 年出版、泰国最早自编华文教材，现极少使用。
③ 20 世纪 60 年代至 1992 年泰国教育部指定使用。第一版残缺不全，这里以 1979 年修订版为研究对象。
④ Mali Liangchaigun (Ma Shaoheng)，泰国华校资深教师，1948 年任广肇学校(成立于 1911 年)校长。
⑤ 新华文教材，指 1992 年泰国汉语教育开放政策实施后编写的华文教材，至今某些地区仍在使用。

语教育开放后第一套本土汉语教材。《泰国新编华语课本》(简称《新编华语》)由中国台湾教师柯孙添编著,2006年出版发行。《小学华语》由泰国华裔教师冯权耀主编,泰国汉语和教育界资深人士参编,2008年出版,朱拉隆功大学亚洲研究所中国研究中心发行。

非华裔汉语教材5套[①]。《体验汉语》在中国国家汉办、中国高等教育出版社、泰国教育部基础教育委员会的协助下,由中国大陆汉语教育者王巍、王秀荣、孙淇、袁哲主编,泰国国家出版社学术厅发行,2008年出版,是泰国教育部推荐的汉语教材。

另外4套教材均由儿童外语培训机构的汉语教育者编写。《儿童汉语》由泰国华裔教师Jitlada Lochanaton主编,曼谷语言学院(OKLS,泰国最早的儿童教育机构之一)2003年出版。《快乐学中文》(简称《快乐中文》)由中国台湾教师郭少梅编著,泰国南美出版社2008年出版,根据泰国教育部《外语大纲》编制。《汉语入门》由中国大陆教师任景文编著,Se-Education Public Co.Ltd. 2009年出版。《汉教儿童课本》(简称《儿童课本》)由中国大陆教师胡菡编著,泰国曼德琳教育出版社2010年出版。

本节统计、对比上述3类教材的词汇选编情况,同时参考中国国家汉办/孔子学院总部编《新中小学生汉语考试大纲》(简称《中小学大纲》)和泰国《外语大纲》,讨论《泰国小学生汉语教学词表》的研发,以促进泰国汉语教材的选词编写。

使用"中文助教"(Chinese TA™);参考《现代汉语词典》(第5版,中国社会科学院语言研究所词典编辑室,2009)。因3套当

[①] 指适用于非华校的教材。

代华语教材没有生词表或词汇表,仅有生字表或词组表,本节考察课文词汇,不考察练习、生词表、附录、课后阅读中的词汇。程序为:(1)制作电子文本;(2)用中文助教分词;(3)人工干预确认分词;(4)用中文助教二次处理;(5)校对、修改,确定词汇等级;(6)导入文本归类。

主要研究课文词汇的以下内容:词种数,难度等级,词频,共选词,本土词。

一、总词种数分析

词汇"量"是否适度,是判定教材是否适用的重要标准(任远,1995)。对小学生而言,词汇量过大,学习负担重,容易产生厌学情绪;反之则无法满足需求,影响交际能力提高。2008年泰国公布《外语大纲》(2017年修订),其中《外语分项指标及核心学习内容》[①]指出,小学六年级应掌握1050—1200个词汇。此大纲面向非传承语教学,未提及华校。泰国华校老师普遍认为,华校汉语教材词汇量应在2000个左右。张丽(2012)认为,小学华文教材词汇最好不要超过2000个。表4-9是10套教材的总词种数。

[①] 由泰国教育部于2008年公布在《基础教育课程与能力指标》的《外语大纲》中,规定完成小学六年级,外语词汇积累应该达到1050—1200个(含虚词和实词)。

表 4-9　10 套泰国小学汉语教材的总词种数

教材类别	教材	总词种数	平均值
老华文教材	《华文课本》	3934	3269
	《华文读本》	2604	
新华文教材	《华语课本》	3683	3322
	《新编华语》	3196	
	《小学华语》	3087	
非华裔汉语教材	《儿童汉语》	524	802
	《体验汉语》	733	
	《快乐中文》	978	
	《汉语入门》	979	
	《儿童课本》	799	

由表可知，目前泰国汉语教材在词种数量上存在以下问题：

第一，华文教材词汇量偏高。张丽（2012）[①]的调查显示，海外小学华文教材平均词汇量 2341 个。而表 4-9 显示，泰国华文教材平均词汇量超过 3000。

第二，非华裔教材词汇量偏低。《快乐中文》《汉语入门》词汇量掌控相对好一些，接近泰国《外语大纲》规定。《儿童汉语》《体验汉语》词汇量偏低。原因之一，是前者编写时间早于《外语大纲》，后者跟《外语大纲》同年出版，均无法参考大纲。

---

① 张丽《基于对比的对外儿童汉语教材研究》2012 年，中山大学博士学位论文。她考察的教材都是 2005 年以后编写，吸取了最新二语习得理论，质量较高，在教学实践中受到海外用户的高度评价。

二、词汇难度等级

（一）基于《汉语水平词汇与汉字等级大纲》的统计

使用"中文助教",统计[①]各套教材词汇在《汉语水平词汇与汉字等级大纲》(国家汉办,1992;简称《HSK词汇大纲》)中的分布,结果如下：

表4-10 老华文教材总词种的《HSK词汇大纲》难度等级分析（词种数/%）

	甲级词	乙级词	丙级词	丁级词	超纲词
《华文课本》	815/20.7	952/24.2	520/13.2	420/10.7	1227/31.2
《华文读本》	698/26.8	690/26.5	333/12.8	310/11.9	573/22.0
平均值	756/23.2	821/25.1	426/13.0	365/11.2	900/27.5

表4-11 新华文教材总词种的《HSK词汇大纲》
难度等级分析（词种数/%）

	甲级词	乙级词	丙级词	丁级词	超纲词
《华语课本》	895/24.3	943/25.6	485/13.2	340/9.2	1020/27.7
《新编华语》	780/24.4	778/24.3	393/12.3	306/9.6	939/29.4
《小学华语》	795/25.7	797/25.8	392/12.7	320/10.4	783/25.4
平均值	823/24.8	839/25.3	423/12.7	322/9.7	917/27.5

[①] 参考《现代汉语词典》(第5版)对10套教材课文进行分词;用"中文助教"软件将课文词汇同《汉语水平词汇与汉字等级大纲》的甲、乙、丙、丁4个等级进行比对。

表 4-12　非华裔汉语教材总词种的《HSK 词汇大纲》

难度等级分析（词种数/%）

	甲级词	乙级词	丙级词	丁级词	超纲词
《儿童汉语》	356/67.9	79/15.1	18/3.5	17/3.2	54/10.3
《体验汉语》	378/51.6	117/16.0	41/5.6	23/3.1	174/23.7
《快乐中文》	452/46.2	202/20.6	68/7.0	46/4.7	210/21.5
《汉语入门》	587/59.9	166/17.0	51/5.2	29/3.0	146/14.9
《儿童课本》	450/56.3	166/20.8	36/4.5	31/3.9	116/14.5
平均值	444/55.4	146/18.2	43/5.4	29/3.6	140/17.4

由表 4-10、4-11 和 4-12 可见：

1. 老华文教材词汇难度高。甲、乙级词比例，老华文教材只有 48% 左右，而越级词（丙、丁级词）达到 24.2%，超纲词竟达 27.5%。如《华文课本》《华文读本》小学一年级就出现"孝顺"（丁，14176[①]，#2 册[②]）。三四年级出现大量非常用词，如"纵横"（丁，10116，#6 册），"诸如此类"（丁，23583，#7 册），"物力"（丁，12425，#7 册），"总务"（丁，17204，#8 册），"无微不至"（丁，19200，#8 册），"铸造"（丁，17215，#8 册）。据皮亚杰理论，儿童 10—11 岁才逐渐掌握复杂概念。上述词语远超出儿童第二语言认知能力。

2. 新华文教材的词汇难度没有改善。甲、乙级词是 50.1%，丙、

[①] 这个数字表示"中文助教™"提供的该词词频排位，即 SVL 常用度。SVL 常用度通过对 8000 多万字的现代汉语平衡语料库的处理分析得出。将语料库所有词按频度高低排序，数字越小，常用度越高；数字越大，常用度越低。词频前 1000 的为高频词，前 8000 的为常用词。

[②] 词汇在该教材出现的册数。

丁级（中高级）词是 22.4%，纲外词是 27.5%；跟老华文教材相似。李峰（2010）、陈艳艺（2013）指出，1992 年以后，汉语教学逐渐失去原本母语教育和侨民教育的特性，嬗变为第二语言教学。因此新华文教材难度应该明显低于老华文教材。林昀（2011）发现，《华语课本》难度大，内容陈旧，跟当代社会脱节，不适应当代华裔学习。这跟编写者多是中老年华裔有关。

3. 新华文教材超纲词比例高，远离儿童生活。新华文教材平均超纲词比例 27.5%，笔者考察其常用度，发现常用词（词频排位 1—8000）的数量不多；而词频排位超过 8000 的非常用词很多：《华语课本》62.3%，《新编华语》81.56%，《小学华语》61.84%。这些词或是科学知识词，或是四字格、成语或俗语，根本不适合儿童的外语学习。如：

《小学华语》：矿物质、海洛因、植物体、纬度、地核、博彩；斑斓、蹒跚；滔天大祸、后悔莫及、疲惫不堪、丰衣足食、扶正祛邪、黄道吉日

《华语课本》：硝酸、红宝石、孵化、线轴、大气层、医术；微波粼粼、云烟缭绕、波涛汹涌、滴水穿石、光芒万丈、光焰夺目、海风拂面、丁财两旺、飞禽走兽、高朋满座、高枕无忧、公私分明、恭贺新喜、昏天黑地、教子有方、节节胜利、精忠报国、刻苦耐劳、浪子回头、良辰吉日、路不拾遗、莫名奇妙、目不识丁、前功尽废；少壮不努力，老大徒伤悲

《新编华语》：北极星、万物、泥浆；金碧辉煌、满山遍野、金光璀璨、避暑胜地、长话短说、出人头地、大雄宝殿、刀枪不入、

敦亲睦邻、丰功伟业、风平浪静、风雪交加

4.非华裔汉语教材词汇难度相对合适。甲、乙级词平均达73.6%，丙、丁级词只有9%；其中丁级词如"冰淇淋（丁，12864）、风筝（丁，4930）、剪刀（丁，13663）、糖果（丁，10702）"等，都是具体名词，所指儿童熟悉，难度不大。还有一些纲外词是动植物词。陈波（2004）指出，此类词汇儿童比较感兴趣，符合儿童认知习惯和认知规律。

（二）基于《汉语国际教育用音节汉字词汇等级划分》的统计

《HSK词汇大纲》出版于1992年，有些词汇不能适应新世纪的中文教学。以下比照《汉语国际教育用音节汉字词汇等级划分》（国家汉办、教育部社科司，2010；简称《等级划分》）进行考察。该大纲可作为"世界各地的国际汉语教学和中国国内的对外汉语教学进行总体设计、教材编写、课堂教学和课程测试的重要依据"（国家汉办、教育部社科司，2010）；选词11092个，分4级：普及化词2245个，中级词3211个，高级词4175个，附录词1461个。普及化词可作为初级华语学习的参考。

表4-13 老华文教材总词种的《等级划分》统计（词种数/%）

	普及化词	中级词	高级词	附录词	超纲词
《华文课本》	1316/33.5	870/22.1	458/11.6	70/1.8	1220/31.0
《华文读本》	1049/40.3	615/23.6	304/11.7	38/1.4	598/23.0
平均值	1182/36.2	742/22.7	381/11.7	54/1.6	909/27.8

表4-14 新华文教材总词种的《等级划分》统计（词种数/%）

	普及化词	中级词	高级词	附录词	超纲词
《华语课本》	1365/37.1	858/23.3	440/11.9	55/1.5	965/26.2
《新编华语》	1211/37.9	726/23.3	359/11.2	55/1.6	845/26.0
《小学华语》	1279/41.3	757/24.5	369/12.0	54/1.7	631/20.5
平均值	1285/38.8	780/23.7	389/11.7	55/1.6	814/24.2

表4-15 非华裔汉语教材总词种的《等级划分》统计（词种数/%）

	普及化词	中级词	高级词	附录词	超纲词
《儿童汉语》	411/78.4	84/16.0	16/3.1	2/0.4	11/2.1
《体验汉语》	441/60.2	124/16.9	53/7.2	9/1.2	106/14.5
《快乐中文》	441/45.1	199/20.3	60/6.1	5/0.6	273/27.9
《汉语入门》	706/72.1	156/15.9	34/3.5	5/0.5	78/8.0
《儿童课本》	537/67.2	122/15.3	47/5.9	3/0.4	90/11.2
平均值	507/64.6	137/16.9	42/5.2	5/0.6	112/12.7

由表4-13、4-14、4-15可见：

1. 词汇难度，华文教材偏高，非华裔教材适中。普及化词，华文教材平均36%—39%，非华裔汉语教材64.6%；中级词，华文教材平均22%—24%，非华裔教材16.9%；高级词，华文教材平均11.7%，非华裔教材5.2%。可见用《等级划分》统计，结论跟用《HSK词汇大纲》统计的一样。

2. 教材词汇量越少，超纲词越少。如《儿童汉语》总词种最少，仅524个，超纲词只有11个，占比2.1%;《汉语入门》总词种979个，超纲词78个，占比8%。在非华裔教材中，超纲词大多有明显的儿童词汇特征。如：

《儿童汉语》：衣柜、木瓜、茉莉花、红绿灯、动画片

《汉语入门》：鹦鹉、洋娃娃、糯米、木瓜、橡皮擦、校车、儿童节

（三）基于《新中小学汉语考试大纲》的统计

《新中小学生汉语考试大纲》（国家汉办/孔子学院总部，2009；简称《中小学大纲》），由国家汉办组织中外汉语教学、语言学、心理学和教育测量学等领域的专家研制。收词600个：一级词汇80个，二级词汇70个，三级词汇150个，四级词汇300个。为方便统计，我们把二、三、四级词汇中的词组进行拆分，[①]最后得到一级词81个，二级词71个，三级词汇152个，四级词汇305个，总共609个。

下面使用覆盖率形式，分析各教材覆盖大纲中每一级词汇的情况。

[①] 一级词："中国人"拆分为"中国""人"，增加了1个词"人"。
二级词："打电话"拆分为"打"和"电话"，增加了1个词"打"。
三级词："打篮球"拆分成"打"和"篮球"，"踢足球"拆分成"踢"和"足球"，"刮风"拆分成"刮"和"风"，"下雪"拆分为"下"和"雪"，增加了"踢、刮"2个词。
四级词："爬山"拆分为"爬"和"山"；"骑马"拆分为"骑""马"；"不但……而且……""既……又……""如果……那么……"拆分成词，增加了"山、马、而且、又、那么"5个词。

表 4-16　老华文教材总词种《中小学大纲》覆盖情况（词种数/覆盖率%）

	一级词	二级词	三级词	四级词	整体覆盖
《华文课本》	80/98.8	50/70.4	136/89.5	217/71.1	483/79.3
《华文读本》	75/96.3	50/70.4	122/80.3	183/60.0	433/71.1
平均值	77/97.5	50/70.4	129/84.9	200/65.5	458/75.2

表 4-17　新华文教材总词种覆盖《中小学大纲》占比（词种数/覆盖率%）

	一级词	二级词	三级词	四级词	整体覆盖
《华语课本》	78/95.1	68/95.8	141/92.8	246/80.7	532/87.4
《新编华语》	77/93.8	66/93.0	144/94.7	206/67.5	492/80.8
《小学华语》	78/96.2	67/94.4	134/94.7	220/72.1	495/81.8
平均值	77/95.0	67/94.4	142/93.75	226/74.1	512/84.1

表 4-18　非华裔汉语教材总词种覆盖《中小学大纲》占比（词种数/覆盖率%）

	一级词	二级词	三级词	四级词	整体覆盖
《儿童汉语》	73/90.1	61/85.9	90/88.2	70/23.0	295/48.7
《体验汉语》	78/96.2	61/85.9	91/59.9	70/23.0	301/49.4
《快乐中文》	77/96.3	59/83.1	105/69.1	98/32.1	340/55.8
《汉语入门》	78/97.5	66/93.0	124/81.6	157/51.5	426/70.0
《儿童课本》	72/88.9	57/80.3	109/71.7	117/38.4	355/58.3
平均值	74/93.2	61/85.9	90/74.0	70/23.0	297/48.8

由表 4-16、4-17、4-18 可见：

1. 非华裔汉语教材整体覆盖率最低。《儿童汉语》整体覆盖率仅 48.7%，这与教材的总词种数有关：教材共 524 个词，低于《中小学大纲》的 609 个。华裔汉语教材整体覆盖率都超过 50%。

2. 每套教材覆盖一级词比例最高。一级词应该是使用频率最高、最容易学习的词汇，因此入选率最高。其中，《儿童课本》占 88.9%，覆盖率最低。《华文课本》占 98.8%，覆盖率最高。一些教材未覆盖的一级词，主要有以下这些：

《华文课本》：面条
《华文读本》：面条、个子、星期、耳朵、姐姐、再见
《华语课本》：面条、牛奶
《新编华语》：面条、商店、苹果
《小学华语》：面条、商店
《儿童汉语》：面条、商店、个子、牛奶、高兴、高、米饭、手
《体验汉语》：个子、星期
《快乐中文》：面条、商店、认识
《汉语入门》：苹果、耳朵
《儿童课本》：面条、商店、个子、苹果、岁、头发、本

"牛奶、星期"2 套教材未选，"苹果"3 套教材未选，"个子"4 套教材未选，"商店"5 套教材未选。"面条"8 套教材未选，仅 2 部中国编教材选入。泰国人以米饭为主食，很少吃面条；类似"面条"的食品由中国潮汕地区传到泰国，叫"果条"（Kuao-tiao）或者米粉（mi），在泰国比面条普遍。

3. 四级词覆盖率较低。《体验汉语》《儿童汉语》覆盖率仅 23.0%。稍微难一点的词汇《体验汉语》未选入，如：

介词：除了、关于、向、为了
连词：如果、既、又、无论、虽然、而且、不但、然后、只要
副词：正在、必须、一定、马上、一直
形容词：厉害、马虎、准时、安静、紧张、生气、清楚、突然
代词：那么

三、词汇复现

词汇复现是保证词汇习得的基本条件之一。Anderson & Freebody（1981）[①]指出，生词重现，可促进二语者掌握词汇的形式、位置、功能和意义，帮助学习者记忆。

柳燕梅（2002a）、江新（2005）、王玉响和刘娅莉（2013）等考察过词汇复现，都取 1—3 次为考察基点。本节参照其方法考察教材词汇出现次数：词频 1 为零复现，词频 2 为复现（这两类称为"教材低频词"）。词频 3 次以上为高复现，称为"教材高频词"。

表 4-19　各词频在教材中出现情况（词种数/%）

类别	教材名称	零复现（词频 1）	低复现（词频 2）	高复现（词频 3+）	合计
华文教材	《华文课本》	1845/46.9	702/17.8	1387/35.3	3934/100
	《华文读本》	1157/44.4	483/18.5	964/37.0	2604/100
	《华语课本》	1600/43.4	576/15.6	1507/40.9	3683/100
	《新编华语》	1486/46.5	519/16.2	1191/37.3	3196/100
	《小学华语》	1520/49.2	534/17.3	1033/33.5	3087/100

---

① 转引自王玉响、刘娅莉《初级汉语综合课教材词汇的频率与复现》，载《华文教学与研究》2013 年第 4 期。

续表

类别	教材名称	零复现（词频1）	低复现（词频2）	高复现（词频3+）	合计
非华裔汉语教材	《儿童汉语》	206/39.3	102/19.5	216/41.2	524/100
	《体验汉语》	253/34.5	118/16.1	362/49.3	733/100
	《快乐中文》	297/30.4	207/21.2	474/48.5	973/100
	《汉语入门》	270/27.6	140/14.3	569/58.1	973/100
	《儿童课本》	338/42.3	138/17.3	323/40.4	799/100

教材总词种复现不理想。突出的问题有以下3点：

1. 有4套教材"高频词"比例高于"低频词"，分别是《汉语入门》《快乐中文》《体验汉语》《儿童汉语》。《汉语入门》高频词达58.1%，占比最高。

2. 其余教材"高频词"比例都低于"低频词"。最突出的老华文教材《华文课本》高频词只有35.3%。

3. 非华裔教材《儿童课本》和所有华文教材的"零复现词"多于"高频词"，教材词汇的复现率如此之低，学生学习不可能取得好的效果。

四、共选词分析

共选词指不同教材选用的相同词汇，体现出不同编者对词汇选择的一致看法，可视为教材核心词，也应成为教材编写的首选词。（周小兵、刘娅莉，2012）共选词可学性强，对研制教学词表有参考价值。共选率高，说明不同教材在词汇选择上重合度高，共性大。

10套教材的总词种8806个。词汇共选率的计算：10套教材都出现的词汇即"10套共选"；某9套教材共现的词汇即"9套共选"等，以此类推。共选率计算公式为：

（10套教材的共选词数/10套教材总词种数）×100%=共选率

下面是教材共选词汇的数据：

表4-20　比照《HSK词汇大纲》的教材共选词及其难度等级情况（数量/%）

	甲级词	乙级词	丙级词	丁级词	超纲词	总计	共选率
10套共选	144/94.1	5/3.3	1/0.6	0/0.0	3/2.0	153/100	1.8
9套共选	105/87.5	12/10.0	2/1.7	1/0.8	0/0.0	120/100	1.4
8套共选	114/85.1	16/12	3/2.2	0/0.0	1/0.7	134/100	1.5
7套共选	97/60.2	47/29.2	8/5.0	2/1.3	7/4.3	161/100	1.8
6套共选	127/50.8	80/32.0	17/6.8	6/2.4	20/8.0	250/100	2.8
5套共选	126/31.7	190/47.8	36/9.0	20/5.0	26/6.5	398/100	4.5
4套共选	93/17.6	241/45.5	84/15.9	48/9.1	63/11.9	529/100	6.0
3套共选	63/8.7	243/33.6	159/22.0	103/14.2	156/21.5	724/100	8.2
2套共选	57/3.9	351/23.9	296/20.2	248/16.9	516/35.1	1468/100	16.6
总计	926/23.5	1185/30.1	606/15.4	428/10.9	792/20.1	3937/100	44.6

10套教材共选词只有153个，仅占总词种（8806个）的1.8%。张丽（2012）考察5套海外小学汉语教材词汇表，共选率为24.18%，比泰国5套小学汉语教材词汇共选率（4.5%）高得多。这反映出泰国小学汉语教材编者在词汇选择上分歧大；也说明研制泰国小学汉语教学词汇表的必要性。

分析10套教材词汇共选情况，可概括出以下几点：

1.随套数增加，共选词的数量、比例逐步减少。2套教材共选词1468个，占总词种的16.6%。而10套教材共选词仅153个，占比仅1.8%。周小兵、干红梅（2008）考察10套商务汉语教材，发现10套教材竟然没有共选商务词；共选商务词，7套教材只有1个，6套只有15个。原因是没有商务汉语大纲，教材选词各行其是。可见教材词汇大纲的重要。

2.共选词等级分布出现两极化。10套教材共选词虽然极少，但其中甲、乙级词比例最多，高达97.4%；越级词（0.6%）与超纲词（2.0%）极少。说明不同教材的编写者，对初级阶段最核心词的选取还是有某种程度的默契。但随着共选套数的减少，甲、乙级词共选率明显下降，2套教材共选词中甲、乙级词占比下降为27.8%，越级词37.1%，超纲词35.1%。

3.10套教材的共选词，能体现适龄化、本土化特征。如：

名词：手、嘴、身体、脚、头、眼睛、朋友、学生、爸爸、妈妈、弟弟、哥哥、妹妹、老师、草、花、风、天气、雨、太阳、树、鱼、雪、球、学校、书、笔、天、月、今天、明天、现在、晚上、下午、菜、水果、糖、香蕉、水、碗、衣服、家、颜色、鼻子、狗、猫、猴子、老虎、鸟、中国、泰国、曼谷、上、下动词：写、学、跑、骑、游泳、踢、读书、上课、吃、喝、打、是、有、叫、进、看、买、请、用、去、来、说、做、听、问、坐、洗、画、要、想、爱、喜欢、起床、睡觉、洗澡、谢谢、再见

形容词：健康、冷、热、好、坏、长、美、大、小、白、红、黄、绿、黑

数词：一、两、二、三、四、五、六、七、八、九、十、半

量词：本、个、岁

代词：你、我、他、它、我们、几、多少、这儿、这里、那、哪里

副词：不、没、都、也、真、很、就、一起

介词：把、在

连词：和

助词：的、了

语气词：吧、了、吗、呢

上述词汇，很大程度反映了泰国儿童的日常生活和学习。认知发展心理学指出，儿童认知有具象特点。10套教材共选最多的是名词，符合儿童认知特点。共选词中的纲外词，凸显本土性，如"泰国、曼谷"等。

4.2 套教材共选词难度较高，不适合选入儿童教材。2套共选词中，甲级词只有57个，仅占3.9%；比例最高的是乙级词，共351个，占比23.9%；丙、丁级词分别是296个（20.2%）、248个（16.9%）。这些词绝大部分难度偏高，不适合初级汉语水平的儿童学习。如：

乙级：安慰、保卫、布置、材料、出席、充足、成立、大会、单位、动员、吩咐、妇女、构成、规模、过程、机关、结合、开辟、模样。

丙级：依照、将军、景物、开口、灾难、壮丽、战场、作战、岩石、脑筋、清醒、软弱、生存、逝世、水分、倘若、同胞、弯曲、响亮。

丁级：保重、不良、池塘、筹备、出入、储蓄、创办、当心、盗、点缀、幽静、争吵、智力、终点、演奏、惋惜、无穷、误解。

上述词汇出现于中国成年学习者的《HSK词汇大纲》，可能适合中国的中高级阶段的成年人学习，但从年龄认知上并不适应泰国儿童的二语学习。

下面将2套教材的1468个共选词和《中小学大纲》进行匹配分析：

表4-21 2套教材共选词种对《中小学大纲》的覆盖情况（词种数/覆盖率%）

	一级词	二级词	三级词	四级词	超纲词
2套共选	1/0.07	1/0.07	4/0.27	31/2.11	1431/97.48

2套共选词和《中小学大纲》重合极少，仅占2.52%。如：

一级词：面条（《体验汉语》《汉语入门》）

二级词：包子（《体验汉语》《汉语入门》）

三级词：雨伞（《体验汉语》《汉语入门》）；车站（《华语课本》《儿童汉语》）；杯子（《新编华语》《体验汉语》）；上网（《体验汉语》《汉语入门》）

四级词：凉快(《快乐中文》《汉语入门》)；(以下都是华文教材)打针(《华文课本》《华语课本》)；地址(《华文课本》《华文读本》)；护士、准时、聊天(《小学华语》《华语课本》)；手表(《华文读本》《华语课本》)；害怕(《华文读本》《新编华语》)；杂志(《华文读本》《华语课本》)；坚持(《华语课本》《小学华语》)

《中小学大纲》一、二级词"面条、包子"，中国主编的《体验汉语》《汉语入门》都有，因为它们是中国儿童常用词；其他教材没有，因为对泰国儿童来说并非常用词。

5.各套教材独选词数量大，多数不适合儿童学习。独选词更多反映教材编写者选词观念的差异。10套教材，只在1套教材出现的词汇4868个，占总词种的55.2%。我们先匹配《HSK词汇大纲》，显示其中的甲级词：

《华文课本》：爱人、电车、钢笔、留念、留学生、文艺

《华文读本》：工业、基本

《华语课本》：表扬、访问、复杂、广播外语、物理、演出、亿、意见、掌握

《新编华语》：确实、实现、文学家、最初

《小学华语》：词典、基础、口语、实践、食堂、友谊、预习、钟头、祖国

《体验汉语》：北边、法语、日语

《快乐中文》：电影院、网球、快餐、菜单、笛子

上述词汇，只有小部分与初级汉语水平的泰国儿童学习生活密

切相关，适合学习，如"词典、食堂、预习"。大部分词汇不适合泰国小学二语者学习。如：

爱人、基本、掌握、实现、实践、基础、工业、意见、笛子、文学家

独选词中的乙、丙、丁级词和超纲词，绝大多数不适合泰国儿童学习。出现这些词，是因为华文教材收录了大量文化与科普文章，很像中国语文教材。如：

乙级：红茶、户、建立、克服、刻苦、录音机、面貌、欺骗、侵略、时期

丙级：村庄、丰收、干旱、宫殿、记载、起源、猛烈、农场、奴隶、起初

丁级：水灾、水蒸气、豌豆、养育、衣裳、幽静、栽培、终年、子弟

可见，大多数教材没有的词汇共性小，不适合儿童二语学习。《中小学词汇大纲》虽对教材编写有参考价值，但它只是面向少儿非母语者，未考虑华人的特殊性，更未考虑特定国家的学习特点。教材编写者应考察当地现有教材，找出共选词作为教材选词的基础。

五、本土词汇分析

赵金铭（2007）指出教材要适应不同国家（地区）学习者的特

点。邹为诚（2000）指出，语言学习的最佳项目是学习者周围的事物。这些知识和概念最具可理解性和突显性，重复率最高，最能引起学生的兴趣、共鸣和参与热情。罗春英（2010）认为国别化汉语教材指的是根据不同国家和地区的文化、历史、种族、宗教、思维等特点所编写的汉语教材，教材中体现出不同国家的文化特征、教育制度、学生特点等。陈楠（2013）的研究发现，在教材中增加本土词汇利于增强学习兴趣。周小兵、陈楠（2013）指出，海外教材本土词汇涉及人名、地名、机关团体、货币、食物、节日及运动等方面。

（一）本土词汇的分类统计

考察10套泰国小学汉语教材，得出9类本土词[1]：地名、语言、货币、佛教、节日、皇室、旅游景点、朝代名称、食品。

表4-22　10套教材本土词汇类别与数量呈现

序号	本土词类别	华文教材					非华裔汉语教材				
		《华文课本》	《华文读本》	《华语课本》	《新编华语》	《小学华语》	《儿童汉语》	《体验汉语》	《快乐中文》	《汉语入门》	《儿童课本》
1	地名	5	4	8	7	6	2	1	4	3	5
2	语言	1	2	1	2	2	1	1	2	2	2
3	货币	2	0	0	0	1	0	0	1	0	1
4	佛教	1	1	1	0	1	0	0	0	0	1
5	节日	3	3	3	5	12	3	0	0	0	0
6	皇室	5	1	1	4	3	0	0	0	0	0
7	景点	3	1	1	3	8	0	0	1	3	2

---

[1] 该分类方法只考虑地域标记性明显的词汇，如：曼谷（地名）、武里（朝代名）、木瓜沙拉（食品名）。中性词如榴莲、山竹，不计算在内。

续表

序号	本土词类别	华文教材					非华裔汉语教材				
		《华文课本》	《华文读本》	《华语课本》	《新编华语》	《小学华语》	《儿童汉语》	《体验汉语》	《快乐中文》	《汉语入门》	《儿童课本》
8	朝代名	0	0	0	3	1	0	0	0	0	0
9	食品	0	0	0	0	1	0	0	0	1	0
	总词汇量（个）	20	12	15	24	35	4	2	9	8	13
	总词种数（个）	3934	2604	3683	3196	3087	524	733	978	979	799
	占比（%）	0.51	0.46	0.41	0.75	1.13	0.76	0.27	0.92	0.82	1.63

上述本土词汇可以据教材覆盖面的大小分为4类：

1.覆盖面大：地名（"泰国、曼谷"）和语言（"泰语、泰文"），10套教材均有。

2.覆盖面较大：旅游景点（"玉佛寺、暹罗广场、大皇宫"）8套，节日（"宋干节、万寿节"）7套。

3.覆盖面较小：皇室（"泰皇、九世皇"）4套，佛教（"佛历[①]""拜佛"）5套，货币（"泰铢"）4套。

4.覆盖面小：朝代名称（"素可泰王朝、吞武里王朝"）、食物（"木瓜沙拉Somdam[②]、泰式煎蛋Kai Jiao[③]"）1套。

[①] 泰国人95%以上信佛教，采用佛教纪年（元年为佛陀涅槃之年，时间比公元纪元早543年）。

[②] 木瓜沙拉即泰国拌木瓜丝（Somdam ส้มตำ），是以去皮青木瓜丝、胡萝卜丝等食材制成的一道美食。

[③] 泰式煎蛋（Kai Jiao ไข่เจียว）类似Omelets，源于法国。泰式煎蛋进行了本土风味改进。将鸡蛋打碎，放肉馅与鱼露等，在油温度高时将搅好的蛋液油炸，要求蛋边十分香脆，配米饭食用。在泰国很普遍。

对比周小兵、陈楠（2013）讨论过的7类本土词，泰国汉语教材多了"佛教""皇室""朝代名称"三类。它们反映了泰国独特的社会文化：国教是佛教，人口95%信佛教，用佛教纪年；（赵宏勃、朱志平，2015）君主立宪制，国王备受人民的尊重和爱戴。

从覆盖本土词类别看，《小学华语》类别最多，覆盖10类，因为编写者都是泰国华裔教师。其他教材多覆盖6—7类，如《快乐中文》《儿童课本》，编者长期在泰任教，了解当地风情。覆盖类最少的是《体验汉语》，仅地名、语言两类，跟中国编者为主有关。

（二）本土词汇的数量和比例

将本土词汇除以教材总词种数量，得出本土词汇比例。

表4-23 10套教材本土词汇数量呈现和比例

类别	老华文教材		新华文教材			非华裔汉语教材			
名称	《华文课本》	《华文读本》	《华语课本》	《新编华语》	《小学华语》	《儿童汉语》	《体验汉语》	《快乐中文》	《汉语入门》	《儿童课本》
词数（个）	20	12	15	24	34	4	2	8	8	13
总词种数（个）	3934	2604	3683	3196	3087	524	733	978	979	799
占比（%）	0.51	0.46	0.41	0.75	1.10	0.76	0.27	0.82	0.82	1.63

由表4-23可知，10套儿童教材均有涉及的本土词汇，占总词种数的0.68%。周小兵、陈楠（2013）考察海外6套成人汉语教材

得出的本土词汇占总词汇的 5%。儿童教材词汇本土词汇比例低，应该是源于儿童的认知特点：主要学常用词汇，涉及本土文化少一些。

本土词汇比例最高的是《儿童课本》，13 个，1.63%；其次是《小学华语》，34 个，1.10%。其编者分别是泰国华裔教师和中国在泰常驻教师，都在泰国有丰富的教学经验，了解风土人情。比例最低的是《体验汉语》，仅 2 个（"泰国、泰语"），0.27%。

结语

通过对 10 套面向泰国学习者的汉语教材词汇量、词汇难度、词汇复现、词汇共选、词汇本土的考察，我们发现，没有在大纲指导下编写教材，词汇的选择和编排一定会存在明显不足。由此可见，研制《泰国小学生汉语教学词表》非常重要。尤其是小学阶段，更应该掌握最基础的、适合小学生学习的词汇，为后来的学习打好基础。

第三节　印尼中学华文教材词汇

1990 年后，印尼华文教育逐渐复苏。近年来因中国经济发展的辐射影响，华语教育发展迅猛，印尼教育部已将中文列入高中外语选修课，但适用的华语教材与师资却相当缺乏。

以下从词汇的选取、注释、易偏误词讲解及复现、本土性等角度考察 8 套印尼高中教材，力求发现普遍问题，提出实用的编写建议，希望对印尼汉语教材开发有所促进。

教材分4类：

第一类，中国专家主编：《跟我学汉语》[朱志平主编，2010；简称"《跟我学》(中)"]、《汉语教程》[杨寄洲主编，2012；简称"《教程》(中)"]。

第二类，中印合编：《华语》(中印尼)(陈荣岚等，2006)、《基础华语》[周健主编，2005；简称"《基础》(中印尼)"]。

第三类，印尼专家主编：《初级华语》[陈德恒，2005；简称"《初级》(印尼)"]、《学汉语很容易》[Fransisca Selvia dkk 等主编，2010—2012；简称"《容易》(印尼)"]、《高级汉语》[Dilah Kencono 等主编，2013；简称"《高级》(印尼)"]。

第四类，新加坡专家主编：《华语入门》[朱良发主编，2005；简称"《入门》(新)"]。

一、词汇选取

（一）词汇总量

词汇总量是体现教材容量的重要标志。以下用"中文助教"1.1统计教材词汇总量。

表4-24　8套教材词汇总量统计表

	《教程》(中)	《跟我学》(中)	《入门》(新)	《华语》(中印尼)	《基础》(中印尼)	《高级》(印尼)	《容易》(印尼)	《初级》(印尼)
词汇总量	861	338	562	792	1721	1107	857	1095

8套教材词汇量很不均衡,《基础》最多,《跟我学》最少。印尼高中华语学习者多为零起点。印尼教育部2013年《高中华语课大纲》①（简称"大纲"）规定,高中三年共278课时,属初级阶段;三学年内应教300个汉字,但对词汇量和词项没有规定。根据初级阶段汉字和词汇的大致比例,词汇量应在600—800个之间。韩国高中第二外语课程告示中《基本词汇表》词汇888个。金起闇（2014）统计出韩国初、高中及大学初级教材词汇量为815个。参考韩国汉语大纲和教材,我们认为《华语》(792)、《教程》(861)、《容易》(857)的词汇量比较合理。

（二）词汇难度等级

词汇难度评估,参考3个大纲进行。

1.《汉语水平词汇与汉字等级大纲》

《汉语水平词汇与汉字等级大纲》(国家汉办,1992;简称《等级大纲》)收词8822个,分甲、乙、丙、丁4个级别。印尼教育部至今仍将其甲级词作为建议词汇,附于教育部的教学大纲后。我们用"中文助教"加人工甄别,统计出8部教材的词汇等级。

表 4-25　根据《等级大纲》统计的教材词汇等级分布（词种数/%）

教材名	甲级词	乙级词	丙级词	丁级词	超纲词	专名	总计
《教程》	570/66.2	129/14.9	23/2.7	13/1.5	90/10.5	36/4.2	861/100
《跟我学》	233/68.9	48/14.2	7/2.1	1/0.3	35/10.4	14/4.1	338/100
《入门》	330/58.7	76/13.5	23/4.1	21/3.8	78/13.9	34/6.0	562/100

---

① 印尼教育与文化部,2013年。

续表

教材名	甲级词	乙级词	丙级词	丁级词	超纲词	专名	总计
《华语》	455/57.5	130/16.4	47/5.9	34/4.3	92/11.6	34/4.3	792/100
《基础》	649/37.7	398/23.1	126/7.3	92/5.4	332/19.3	124/7.2	1721/100
《高级》	552/49.9	201/18.1	80/7.2	32/2.9	149/13.5	93/8.4	1107/100
《容易》	473/55.2	152/17.7	40/4.7	23/2.7	84/9.8	85/9.9	857/100
《初级》	566/51.7	203/18.5	53/4.8	24/2.2	132/12.1	117/10.7	1095/100

初级教材应主要选甲、乙级词。表4-25显示，甲、乙级词比例由高到低为：《跟我学》《教程》《入门》《华语》《容易》《初级》《高级》《基础》；超纲词比例由低到高为：《容易》《跟我学》《教程》《华语》《初级》《高级》《入门》《基础》。

2.《汉语国际教育用音节汉字词汇等级划分》

《汉语国际教育用音节汉字词汇等级划分》（国家汉办、中国教育部社科司，2010；简称《等级划分》），收词11092个，分普及化等级、中级、高级、高级附录4个级别。《等级划分》选词贴近时代，普及化词可作为初级华语学习的参考。统计词汇难度时用中山大学国际汉语教材研发与培训基地编制的"汉语阅读分级指难针"。

表4-26　根据《等级划分》(2010)统计的词汇等级分布（词种数/%）

教材名	普及化（个/%） ①	②	③	普及化总计	中级	高级	附录	超纲	专名	总计
《教程》	367/42.6	249/28.9	41/4.8	657/76.3	101/11.7	26/3.0	0/0	41/4.8	36/4.2	861/100

续表

教材名	普及化（个/%） ①	②	③	普及化总计	中级	高级	附录	超纲	专名	总计
《跟我学》	179/53.0	70/20.7	11/3.3	260/77.0	42/12.4	8/2.4	0/0	14/4.1	14/4.1	338/100
《入门》	248/44.1	130/23.2	25/4.5	403/71.8	76/13.5	17/3.0	4/0.7	28/5.0	34/6.0	562/100
《华语》	313/39.5	192/24.3	58/7.3	563/71.1	112/14.1	34/4.3	1/0.1	48/6.1	34/4.3	792/100
《基础》	405/23.5	392/22.8	155/9.0	952/55.3	330/19.2	106/6.2	14/0.8	195/11.3	124/7.2	1721/100
《高级》	347/31.3	273/24.6	83/7.5	703/63.4	178/16.1	45/4.1	2/0.2	86/7.8	93/8.4	1107/100
《容易》	316/36.9	223/26.0	46/5.3	585/68.2	108/12.6	36/4.2	3/0.4	40/4.7	85/9.9	857/100
《初级》	384/35.0	285/26.0	65/5.9	734/66.9	152/13.9	40/3.7	3/0.3	49/4.5	117/10.7	1095/100

表4-26显示，普及化词占比从高到低排序为：《跟我学》《教程》《入门》《华语》《容易》《初级》《高级》《基础》。这个排序与参照《等级大纲》统计（见表4-25）出的甲、乙级词比率排序相同。超纲词比率不太一样，从低到高为：《跟我学》《初级》《容易》《教程》《入门》《华语》《高级》《基础》。

3.《国际汉语教材编写指南——分级词汇表》

《国际汉语教材编写指南——分级词汇表》（中山大学国际汉语教材研发与培训基地，2012；简称《词汇表》），是根据3212册国内外教材词汇表中词汇出现频率编制而成，收词7637个，分为一、

二、三、四4个等级;一级词为初级参考词汇。

表4-27 根据《词汇表》(2012)统计的词汇等级分布(词种数/%)

教材名	一级	二级	三级	四级	超纲	专名	总计
《教程》	587/68.1	152/17.7	31/3.6	16/1.9	39/4.5	36/4.2	861/100
《跟我学》	254/75.1	43/12.7	11/3.3	5/1.5	11/3.3	14/4.1	338/100
《入门》	357/63.6	86/15.3	27/4.8	21/3.7	37/6.6	34/6.0	562/100
《华语》	496/62.7	150/18.9	34/4.3	31/3.9	47/5.9	34/4.3	792/100
《基础》	710/41.2	430/25.0	142/8.3	98/5.7	217/12.6	124/7.2	1721/100
《高级》	601/54.3	226/20.4	62/5.6	43/3.9	82/7.4	93/8.4	1107/100
《容易》	500/58.3	160/18.7	37/4.3	35/4.1	40/4.7	85/9.9	857/100
《初级》	599/54.7	198/18.1	58/5.3	44/4.0	79/7.2	117/10.7	1095/100

一级词比率由高到低的排序,与参照前两个大纲统计出来的排序相同。超纲词比例由低到高为:《跟我学》《教程》《容易》《华语》《入门》《初级》《高级》《基础》。

4.综合考量初级词比例与等级合理度

初级教材词汇应主要选取"初级词":《等级大纲》甲、乙级,《等级划分》普及化词和《词汇表》一级词。表4-25、4-26、4-27显示,8套教材初级词占比由高到低的排序一样:

《跟我学》(中)>《教程》(中)>《入门》(新)>《华语》(中印尼)>《容易》(印尼)>《初级》(印尼)>《高级》(印尼)>《基础》(中印尼)

教材初级词比率越高,越适合初级学生使用。根据词汇难度等级,8套教材可分为:

第一类，适应性高：《教程》《跟我学》《入门》。
第二类，一般：《华语》《容易》《初级》。
第三类，适应性低：《基础》《高级》。

(三)共选词

共选词代表各教材编写者在选词上的共识。如果特定国家有统一词表，教材之间的共选词比率应比较高。据统计，8套教材共选词117个，[①]共选词占各教材词汇量比率如下：

表4-28　8套教材共选词词汇量比率

	《教程》	《跟我学》	《入门》	《华语》	《基础》	《高级》	《容易》	《初级》
共选词数（个）	117	117	117	117	117	117	117	117
共选词比率（%）	13.5	34.5	20.8	14.7	6.8	10.5	13.6	10.7

共选词比率低，说明编者在词汇选取上的共识少。原因有：1.印尼没有中学汉语教材词汇表；2.编写者背景不同。印尼人参编5套教材（2套中印尼合编，3套印尼人主编）共选词266个；与8套共选词相比，增加的词汇中，只有"印尼""雅加达"两个本土词，说明印尼人参编教材在词汇选取的本土性上没有共识。这5套教材共选词占比如下：

---

① 参看本章附录：8套教材共选词表。

表 4-29　印尼人参编的 5 套教材共选词比率

	中印尼		印尼		
	《华语》	《基础》	《高级》	《容易》	《初级》
共选词数（个）	266	266	266	266	266
共选词比率（%）	33.5	15.4	23.9	30.9	24.3

5 套教材共选词 266 个，占每套教材词汇量的 15.4% 到 33.5%，低于韩国汉语教材的 34.6%—57.6%。(金起闇，2014）可见，印尼高中华语教材词汇选取标准有待统一。建议逐步建立具有本土特点的供选词库[①]，为制定印尼中学华语教学词汇大纲提供参考和依据。

二、词汇注释

（一）释义准确性

两种语言的词汇义并非完全对应，教材编写者应在充分吸取语言对比成果的基础上进行注释，确保词汇注释的准确性。经考察，8 套印尼高中华语教材词汇注释存在以下问题。

1. 以字释词

把两个单个语素义硬凑在一起对译整词意义。如《跟我学》（中）：

你好：你，kamu；好，baik, bagus（第 1 课）

上例将"你好"分为两个汉字分别注释，不利于语块的整体习得。作为打招呼的"你好"，正确注释应该是 apa kabar。

[①] 所谓"供选词库"，指的是根据中国专家所编写词汇表中的"初级词"以及印尼华语媒体最常用华语词编写的词汇表，可向针对印尼的华语教材提供可选取的词汇库。

2. 词性错误

此类错误出现频率较高。如《高级》(印尼)把"游泳池"标注为"动词","送"标注为"量词","位"标注为"代词"等。

有的教材,词汇表的词性标注与课文的句子不一致。如《基础》(中印尼)把词汇表中"跟"标注为连词,但课文句子中用作介词("我喜欢打球、游泳、下棋、上网、跟朋友聊天")。

3. 印尼语释义不准确

印尼语注释不准确,甚至有错误。如《跟我学》(中),"哪"印尼语注释为 kapan(该词意为:什么时候)。准确的释义应该是 mana。

《华语》(中印尼)把"盾"(印尼货币单位)错误注释为 perisai(盾牌)。正确注释应是 rupiah,表示货币单位。

《高级》(印尼)把"饺子"错译为 dimsum(点心)。正确注释应是 dumpling(英语借词)、suikiaw(粤方言借词)或 pangsit(闽方言借词)。

《容易》(印尼)把"北京语言文化大学"注释为 Universitas Beijing Fakultas Bahasa Asing(意为:北京大学外语学院)。正确的释义应该是 Universitas Bahasa dan Kebudayaan Beijing。

《初级》(印尼)把"嗓子"注释为 tenggorokan(喉咙)。虽然"嗓子"有"喉咙"义("他感冒了,嗓子/喉咙痛"),但课文的"嗓子"出现在句"她唱歌嗓子很好"中,对应《现代汉语词典》(第6版)的义项❷:"嗓音"。这个意思,印尼语应该是 suara。

4. 解释不全面

《高级》(印尼)里"学期"只注释为 masa belajar(一段学习时间);还应加上 semester(英语借词),即:masa belajar,semester。

5. 标点符号误用

主要是误用"…"代替"……"。如《高级》(印尼)里有"又…又…";《容易》(印尼)里有"不但…而且"。原因是印尼语省略号是"…",编写者受其影响出现偏误。

6. 超量注释

部分教材生词/词汇表中词语义项、词性等注释,在课文、练习中并没有出现。《跟我学》(中)、《基础》(中印尼)和《高级》(印尼)三部教材,"打"都注释为 pukul(用手或器具撞击物体)。但这三套教材从头到尾都没有出现该义项。课文出现的用法是:"打篮球"(《跟我学》《高级》),"打电话"(《基础》)。

《入门》(新)的"站"注释为 berdiri(动词)和 perhentian(名词),但教材中出现的只是"地铁站",并未出现动词义项。《基础》(中印尼)的"弯"注释为 membungkuk(动词)和 kurfa(名词),但教材只出现动词"弯下身子",未出现名词"弯"的例子。

超量注释,中印合编的《基础》最多,导致词汇注释部分跟课文、练习等部分脱节。

(二) 易偏误词注释

印尼人学汉语,有些词容易出现偏误。偏误原因:1. 印尼语迁移;2. 华语学习难度;3. 教材、教学误导。以下考察一些不恰当的教材编写解释,分析其可能会导致什么样的偏误。

1. 离合词

萧频、李慧(2006)在自建印尼人汉语中介语料库(80817字)中找到164个含离合词的句子,46句错误,错误率28.05%。偏误分两类:

(1) 该离不离。如：

<u>报名</u>完了我们就回家。‖<u>睡觉</u>了五个小时后，……

(2) 不该离而离。如：

*我们家乡<u>出</u>椰干<u>的产</u>很多。‖*我们在巴厘的海边<u>收</u>了很多贝壳<u>集</u>起来。

周小兵等（2017）通过统计北京语言大学 HSK 动态作文语料库，发现二语者用"见面"时，"合"态正确率高，"离"态正确率低；二语者"离"态使用率远低于母语者。该研究统计了几十部教材，发现教材没有出现足量的离合词用法，是学生回避和偏误的重要原因。

我们考察的 8 套教材都出现了离合词，但教材对离合词的解释编排却不够理想。

表 4-30　8 套教材离合词的数量、标注与解释

教材	数量	标注	解释
《教程》（中）	32	×	√
《跟我学》（中）	7	×	×
《入门》（新）	17	×	×
《华语》（中印尼）	26	×	×
《基础》（中印尼）	54	×	√
《高级》（印尼）	32	×	×

续表

教材	数量	标注	解释
《容易》（印尼）	26	×	×
《初级》（印尼）	40	×	√

8套教材都没有对离合词进行标注。对离合词进行解释的，只有《教程》（中）、《基础》（中印尼）和《初级》（印尼）3套教材。

《教程》（中）14课已出现"开学"，但直到27课才解释离合词。《基础》（中印尼）在第一册第6课已出现"见面"，到第一册13课才解释离合词。比较好的是《初级》（印尼），第一册9课课文首次出现"看病"，接着就对离合词进行了解释；第二册7课又对离合词进行较详细的说明和举例。

2. 易混淆词

（1）"班"和"教室"

《现代汉语词典》（第6版）的注释：

班：名❶为了工作或学习等目的而编成的组织。

教室：名学校里进行教学的房间。

这两个词对应印尼语一个词：kelas。*Kamus Besar Bahasa Indonesia*（印尼语大词典，国家教育部图书馆语言中心，2008）对 kelas 的解释：① Tingkat（班、班级、年级）；② Ruang tempat belajar di sekolah（课室、课堂、教室）。

母语一个词对应目标语两个词，难度等级最高，最容易误代。如：

* 今天我和小明干净班。(打扫教室)

* 这个教室学习最好的是莉莉。(班)

再看 8 套教材对这两词的注释情况。

表 4-31　8 套教材"班—教室"的注释汇总表

教材	"班"首出现	"班"注释	"教室"首出现	"教室"注释
《教程》(中)	一上，第 12 课	Class	一下，第 21 课	classroom
《跟我学》(中)	—	—	—	—
《入门》(新)	—	—	—	—
《华语》(中印)	X 册，复习 3	kelas	X 册，第 7 课	ruang kelas
《基础》(中印)	一，第 7 课	kelas (class)	二，第 2 课	kelas (classroom)
《高级》(印)	X 册，第 7 课	kelas	X 册，第 7 课	ruang kelas
《容易》(印)	1，第 4 课	没有注释	1，第 4 课	kelas
《初级》(印)	三，第 4 课	kelas	三，第 7 课	kelas

《教程》(中)是英语注释，《基础》(中印尼)是双语注释，都用 class 和 classroom 区分"班"和"教室"。《华语》(中印尼)、《高级》(印尼)都用 kelas 注释"班"，用词组 ruang kelas 注释"教室"，也能较好区分"班(级)"和"教室"。

《初级》(印尼)只用 kelas 注释"班"和"教室";《容易》(印尼)未注释"班"，只注释"教室"，都容易诱发类似上面的误代偏误。

(2) "二"和"两"

"二""两"都对应印尼语 dua。它们在华语中有四点区别：

第一，表示数字排列、分数、小数及序数时，用"二"不用"两"。第二，读数时，"二"在"十""百"位前读作"二"；在"千""万""亿"开头的数字前多读作"两"；在"半"前读作"两"、写作"两"。第三，单个数出现于一般量词前用"两"不用"二"。第四，出现在度量衡单位前时用法比较活，有时"二"和"两"都可用。通常情况下，在传统度量衡单位前，一般用"二"，新度量衡单位前一般用"两"；在度量衡单位"两"前只用"二"。（卢福波，2000）

Dua 对应"二、两"，最易诱发学生用"二"误代"两"。如：

*我有二个姐姐。

教材应结合语境解释这两个词及其与印尼语的区分，并适量练习。请看教材处理。

表4-32　8套教材对"二""两"的注释汇总表

教材	"二"首出现	"两"首出现	区别一	区别二	区别三	区别四	区别解释
《教程》（中）	一上，第4课	一上，第8课	√	√	√	×	一上，第8课，15课
《跟我学》（中）	第21课	第14课	×	×	×	×	×
《入门》（新）	初，第6课	初，第3课	√	×	√	×	初，第3课
《华语》（中印尼）	X，第2课	X，复习2	√	√	√	×	XI，第4课
《基础》（中印尼）	一，第9课	一，第3课	√	√	√	√	一，第3课

续表

教材	"二"首出现	"两"首出现	区别一	区别二	区别三	区别四	区别解释
《高级》（印尼）	X，第6课	X，第10课	×	×	×	×	×
《容易》（印尼）	1，第3课	3，第2课	√	×	√	√	1，第4课
《初级》（印尼）	一，第5课	一，第5课	√	×	√	×	一，第5课

仅《基础》（中印尼）全面解释了"二""两"的区别；《跟我学》（中）和《高级》（印尼）没有做任何针对性注释；其他教材则缺少1—2项。解释、练习不足，自然会影响习得效果。

（3）"用""穿""戴"

一般二语者容易混淆"穿""戴"；而印尼人还常常误用"用"代替"穿""戴"，因为印尼语memakai，可对应汉语"用、穿、戴"3个词。

memakai在印尼语有7个义项。以下只讨论跟本节分析有关的2个义项：

① mengenakan 穿、戴。例：～ baju kebaya 穿芭雅服；～ pending emas 戴金腰带；～ jas hujan 穿雨衣。

② menggunakan; mempergunakan (dalam arti yang luas) 用、利用。例：～ huruf Braille 用点字[①]。

[①] 点字，指盲文。

memakai 在印尼语里的这两个义项对应"用、穿、戴",且没有明显区别;容易造成印尼人学汉语时误代"用、穿、戴":(萧频,2008)

*我爱用哥哥的衣服。(穿)‖*我小学就用眼镜。(戴)
*安东穿的手表是爷爷留给他的。(戴)

8套教材中,只有《初级》(印尼)对"用、穿、戴"进行了针对性解释,并举出例句:

你们要用手做好这个东西。(第一册,第12课)
注释:Memakai/menggunakan (sesuatu alat bantu untuk bekerja) 使用(某工具来工作)。
白小姐很喜欢穿长裤。(第一册,第12课)。
注释:Memakai/menggunakan (pakaian) 穿(衣服)。
玛丽,你戴手表吗?(第三册,第一课)
注释:Memakai/mengenakan (alat bantu untuk orang) 戴(装饰品)。

7套教材都没意识到这组词容易混淆,没有解释与举例。学生很容易出现偏误。

三、本土词汇分析

在学生所在语区、国家学汉语,教材的部分词汇应反映该地区的社会文化特点。这些词汇可称为"本土词汇"。在我们考察的8部印尼用教材中,本土词可分为三大类。

（一）文化词

本土文化词，是教材本土化的重要标志。它们可以让当地汉语学习者有认同感、熟悉感，还能为学生提供"有的说"的重要素材。从具体组成看，不少文化词是超纲词或专有名词，贴近学生的生活。遗憾的是，8部教材中，我们只在《基础》(中印尼)和《跟我学》(中)两部教材中发现本土词。

节日：开斋节[《跟我学》(中)]
艺术：巴迪克[《基础》(中印尼)]
餐饮：库菱餐[《基础》(中印尼)]、沙爹[《基础》(中印尼)]、生杂菜[《基础》(中印尼)]

本土文化词《基础》最多，《跟我学》仅出现"开斋节"。穆斯林的开斋节是印尼最重要的节日。"巴迪克"是印尼蜡染布料和蜡染技术名称。"库菱餐"(以油炸为主，可称为"自家菜")、"沙爹"、"生杂菜"是印尼常见食品。

（二）地名

特定地名能表现本土文化。《教程》(中)和《入门》(新)本来就不是面向印尼学习者的教材，我们不讨论它们的地名、人名。

表4-33 地名分析统计表（个/%）

教材名	中国	印尼	其他	总计
《跟我学》(中)	3/50.0	2/33.3	1/16.7	6/100
《华语》(中印尼)	5/27.8	12/66.7	1/5.5	18/100

续表

教材名	中国	印尼	其他	总计
《基础》（中印尼）	53/75.7	5/7.1	12/17.2	70/100
《高级》（印尼）	2/5.6	27/75	7/19.4	36/100
《容易》（印尼）	20/51.3	16/41	3/7.7	39/100
《初级》（印尼）	14/58.3	6/25	4/16.7	24/100

各教材出现的印尼地名如下：

《跟我学》：雅加达、坤甸

《华语》：Gajah Mada 大街、Sudirman 大街、巴厘岛、登巴萨、海神庙、木雕村、泗水、苏门答腊、乌布村、雅加达、印尼、国家公园

《基础》：寻梦园、雅加达、民族纪念碑、印度尼西亚缩影公园、印尼

《高级》：巴厘岛、大理花大街、拉贾安帕群岛、日惹、万隆、巽他格拉巴港口、雅加达、雅加达路、印度尼西亚/印尼、印尼大学、印尼银行、bina bangsa 小学、borobudur（婆罗浮屠）、cihideung（乡镇名）、cipelang 乡村、depok（市名）、malioboro 市场、monas/monumen nasional（民族纪念碑）、parangtritis 海边、prambanan（普兰巴南）、raja karcis（公司名）、sarinah 车站、sudirman 路、thamrin 路、tugu 火车站、warsofarm（农场名）、wisma 46（大厦名）

《容易》：安佐尔梦幻公园、日惹、印尼缩影公园、雅加达、印度尼西亚/印尼、（印尼）国家博物馆、borobudur（婆罗浮屠）、bromo 火山、dufan（游乐园名）、fatahillah 博物馆、malang（市名）、mandarin international school（学校名）、prambanan（普兰巴南）、

SMA bakti mulia（高中名）、sudirman 街、Sunda kelapa 海口

《初级》：多哈公司、泗水、雅加达、印尼、印尼大学、中华学校

像"印尼/印度尼西亚""雅加达"这类地名，6套教材都出现了。"巴厘岛"在《华语》（中印尼）、《高级》（印尼）中出现过。

印尼地名《跟我学》（中）仅两个；《初级》（印尼）虽有6个，但比例仅25%，比不上中国地名。相对来说，《高级》（印尼）、《华语》（中印尼）的印尼地名远多于中国地名。

考察发现，印尼地名多少跟编者国籍没有必然关系，跟其他因素相关。

场景设置。《华语》《基础》都是中印合编，但是《华语》印尼地名占比远高于《基础》。原因是：前者场景主要设置在印尼；后者分两册，场景分别设置在中国和印尼。

编者理念。《高级》《容易》《初级》都是印尼人编写的，但从地名看，本土化程度不一。《初级》印尼地名不多；《容易》比较均衡地出现中国、印尼地名，第三国地名很少；《高级》印尼地名比例最高，包括：具体街道、乡镇、城市、国家名；世界闻名的婆罗浮屠、巴厘岛、拉贾安帕群岛、民族纪念碑等；一些具体公司、大厦等。这些场景让学习者有身临其境的感觉，有利于促进他们使用目标语描述比较熟悉的客观对象。

（三）人名

本节不考察非面向印尼人的《教程》《入门》。考察其余6套教材发现，教材中印尼人名字比较复杂，可大致分为4类：印尼式，

中式，西式，其他。在判定人名类别时，主要依据相应国家地区的起名习惯。印尼式包括印尼传统人名和源于伊斯兰教的人名。中式包括中国人和华人名。其他一般为日本、韩国人名。

印尼式：

传统人名：马曼[《初级》(印尼)]、曼达[《高级》(印尼)]、Halim[《容易》(印尼)]。源于伊斯兰教的人名：阿里[《跟我学》(中)]、哈山、西帝[《华语》(中印尼)]、胡新[《基础》(中印尼)]。

中式：

丽丽[《高级》(印尼)]、小林[《容易》(印尼)]、明明[《初级》(印尼)]。

西式：

妮娜[《跟我学》(中)]、伊万[《华语》(中印尼)]、鲁迪[《基础》(中印尼)]、哈利[《高级》(印尼)]。

表4-34 人名分析统计表（个/%）

教材名	中式人名	印尼人名	西式人名	其他人名	总计
《跟我学》(中)	3/37.5	4/50	0	1/12.5	8/100
《华语》(中印尼)	9/75.0	3/25.0	0	0	12/100
《基础》(中印尼)	37/84.1	3/6.9	2/4.5	2/4.5	44/100
《高级》(印尼)	7/13.2	18/34.0	27/50.9	1/1.9	53/100
《容易》(印尼)	29/64.4	12/26.7	4/8.9	0	45/100
《初级》(印尼)	81/87.1	8/8.6	4/4.3	0	93/100

由表4-34可知，教材人名情况可分几类：

1. 大体平衡，印尼式人名稍多于中式，本土性较好，如《跟我学》（中）。

2. 中式人名占大多数，本土性不强。包括中印合编的《华语》《基础》和印尼人编的《容易》《初级》。尤其是后者，虽由印尼人编写，面向印尼高中生，但中式人名最多，如"王来、白太太、王米米、刘文汉、李大和"等，更像是印尼某华人社区教材。

3. 西式人名超过一半，如印尼人编写的《高级》，有"艾迪、李奥、安娜、玛丽、安妮、爱丽丝、丹尼尔"等。反映教材编者关注印尼中产阶级及以上阶层的起名习惯，不太关注普通印尼人和华人的起名习惯，本土化值得商榷。

可见，人名的选择原因很复杂，可能跟编者身份和编写理念有关。如有的印尼华裔更关注本社区华人文化；有的为了突出"国际化"而采用西式人名，与本土化背道而驰；有的则注意人名的本土化，注意采用印尼本土人名。

结语

印尼 8 套常用教材的选词和注释，存在一些普遍问题，应加以改善。

第一，词汇量和词汇难度差别较大，有的不符合学习需求。如《跟我学》《入门》词汇量太少；《基础》词汇量偏大，超纲词太多。印尼高中华语，是非目的语环境下的汉语二语教学，词汇量应该在 800 左右，等级应以初级词为主，超纲词不应超过 10%。

第二，本土词汇数量少。《跟我学》《基础》有少量印尼文化词。《华语》《基础》《高级》《容易》《初级》有部分反映印尼文化的词汇。作为印尼使用的教材，印尼文化词应保持一定数量，以便反映当地文化，贴近印尼学生的生活和心理。

第三，对印尼人词汇学习难点缺乏重视。仅《初级》注意到对易混淆词进行辨析。对印尼学习者易出现偏误词类，如离合词，教材未进行专门注释。对易偏误词，首次出现应予以适当解释，复现时应做标识，以引起注意。另外，易偏误词应在教材后加总附录，便于学生掌握。

第四，生词释义，有字词不对应、词性标注错误、释义不准确、生词解释与课文练习不对应等问题。我们认为，词汇注释应在双语（及三语）对比的基础上进行准确注释；兼类词和多义词，其注释应与课文、练习一致，不应多生枝蔓。

第五，缺少中学汉语教学词汇表。我们建议：以印尼本土华语广播、出版物、教材使用词汇为基础，研制出体现印尼华文教学使用特色的词汇表。

总之，应针对印尼人华语词汇学习的特点、难点和问题，结合语言对比，研究面向印尼人华语词汇学习的优质、高效的教材编写模式和教学方法，以促进印尼华语教育健康发展。

附录：

8套教材共选词表（117个词）

词汇	等级划分（2010）	词汇	等级划分（2010）	词汇	等级划分（2010）	词汇	等级划分（2010）
啊	一②	给	一①	们	一①	晚上	一①
八	一①	跟	一①	名字	一①	为什么	一①

续表

词汇	等级划分(2010)	词汇	等级划分(2010)	词汇	等级划分(2010)	词汇	等级划分(2010)
爸爸	一①	还	一①	明天	一①	我	一①
吧	一①	还是	一①	哪	一①	我们	一①
半	一①	还有	一①	哪儿(哪里)	一①	五	一①
别	一①	行	一①	那	一①	喜欢	一①
别的	一①	好(形容)	一①	那儿(那里)	一①	小	一①
不	一①	喝	一①	呢	一①	谢谢	一①
不客气	超	和	一①	你	一①	星期	一①
吃	一①	很	一①	你们	一①	要(动)	一①
次	一①	欢迎	一②	朋友	一①	也	一①
从	一①	会(助)	一①	七	一①	一起	一①
打	一①	几	一①	请问	一①	一下(儿)	一①
大	一①	饺子	一②	人	一①	以后	一①
大家	一①	觉得	一①	三	一①	因为	一①
带	一②	今天	一①	上(名)	一①	有	一①
当然	一①	看	一①	什么	一①	月	一①
到	一①	可是	一①	生日	一①	再见	一①
得	一①	可以	一①	十	一①	在(动)	一①

续表

词汇	等级划分（2010）	词汇	等级划分（2010）	词汇	等级划分（2010）	词汇	等级划分（2010）
的	一①	来	一①	时候	一①	在（介）	一①
等（动词）	一①	老师	一①	时间	一①	早上	一①
东西	一①	礼物	一②	是	一①	怎么	一①
都	一①	六	一①	谁	一①	怎么样	一①
对	一①	妈妈	一①	送	一①	找	一①
多	一①	吗	一①	他	一①	这	一①
二	一①	买	一①	他们	一①	这里（这儿）	一①
高兴	一①	忙	一①	它	一②	中国	一①
哥哥	一①	没有	一①	她	一①	走	一①
个	一①	每	一②	天	一①	最	一①
						昨天	一①

第五章 教材文化点与词汇研究

第一节 《新实用汉语课本》与《通向中国》对比考察

目前，有关汉语教材中文化教学的研究有一些成果。但是，文化教学微观考察、文化知识与词汇的关系等方面成果还不多，尤其是对比同一水平国内、国外教材文化设计的研究更少。本节以中美两套使用广泛的汉语综合教材为研究对象，从三个方面进行考察：第一，课文中文化点数量及编排；第二，课文文化点词汇编排特点；第三，文化对比内容编排特点。希望能为海内外汉语教材文化知识的科学编排提供参考和建议。

一、对象、方法与研究综述

美国版《通向中国》（简称《通向》），由美国教师编写。中国版《新实用汉语课本》（简称《新实用》），由中国教师编写。两部教材都是用于英语区的综合教材，每课都融入了文化知识，具有较强的可对比性。编者背景和出版国差异可能导致教材在文化设计上存在区别。

本节采用量化、质化结合的研究方法，考察教材在课文文化知识编排、文化词汇选用以及文化对比等方面的特点，分析两套教材在文化编排上的特点。

吕必松（1980）提出，风俗习惯、文化传统、观念以及心理特点影响语言教学。张占一（1984）提出应区分知识文化和交际文化。赵金铭（1998）提出对外汉语教材文化取向：一要考虑学习者的接受程度，二要介绍中国文化和学习者母语国文化，三要考虑各民族的文化差异和宗教信仰，四要树立当今国人形象。张英（2006）提出要区分"对外汉语教学中的文化教学"和"对外汉语文化教学"。周小兵等（2010）系统考察9部海内外汉语文化教材，指出：一些汉语文化教材适用对象不明确，教学内容以古代文化知识为主，语言难度偏高，语言知识练习过多，缺乏跨文化交际体验型练习。

关于教材文化内容编排的研究有不少成果。赵贤洲（1989）提出文化导入应遵守"阶段性、规范性、适度性和科学性"原则。束定芳（1996）认为文化项目的编排一定要考虑文化内容的自身规律以及学生的语言水平和接受能力。李泉（2011）建议，教材中文化内容的选择和呈现应该坚持中外对比、古今联系，不炫耀自身文化，不贬低他国文化。杨建国（2012）指出应按照国别化教学原则在教材中说明文化差异。本节将参照阶段性、适度性、实用性和差异性原则，对两部教材进行评估。

对外汉语文化大纲不多，如《中美网络语言教学项目中国文化教学大纲》（卢伟，2003），《国际汉语教学通用课程大纲：中国文化题材及文化任务举例表》（国家汉办，2008）。国家汉办中山大学国际汉语教材研发与培训基地研发的《国际汉语教材文化点分类框架（研究版）》（《国际汉语教材编写指南》研发组，2012；简称《分类框架》）参考国内外文化大纲，基于2772册汉语教材文化知识的统计，将文化知识分为五大类四个层次。该框架的科学性、可操作性较强。本节依据《分类框架》分析两部教材的文化内容。

本节尝试弥补以往研究的不足，对教材课文文化点和相关词汇的关系、编排特点、文化对比情况进行量化研究；运用词群和词项理论，对比分析两套教材在文化点类聚词群中的词项分布，发现异同，希望能对教材的微观考察、量化研究和整体研发提供参考。

二、教材课文文化点考察

本节从两部教材的文化点数量、类型、共选／独选文化点三方面进行定量分析。《分类框架》把文化点分为四层，第一层五大类："中国国情""成就文化""日常生活和习俗""交际活动""思想观念"；每一类又细分为第二、三、四层。如"成就文化"包括"成就文化概况、科技、艺术、文学和语言文字"等第二层文化点，"艺术"层文化点包括"书法篆刻、音乐、绘画、舞蹈"等第三层文化点。

文化点以一篇课文的主要话题为单位统计。如《通向》第28课"找路"的话题是查找公共汽车路线，文化点为"日常生活和习俗"的"公共汽车"文化点。文化点的确定以《分类框架》第三层文化点为主。如《通向》第42课"谈节庆"，内容对应《分类框架》3个第三层文化点："传统节日""非传统节日""外来节日"。该课文化点的统计数量为3个。

（一）文化点数量

先看分阶段文化点数量、比例和特定阶段平均每课文化点数量的统计,见表 5-1、表 5-2。

表 5-1　阶段性课文文化点数量和比例

	1—10课 数量 (个)/ 占比(%)	11—20课 数量 (个)/ 占比(%)	21—30课 数量 (个)/ 占比(%)	31—40课 数量 (个)/ 占比(%)	41—50课 数量 (个)/ 占比(%)	总计 数量 (个)/ 占比(%)
《通向》	11/9.8	16/14.3	21/18.8	26/23.2	38/33.9	112/100
《新实用》	9/10.1	16/18.0	21/23.6	24/27.0	19/21.3	89/100

注:本节表格数据进行了四舍五入处理,特此说明。

表 5-2　平均每课课文文化点的数量

	1—10课	11—20课	21—30课	31—40课	41—50课	平均
《通向》	1.1	1.6	2.1	2.6	3.8	2.2
《新实用》	0.9	1.6	2.1	2.4	1.9	1.8

随着教学阶段发展,《通向》文化点的数量稳定增长,《新实用》在最后阶段有所减少。

(二)文化点类型

两套教材最缺少的内容是"思想观念"。该类文化点包含"价值观、审美观、财富观念、教育观念以及宗教信仰"等。在中级阶段,教材应适当导入此类文化点,如中国的面子观、论资排辈的等级观、望子成龙的教育观等。它们是跨文化交际中急需了解、把握的内容。

"成就文化"方面,《通向》选取较多的是成语,但并未选取与中国文化成就相关的"古代发明(如:算盘、四大发明)""曲艺（如：京剧、越剧）""工艺品（如：剪纸、刺绣）"等文化点。而《新实用》则选取了"书法篆刻""曲艺""名家名篇""诗歌韵文"等成就文化点。可见，《新实用》倾向于介绍中国突出的成就文化；《通向》倾向于介绍与中国生活相关的成语，从而丰富学习者的文化知识和词汇储备。

（三）共选文化点与独选文化点

同一文化点在教材出现的次数可称为"文化点频次"，去除重复出现次数可称为"文化点种类"。课文中的文化点种类，《通向》有51个，《新实用》有48个。表5-3展示了两套教材共选与独选文化点的分布情况。

表5-3 两套教材共选与独选文化点的分布

		中国国情数量（个）/占比（%）	成就文化数量（个）/占比（%）	日常生活和习俗数量（个）/占比（%）	交际活动数量（个）/占比（%）	思想观念数量（个）/占比（%）	总计数量（个）/占比（%）
共选文化点		4/16	4/16	15/60	2/8	0/0	25/100
独选文化点	《通向》	10/38.5	0/0	15/57.7	1/3.8	0/0	26/100
	《新实用》	10/43.5	8/34.8	2/8.7	3/13.0	0/0	23/100
文化点总数	《通向》	14/27.5	4/7.8	30/58.8	3/5.9	0/0	51/100
	《新实用》	14/29.2	12/25	17/35.4	5/10.4	0/0	48/100

由表5-3可知：第一，共选文化点中，"日常生活和习俗"最多，"中国国情""成就文化"次之，"交际活动""思想观念"更少；第二，文化点共选率，《通向》49.0%，《新实用》52.1%，后者略高

于前者;第三,独选文化点中,《通向》"日常生活和习俗"最多,"中国国情"次之,《新实用》"中国国情"最多,"成就文化"次之。

1. 共选文化点

(1)中国国情:气候天气、生态环境、人口、婚恋生育。(2)成就文化:医疗科技、诗歌韵文、寓言童话和成语故事、词汇和惯用语。(3)日常生活和习俗:日常着装、日常食物、居家、学生生活、公共汽车、写信寄信、银行业务、讨价还价及打折、泡酒吧茶馆、游戏、运动、卫生保健、传统节日、外来节日、生日。(4)交际活动:问候寒暄、介绍称谓。

共选文化点的特点有三个。第一,与学习者日常生活息息相关,实用性高。第二,介绍知名度较高的中国文化成就,如中医、文学。第三,涉及中国当代社会热点知识,如环境、人口、计划生育等。

2. 独选文化点

(1)中国国情。《通向》:政治制度和政府机构、政治常识、经济概况、民族族群与社群、教育概况、教育制度、国际教育、大众传媒等。《新实用》:地理概况、区域城市景点介绍、自然地貌及景点、名人、教育内容、家庭结构和观念、就业、中国体育、两性地位等。

(2)成就文化。《通向》:无。《新实用》:航天航海、书法篆刻、音乐、绘画、曲艺、名家名篇等。

(3)日常生活和习俗。《通向》:饮食及习俗概况、饮食流派及地方风味、烟酒茶、就餐地点、铁路、空运、出入境、电话短信、购物场所、艺术爱好、上网休闲、节日节气概况、非传统节日等。《新实用》:职场、度量衡。

（4）交际活动。《通向》：做客待客。《新实用》：就餐、送礼收礼、文化总体对比。

对比可知，中国教材独选的，或是中国文学艺术，或是送礼、隐私等跟跨文化有关的内容。美国教材独选的，多是饮食、交通等学生生活必需的内容。

三、教材文化词汇分析

本节运用语义场理论，考察中美教材在课文文化词汇的选取、编排上的异同。"语义场"是"一组在语义上相互联系、相互制约、相互区别、相互依存的词项构成的聚合体"（周国光，2005）。这些词项之间有同位、上下位等多种关系，并构成一个词群。如"节日"词群的词项包括"春节、清明节、端午节、中秋节、圣诞节、感恩节、情人节"等。

（一）共选文化点类聚词群

1. 共选词和词频

词频统计自两套教材，是两套教材词项使用频率之和。词项后出现词频。

（1）婚恋生育：结婚19

（2）写信寄信：包裹25、寄22、取5、邮局4

（3）学生生活：打工36、工作25、大学生11、钱9、挣8、学习6、学生5

（4）日常着装：件13、套6、颜色5、漂亮5、西服3、衬衫2

（5）气候天气：天气13、雨7、热7、季节6、冷6、风5、

冬天 4、刮 4、气温 4、凉快 3、春天 1、秋天 1

（6）银行业务：银行 27

（7）公共汽车：路 15、公共汽车 8、下 6、车 6、换 4、站 4、乘客 2

（8）讨价还价及打折：买 15、便宜 9、钱 7、卖 4、价钱 4、赚 3、赔 3、质量 3、贵 2

（9）运动：锻炼 6、身体 6、跑步 3、游泳 2、做操 2、散步 2、爬山 2

（10）医疗：中医 47、西医 18、中药 16、号脉 10、病 10、看病 7、病人 6、治 5、药 5、大夫 4、医生 4、医院 3、医学 3、针灸 3、理论 3、（中西医）结合 2

（11）传统节日：节日 21、中秋节 10、春节 8、月饼 6、月亮 4、赏月 3、新年 3

（12）居家：房子 14、间 9、租 9、厨房 2、厕所 2

（13）生日：生日 15、蛋糕 8、岁 3、祝 3、快乐 2

（14）问候寒暄介绍：贵姓 2、介绍 2

有两点值得注意：第一，名词群里共选词的数量差异较大，在"医疗""气候天气"词群中共选词有 10 个以上，在"婚恋生育""银行业务"词群中共选词却只有 1 个。第二，同一类聚词群中不同词项的词频差异较大，有 20 个词项的词频在 10 次或以上，有 29 个词项的词频在 3 次或以下。

2. 独选词和词频

再看两套教材共选文化点中的独选词情况，见表 5-4。

表 5-4 两套教材共选文化点中独选词统计

共选文化点	《通向》	《新实用》
婚恋生育	离婚、婚姻、同居、对象、两口子、第三者、婚外情、再婚、未婚、试婚、丈夫、妻子、恋爱	婚礼、宴席、喜糖、请客、嫁、新婚、花轿、新娘
写信寄信	地址、邮票、明信片、信、信封、挂号信、寄件人、收件人	
学生生活	学校、暑假	干活、工资、家教、学费
日常着装	穿、裙子、服装、新、旧、好看、样式、裤子、老、条	旗袍、丝绸、中式、商店、商场、买、衣服、试
气候天气	度、温度、摄氏、零下、处暑、晴、立秋、秋老虎、阴、春季、夏季、秋季、冬季、闷、天气预报	夏天、气候、热带、寒带、暖气、雪
银行业务	账户、活期、窗口、外汇、信用卡、借记卡、存折、定期、支票、利息、存、取、叫号机、兑换率、人民币、柜台、存款、担保、现金	钱、借、信用、贷款、债、款
公共汽车	终点站、公交、坐、路线、售票员、红绿灯	票
讨价还价及打折	东西、块、小贩、吃亏、讨价还价、商店、顾客、摆、摊子、退换、营业员、降价、打折、上当、受骗	送、价、砍、老板、名牌、生意、便宜、贵
运动	户外、乒乓球、高尔夫、保龄球、太极拳、气功、滑雪、滑冰、攀岩、健身房、举重	比赛、赢、场、足球、教练、队员、进球、踢、爱好、活动

续表

共选文化点	《通向》	《新实用》
医疗	治疗、方法、调理、病情、效果、副作用、望、闻、问、切、皮肤、病情、切脉、慢性病、医药、药效、成药、西药、手术、麻醉、脉象、肾虚、急性病、原理、身体、功能、预防、健康、神农本草经	胃、检查、器官、听诊器、疼、药方、专家、挂号、消化、按摩、气功
传统节日	清明节、端午节、元宵节、国际劳动节、国庆节、圣诞节、感恩节、万圣节、情人节、西方、庆祝、火鸡、游行、土豆泥、南瓜饼、花车、团聚、家人、传统、团圆、想念、节庆、正月、元宵、灯节、挂花灯、扫墓、粽子、屈原、诗人、楚国、粽子节	鞭炮、恭喜、守岁、祝、年夜饭、干杯、中秋、除夕、快乐、发财、万事如意
居家	卧室、房间、椅子、桌子、客厅、搬家、房东、修、洗手间、书桌、床、院子	宿舍、房、房租
生日	庆祝、礼物、晚会	寿面、聚会、出生
问候寒暄介绍		久闻大名

对比以上内容可以看出：

第一，共选文化点中，独选文化词的比例远高于共选文化词，说明中美编者对同一文化点中该选取哪些词语存在分歧。

第二，《通向》独选文化词远多于《新实用》。如"银行业务"，《通向》有 19 个词，实用性强；《新实用》只有 6 个。可以推测，《通向》文化词难度等级远高于《新实用》。

第三，《新实用》多选中国独有文化词，《通向》多选当代共性文化词或美国独有文化词。如"日常着装"中，《新实用》选"旗袍、丝绸",《通向》选"裙子、裤子"。"传统节日"中,《新实用》选"鞭炮、守岁、年夜饭",《通向》选"情人节、万圣节、感恩节、土豆泥、火鸡、花车"等词。"婚恋生育"中,《新实用》有"花轿"这种在当代中国都很少见的词,而《通向》出现"婚外情、离婚、试婚、同居、再婚"等。可以看出,《通向》的文化词选取,一定程度上反映了美国社会文化。

(二)独选文化点类聚词群

因两套教材独选文化点较分散,本节只选取较有代表性的若干个文化点进行分析。

1.《通向》独选文化点词群

(1)大众传媒:电视4、电影3、电视台3、流行3、节目2、歌曲1、好莱坞1、中央电视台1、新浪1

(2)经济:经济8、下岗5、改革4、企业4、政府3、计划经济3、市场经济3、私人3、制度2、开放2、管理2、收入2、老板2、物价1、经营1、税1、供求1、销售1、资金1、国营1、裁员1、事业1、就业1、救济1、生意1、产品1、电信1、政策1、集体1、转型1、兴隆1

(3)政治:台湾(地区)18、中国12、大陆7、国家7、民主5、两岸5、海峡4、省4、机关3、行政3、国务院3、选举3、代表3、主席3、人权2、领导人2、总理2、政治2、冲突2、立法1、权力1、官员1、任命1、地方1、总统1、直辖1、市1、自治1、制度1、体制1、统一1、当选1

(4)出入境:签证29、办23、中国9、填8、大使馆7、表7、申请5、护照4、签名2、取2、拒签1、签证处排队1、旅游1、国

籍1、美国1

（5）铁路：票14、火车票6、火车5、张5、硬座4、硬卧4、火车站4、软座3、乘3、买3、预订3、软卧3、上铺3、中铺3、下铺2、售票处2、外地2、卧铺1、短途1、长途1、代售点1、订1、点1、火车1、列车1、时刻1、表1、出发1、趟1、车1、时间1、特快1

《通向》在"经济、政治"词群中，词项数量较多，主要是反映中国国情的词语。在"出入境""铁路"词群中选取了一些高实用性词语。这些对汉语二语学习者非常有用。

2.《新实用》独选文化点词群

（1）曲艺：越剧15、京剧14、戏5、演员4、戏院4、演3、角色3、风格3、唱3、团2、票2、音乐2、主角1、剧团1

（2）名人：巴金9、李白3、莎士比亚3、杜甫2、鲁迅2、老舍1

（3）音乐：民乐3、音乐2、春江花月夜2、民族1、乐器1、演奏1、乐曲1

（4）航天航海：航天10、载4、人4、太空4、成功3、事业3、飞行2、飞船2、神舟2、发射2、火箭1

《新实用》更多选取与中国成就文化相关的词项，重视传播中国成就文化。事实上，这些词语与汉语母语者语文教材出现词语相似度高，第二语言的特点不够凸显。

（三）词项分类

根据具体词项在两部教材文化类聚词群里的地位，我们把词项分为四类：

（1）共选文化基本词。两部教材中共选文化点中的共选词项。

（2）共选文化核心词。共选文化基本词中词频等于和高于 10 次的词。

（3）共选文化一般词。两部教材中共选文化点中的独选词项。

（4）非共选文化词。两部教材中独选文化点中的词项。

如在共选文化点"医疗"的词群中，共选文化基本词有："看病、病人、治、药、大夫、医生、医院、<u>中医</u>、<u>西医</u>、<u>中药</u>、<u>号脉</u>、<u>病</u>"等。共选文化核心词则是其中画线的词。共选文化一般词有："麻醉、脉象、肾虚、消化、按摩、气功"等。而上文第（二）部分中的所有词（如"好莱坞、国籍、越剧、京剧"等），都是非共选文化词。

如果要编写教材的文化词大纲，应该扩大考察范围，考察、对比 10 部、20 部甚至更多教材，将其中的文化类聚词按上述模式进行科学分类。其中，（1）（2）类应该优先考虑进入大纲，（3）类次之，（4）类可以最后考虑。

四、文化对比

为培养学生跨文化交际能力，教材要对比目标语国家文化与母语国文化的异同及原因。本节考察教材的文化对比，分三种情况：独现中国文化，独现英语母语国文化，共现两种文化，见表 5-5。

表 5-5　国别文化呈现方式的分布情况（数量/％）

	独现中国文化	独现英语母语国文化	共现两种文化
《通向》	105 / 93.75	0 / 0	7 / 6.25
《新实用》	86 / 96.63	0 / 0	3 / 3.37

独现的只有中国文化。共现文化比例,《通向》高于《新实用》;具体情况是,《通向》中美对比5个,中国区域对比2个;《新实用》中美对比3个。对比内容如下:

(1)饮食习俗。共选词有"火锅、饺子、米饭、四川、湖南、北京"等。《通向》对比了中国各地菜口味的区别,谈及"宫保鸡丁"等美国常见中餐菜、"重庆火锅"等川菜,既满足美国汉语学习需求,也可用于中国留学生活。《新实用》则对比了中美饮食习惯,如美国公蟹比母蟹价钱贵一倍,中国人认为母蟹比公蟹好吃。

(2)节日节庆习俗。共选词语有"春节、中秋、节、月饼、赏月"。《新实用》只讲传统节日。《通向》还谈及非传统节日、外来节日;独选词有"元宵节、挂花灯、清明节、扫墓、端午节、粽子、国际劳动节、国庆节、圣诞节、万圣节、感恩节、情人节"等;谈及美国人过节的活动和习俗,如在感恩节吃火鸡、土豆泥和南瓜饼,举办花车游行。

(3)观念文化对比。《通向》没有。《新实用》有一课讨论中西方对个人隐私的看法:西方认为年龄、家庭、收入、婚姻和住房属个人隐私,不能随便问;中国人以前认为询问这些表示友好和关心,但随着社会发展,也逐渐认同这些问题属个人隐私。

(4)成就文化对比。《通向》《新实用》各有一课对比中、西医的区别,都讲了中西医诊疗原理的区别;《通向》对中医介绍相对详细,谈及其看病方法的特点。

总体来看,两套教材都有文化对比,但数量少,对文化差异原因的说明也不够清晰。

结语

在课文文化点编排上,美国教材《通向》重视介绍中国日常生活、风俗习惯以及中国国情,让学习者了解中国;文化点数量增幅稳定。中国教材《新实用》倾向于介绍中国突出的成就文化,从而传播中国文化,文化点在最后阶段有所减少。

在课文文化点词汇编排上,中美两套教材共选文化点的共选词比例小。中国教材更多选取中国独有文化词;美国教材更多选取了当代共性文化词或美国独有文化词,选取的词项数量更多一些,选词范围广一些,共选文化核心词和基本词的词频高一些。

在文化对比上,两套教材均以呈现中国文化为主,缺乏中外文化及中国区域文化对比。相对而言,美国教材包含的文化对比多一些。

从整体看,《通向》在文化点和文化点类聚词群选取方面稍好于《新实用》:实用性、文化普适性和美国本土性都相对强一些,跨文化交际视角相对丰富一些。中国教材和海外教材如何满足特定国家、区域汉语文化教学的需求,如何提高学习者跨文化交际能力,值得教材编写者进一步研究。

第二节 基于语料库的中华文化项目表研制

20世纪80年代起,汉语国际教育快速发展,出现了多个相对成熟的词汇、汉字、语法教学大纲。尽管文化教学从80年代中期开始受到重视,(张英,2007)但学界呼吁已久的文化大纲却一直未能出台,文化教学至今没有标准。

20世纪90年代，一些专家对文化大纲的性质任务、基本内容、制定方法、表现形式等进行了探讨。(周思源，1992；陈光磊，1994；卢伟，1996；林国立，1997)陈光磊(1994)、卢伟(1996)、林国立(1997)等提出，文化大纲应从教学角度出发将文化内容分析归纳为一个个文化项目，如同语言项目一样分布在教学过程中，实现文化大纲项目的量化和等级化。我们认为文化大纲最重要的部分就是文化项目。因为它提供了具体内容，是构建文化教学内容体系的砖瓦，是实施课堂教学和教材编写的基本元件。

21世纪初，"中美网络语言教学项目"《乘风汉语》项目组编制了《中国文化教学大纲》(卢伟，2003)，其中《文化教学大纲项目一览表》(以下简称"《中美》")是第一个正式出版的文化项目表。随后国家汉办组织编写了《国际汉语教学通用课程大纲》(国家汉办，2008)，附有《中国文化题材及文化任务举例表》(以下简称《通用》)。这标志着国际汉语教学文化大纲的建设向前迈进了一步。

但这两个文化项目表仍存在不足：第一，系统性不足，分层分类缺乏自足性。第二，文化项目数量较少，缺失一些必要的文化内容。第三，参考资源基础不够丰厚，缺乏大规模语料支持。此外，两个表编写时间较早，指导教学的时效性不够。

本研究参考国内外第二语言文化教学理论，通过对3212册典型国际汉语教材构成的约500万字语料中的文化教学项目进行标注统计，拟定出一个全新的中华文化[①]项目表，希望能对汉语国际教学的文化教学提供参考。

[①] 本研究采用"中华文化"而非"中国文化"。国际汉语教学中的目的语文化实际上是大中华文化圈，包括大陆、港澳台以及海外华人社区等。

一、现有文化项目表分析

（一）概况

《中美》将文化项目分为3层：第一层包括社会交际、生活方式、风俗习惯、社会结构、教育、时间观念、空间观念、价值观念、象征观念、教育10个总类，第二层31个子类，第三层190多个文化点。文化项目后附有辅助信息：形式、例子及相关的语言结构。

《通用》在5个语言能力等级下列举了风俗/礼仪、家庭称谓、生肖属相、音乐舞蹈绘画、体育、交通、大众传媒、气候/地理、建筑、教育、文学/戏剧、节日、历史、当代中国、饮食、旅游、物产17个文化项目。17项并非在5个语言等级中都出现，如："家庭称谓、生肖属相"只出现在1级；"风俗/礼仪"出现在1、3、4、5级中。每个文化项目附有1到4个文化学习任务和跨文化交际思考问题。

《中美》较系统地反映了目的语文化，《通用》适当考虑了语言能力。两个项目表中的文化呈现形式、学习任务和跨文化思考等，可以在教什么、怎样教等问题上起到辅助教学的作用。

（二）不足及原因分析

1. 系统性不足

第一，不分层或分层不合理。《通用》没有对17个文化项目进行分层处理，项目之间的关系处理也不准确，如"当代中国"应该是"体育""大众传媒""交通"的上位概念，却被处理为并列关系。"风俗/礼仪"出现在4个语言等级中,唯独第2级中没有出现。《中美》将文化项目分为三层,优于《通用》,但具体分层仍有值得商榷的地方。如"时间观念""空间观念""价值观念""象征观念"等观念类的文化项目,缺乏一个上位的"观念类文化"。

第二,归类不当。"著名山川、名胜古迹、园林、旅游景点"明明是具体事实,《中美》却将它们归入"空间观念"。《通用》的文化项目也存在矛盾,如:将"城乡差异、农民问题、工业对环境的污染"等归入"当代中国",而同样是当代热点问题的"黄金周带来的旅游热、消费热"却被归入"风俗"。

2. 涵盖不够全面

作为教学设计和教材编写的参考资源,文化项目表应尽可能翔实、全面。遗憾的是,《通用》"仅为使用者提供一些相应的题材内容,使用者可以参照题材内容自行发挥"。该表仅简单列举了17个文化项目,缺乏政治、科技、人口、服饰、居住等重要内容。《中美》虽提供了190多个文化项目,但也存在明显的缺失。如第一层总项目既没有政治、经济、历史等基本国情信息,也没有文学、艺术等文化成就。

3. 缺乏大规模语料库支持

《中美》在制定过程中仅参考过5本国际汉语教材。《通用》没有说明参考资源。由于缺乏大规模资源库的支持,项目表的系统性、涵盖性以及科学性必然会出现问题。

因此,对课程设计、教材编写、教学实施及测试实施等方面的指导上,这两个文化项目表就呈现出明显的不足。

二、研究思路与流程

为弥补现有文化项目表的不足，本研究拟在教材语料库提供的大规模资源基础上建构新的国际汉语教学用《中华文化项目表》（以下简称《新项目表》）。

基于大规模国际汉语教材语料研制《新项目表》，是本研究创新点之一。中山大学国际汉语教材研发与培训基地建设的全球汉语教材库，目前收录国际汉语教材信息17800余册/种，实体教材10000余册/种。（周小兵等，2017）我们从实体教材中选取有代表性的3212册教材作为研制文化项目表的依托资源。选取标准考虑以下各因素的多样性，以减少教材同质化的影响。第一，时间：侧重选取近10年出版的教材[①]。第二，媒介语：国际汉语教材最多的22个语种[②]。第三，出版地：国内、海外都有[③]。第四，对象：大、中、小学及学前[④]，初、中、高级[⑤]。第五，类别：含综合、精读、口语、听力等课程[⑥]。

参考基于教材语料库的话题表（库）、语法表（库）研制研究（刘华、方沁，2014；谭晓平等，2015；刘华、郑婷，2017），《新项

[①] 2000年前出版的占17.6%，2001—2005年占27.8%，2006年后占54.5%。
[②] 教材有单媒介语、双媒介语和多种媒介语等类型。其中单媒介语教材占比最高的前十位依次为：日语、韩语、英语、泰语、法语、越南语、德语、西班牙语、俄语、印尼语（2018年数据）。
[③] 中国出版占43.9%，海外出版占56.1%，依次为日、韩、英、俄、泰、越等。
[④] 大学60.4%，中学10.1%，小学15.1%，学前3.2%，跨类11.2%。
[⑤] 零起点、初级66.0%，中级21.6%，高级6.3%，跨类6.1%。
[⑥] 综合57.0%，口语16.7%，阅读7.5%，听力4.0%，视听说0.9%，写作2.1%，汉字0.6%，语法0.7%，词汇0.5%，其他9.9%。

目表》的基本研制思路与流程如下：

第一，根据二语文化教学内容分类理论确立项目表的基本框架。参考前人成果确立层级关系及基础项目，拟定《新项目表》的基本框架，初步保证其系统性。

第二，文化项目标注与项目表调整。用工程学的方法搭建在线协同标注平台，对文化项目进行识别、确立和提取，并详细标注其属性，搭建文化项目的数据库，为文化项目的量化研究提供可能。

《新项目表》在标注中得到不断的检验与修正。一方面根据教材语料库所提供的大量数据补充扩大项目表的覆盖面，另一方面，利用在线协同标注系统在语料库中检验初稿的合理性。

第三，建构教学辅助信息。从国际汉语教材语料库中提取文化项目的常用度和教材中的实例，对文化项目进行不同程度的补充说明。

三、基本框架设计

基本框架是项目表系统性的第一重保障。文化内容浩如烟海，学者可用不同理论进行考察，但制定适合国际汉语教学的文化项目表，则应该着眼于二语教学中的文化教学理论。

（一）第一层项目

第一层项目的设计首先从二语文化教学的几个基本维度出发。
Hammerly（1982）首次提出将二语教学中的文化分为三个维度：信息文化（informational culture）、成就文化（achievement

culture）和行为文化（behavioral culture）。信息文化指受过教育的本族语者所知晓的自己国家或社会的历史、地理、社会英雄或罪人等方面的知识，对应的是：目的语文化中的人知道什么。成就文化指某一国家或社会所取得的文学、艺术和音乐等成就，对应的是：目的语文化中的人们珍视什么。行为文化指日常生活的全部，包括行为层面的语言交际与非语言交际规约，以及精神层面的态度、思想与价值观，对应的是：目的语文化中的人做什么、想什么。Hammerly开创的这一体系在二语教学界多有沿用。（Walker, 2000; Yu, 2009）

美国外语教学协会（ACTFL）制定的《美国外语教学标准》（1996）采用文化产物（cultural products）、文化实践（cultural practices）和文化观念（cultural perspectives）的三分法。文化产物指绘画、文学、筷子等有形产物，以及口述故事、舞蹈、仪式、教育系统等无形产物。文化实践指被社会广泛接受的行为模式、话语形式、人的生老病死以及其他重要变化、社会等级制度和空间使用等，即：什么时候、什么地方做什么或说什么。文化观念指人们的态度、思想观念和价值观等。从二语教学角度来看，此三分法有利于引导学生将实践、产物与观念关联起来，即：理解某一文化背景的人做什么及其观念上的原因；理解某一文化有什么产物，它们在该文化中代表何种意义，该文化背景的人如何认识与评价它们。

如表5-6所示，Hammerly体系中的"行为"维度相当于ACTFL体系中"观念"与"实践"。ACTFL体系中的"产物"既包括了文学、艺术等"成就"，也包含了工具、人口、教育体系等"信息"。

表 5-6　三个分类体系的比较

Hammerly 体系	行为		成就	信息	
ACTFL 体系	观念	实践	产物		
《新项目表》体系	观念	实践	成就	国情	日常

上述两个分类体系都存在一些不足，但是如果把两个系统加以整合，一个系统存在的缺漏恰好被另一体系所弥补，体现为：Hammerly 体系将观念类与行为类文化混淆在一起，过于笼统，而 ACTFL 体系中文化实践与文化观念的二分法正好可以弥补。ACTFL 体系未将文化事实类的信息纳入考量，而 Hammerly 体系的信息文化正好弥补了此类空缺。

本研究借鉴了上述两个系统中的四个大类："信息""成就""观念""实践"。然而我们发现，"信息"文化在很多教材中被分为两小类。如：

（万里长城）[①]在中国北方，全长 6700 多公里，前后修建了二千多年，是中国历史上动用最多人力和物力的建筑。（Chen et al. Ed., 2010）

如果你去北京，就不妨按下面的路线游览长城和十三陵，享受一下自助游带来的乐趣吧。七点在德胜门城楼后面的 919 总站，坐直达八达岭的公交车。特别要注意的是，919 在德胜门有不同的车站，去往不同的地方，上车前一定要问清楚终点站及票价，一站八达岭的空调车是每人 12 元。（卢英，2009）

[①] 教材原文中用图片表示长城，此处括号内文字由本节作者补出。

同样介绍长城，着眼点不同：前者基于历史角度，后者基于旅游角度。在对 3000 多册教材的考察统计中发现，类似情况广泛存在。

因此我们认为，可以从宏观与微观的叙事视角，将信息文化分为"国情"与"日常"两个维度。国情是从国家、社会、民族角度出发的政治、经济、历史、社会问题等信息。日常指围绕着个体或家庭等较小的社会单位展开的生活信息。

综上，参考 Hammerly 与 ACTFL 的体系，结合国际汉语教材的实际情况，我们将中华文化的底层分为五大类[①]。这五大类反映了二语文化教学历史上不同的流派及观点。在教学中，同一个话题从不同维度呈现反映了不同的教学理念。例如"家庭"这一话题可以从国情的角度呈现有关中国家庭的统计数字，也可以从观念角度介绍华人的家族宗亲观念，还可以从实践的角度对亲属称谓进行教学。

国情：一般本族语者掌握的关于其国家社会的地理、历史、人口、资源等方面的信息。

日常：日常生活中的衣食住行各个方面的信息。

成就：文学、艺术、科学等方面的成就。

实践：人与人之间的语言交际及非语言交际活动。

观念：态度、价值观、哲学、信仰等。

(二) 第二、三层项目

第二、三层的文化项目从话题入手。话题是衔接语言与文化的

---

① 这五个类别曾分别为：思想观念、交际活动、中国国情、日常生活及习俗、成就文化。有些参考本项目表的论文在表述中沿用了旧名称。

重要桥梁。在国际汉语教材中，语篇通常围绕某一话题进行，文化教学也通过该话题展开。

在确立第一层文化项目后，参考《中美》、《通用》、"德语教材文化教学内容体系"（Byram & Morgan Ed., 1994；简称"德语教材"）、"欧洲语言共同参考框架文化知识描述"（欧理会，2008；简称"欧洲语言共同框架"）和"AP汉语语言与文化课程概述"（简称"AP"）这五个二语文化内容标准，以人类对话题范畴大小的一般认知作为整合逻辑，进行层次、类别、序列上的调整，初步确立了二层和三层项目。

所做的调整具体包括：

第一，合并两个项目表中相同或类似的项目。如保留《中美》《通用》两个项目表共有的"地理""体育""交通""旅游"和"饮食"等。再如合并两个项目表中类似的项目，如将"节日"（《通用》）与"节庆习俗"（《中美》）合并为"节日"。

第二，细分文化项目。根据第一层的五个维度，拆分一些已有的文化项目。例如将"体育"这一类文化现象根据宏观（如从宏观的国家层面来介绍2008年的奥运会，中国的体育强项跳水、乒乓球等）、微观（如从人们的日常生活的角度来介绍大众喜爱的体育比赛项目、受欢迎的锻炼方式）两类叙述角度区别开来，分别归入"国情"与"日常"。

第三，重新划分层级。根据项目范畴大小、逻辑关系以及所属不同维度，参考两个相关的文化内容分类体系，建立新的层级系统。

初步合并后的文化项目表原有四个层级，但只有部分三层项目下存在下位的四层项目（共70项），本研究为了保证系统性而舍去了第四层，确立了三个级别的体系。最后，得到《新项目表》初稿：一层文化项目 5 个，二层文化项目 40 个，三层文化项目 176 个。

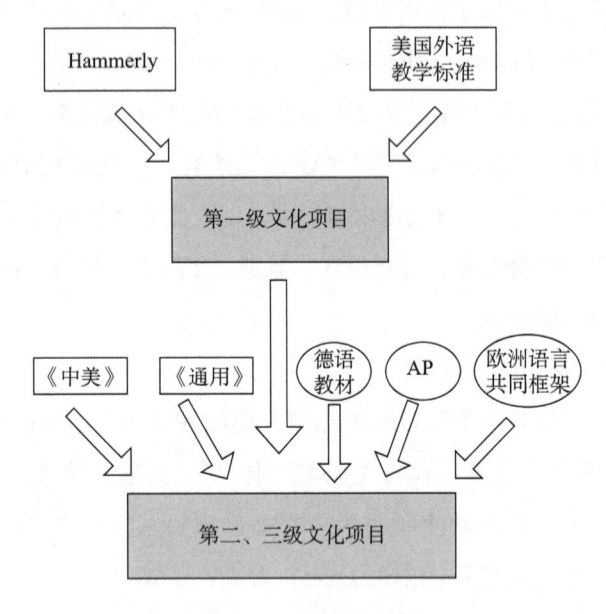

图 5-1　初稿流程图

四、文化项目的标注与项目表调整

本阶段的研究方法是将《新项目表》初稿和语料库中的显性文化语篇按初稿的层级系统进行标注，以此检验初稿的系统性、逻辑性，并进行增加、合并、拆分乃至调整层级等优化手段。

（一）文化项目的标注

1.显性文化教学语篇的界定

由于语言与文化的特殊关系，以及文化这一概念本身包罗万象的性质，教材中的文化教学内容实际上可以分为显性、隐性两种。根据研究目的及可行性，我们借鉴了 Young（1999）和 Yu（2009）对教材中显性文化教学内容的操作性定义，将国际汉语教材中的以下两类情况定义为显性文化教学语篇：（1）教材中的文化知识介绍板块，常被称为"文化点滴""文化窗口""文化小知识"等；（2）明显以中华文化为主题的课文或阅读材料，如课文《国宝大熊猫》或练习中的阅读材料《大熊猫研究的现状》（武惠华，2005）。

2. 语篇作为基本标注单位

本研究将语篇作为文化项目的标注单位。"语篇"指任何长度、任何形式的语义连贯的语言段落（Halliday & Hasan, 1976）。语篇是一个语义单位，由语义的完整性而非形式来确立。汉语教材中单独列出的谚语、诗歌、散文、对话、独白或一出戏剧都是语篇。本研究以语篇为通用考察单位，实现了将知识板块、课文或阅读材料等教材板块统一计量的研究需求。

3. 识别和标注过程

Halliday & Hasan（1976）指出，母语者能够毫不费劲地辨别出一个语言段落是否为一个语篇。本研究以母语者兼本族文化者为评判员，来甄别及判断语篇的文化内容并将其标注为项目表初稿的相应类别。

本研究开发了在线协同标注平台以实现多人在不同时间、地点协同完成标注任务，提高标注工作的效率及准确性。评判员来自某高校在读大学生、研究生群体。评判员标注前均接受了评判标准及程序的培训。

正式开始标注时，每一册教材（电子版）分别由3名不同的评判员独自评判。评判的程序为：（1）每一位评判员各自识别显性文化教学语篇所属的文化项目;(2)若《新项目表》初稿中已有该语篇的文化项目,则直接在系统中标注,若《新项目表》初稿中没有该文化主题,则标注为"其他";(3)如果3名评判员并未出现意见分歧,则标注立即生效确立,如意见不一,系统会记录下来,由3名评判员讨论协商后确定。

(二)项目表的调整

标注为"其他"的显性文化教学语篇表明,《新项目表》初稿与教材的实际情况存在差异。在评判员完成评判后,由5位在某高校从事面向留学生的文化教学和研究工作的专家分析差异,对《新项目表》初稿进行拓展与调整,包括以下几点。

1. 调整项目表的树状结构

调整某些文化教学项目之间的上下位关系。例如,《新项目表》初稿将"文学"作为"艺术"(二级项目)的下位概念。但考察发现:汉语教材对文学的介绍力度远大于音乐、舞蹈、曲艺等艺术形式;且文学又可下分为诗歌、小说、神话传说、典籍等类别。因此,将文学的层级上调为二级项目。

2. 增加新文化项目

分析发现一部分"其他"语篇的文化内容在《新项目表》初稿中完全没有出现,如教材中反复多次出现的"住房改革""养老保险""希望工程"等社会保障、福利等问题,因此新增二层项目"社会保障"。教材中常出现"身份证""户口""中国绿卡"等内容,因此增加三层项目"户籍制度"。

3. 修改文化项目名称

另一些标注为"其他"的语篇与初稿现有项目有一定关联。如教材中频繁出现的"客家人""海外华人华侨""农民工"等，与初稿中的"民族"或"人口"等项目有联系，但又很难归入任何一个项目中。因此使用"民族、族群与社群"取代"民族"，扩大项目外延，以便准确涵盖上述内容。

经调整，一层项目保持不变，二层项目增加了6个，分别是社会保障、环境保护、中国体育、通讯、公共安全、交际风格，三层项目增加了36个，如外交、考古发现、国际教育、就业、住房保障、网络媒体、信息技术、清洁能源技术、度量衡、身份认同观念、隐私观念、幸福观、性别观念等。《新项目表》终稿包含3个级别：第一层5个项目，第二层46个项目，第三层212个项目。

表5-7 《新项目表》第一、二层

国情	日常	成就	实践（交际）	观念
国情概况 政治和法律 经济 地理 历史 人民 教育 社会保障 环境保护 文化遗产 大众传媒 中国体育 公共安全 宗教事务 （14项）	日常概况 服饰 饮食 居住 学习工作 家庭生活 交通 通讯 度量衡 购物消费 休闲娱乐 健康 日常安全 节日节气 人生庆典 禁忌迷信与象征 （16项）	成就概况 科技 艺术 文学 语言文字 （5项）	交际概况 交际情景规范 非语言交际 交际风格 跨文化交际 （5项）	观念概况 哲学思想 宗教信仰 价值观 人生观 世界观 （6项）

这是一个自上而下，再自下而上的双向循环的过程，不仅有理

论的指导与支撑,而且在教学实际中进行了验证与修订,见图5-2。

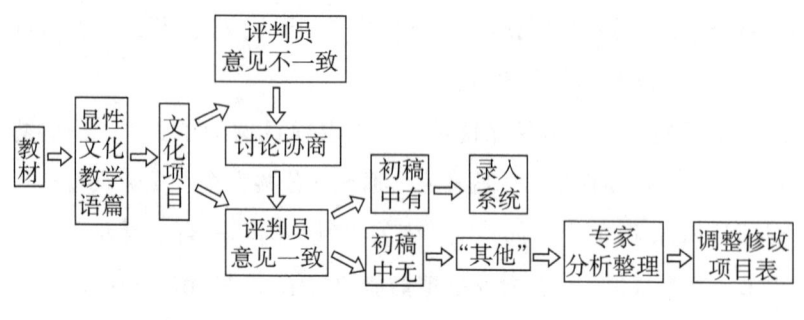

图 5-2　检验修订流程图

五、建构教学辅助信息

根据教材库目前所能实现的功能,本研究为每一个文化项目确立了教材库中的频次及教材中的典型实例两项辅助信息,希望进一步详细描述文化项目,提高其实用性。

（一）文化项目频次

文化项目的频次即某一文化项目在国际汉语教材语料库中出现的次数。如:"中医中药"分别出现在教材 A 的课文、文化知识板块和教材 B 的课文这三个语篇中。评判员据此在系统中将"中医中药"标注 3 次,频次为 3。

三层各项目频次标注完之后,累计频次为其上位的二层项目的频次。同理,二层各项目累计频次为上位一层项目的频次。

文化项目频次的高低体现了国际汉语教材编者在文化内容选编上的倾向性,为选择教学项目、安排教学顺序提供参考。

（二）教材中的典型实例

在评判员录入时，要求评判员用文字简要描述文化项目的具体内容，如表 5-8。

表 5-8 文化实例示例

第一层	第二层	第三层	显性文化教学语篇内容描述
国情	人民	民族/族群/社群	城市农民工的生存现状

这些描述经研究者整理简化后，形成 1 至 3 个文化项目的例子，附于各文化项目后，便于使用者参考现有教材文化项目的真实面貌。因此，最终的《新项目表》形式如表 5-9。

表 5-9 《新项目表》样例

第一层项目及频次	第二层项目及频次	第三层项目及频次	实例
成就 11386	科技 424	科技概况 13	中国科技发展历程；科学技术研究体系
		工业技术 15	汽车工业；纳米技术
		农业技术 12	杂交水稻技术；转基因食品
		……	……
	艺术 2100	艺术概况 18	中国的书法绘画与工艺
		书法篆刻 131	毛笔；宣纸
		建筑及景点 743	鸟巢；黄鹤楼
		……	……
	……	……	……

六、应用与展望

（一）应用情况

文化项目表能成为汉语教师及有关工作者开展教学、科研的工具及资源。

1. 指导课堂教学、辅助教材编写

《新项目表》构建的中华文化教学内容系统更完整，分层、分类更合理，有利于教师及教材编者认清某一文化项目在整个目的语文化教学系统中所处的位置。

文化项目的频次这一辅助信息可帮助教师、教材编者了解其他教材编写者的倾向性，是教师、教材的编者选用文化项目、安排教学顺序的重要依据。

2. 助力教材研究

目前教材中文化教学内容的量化研究相对薄弱，关键原因之一是缺乏研究工具及相关标准。新文化项目表为这一类研究提供了一个具有操作性的工具，一批基于此的研究陆续发表，以下将简述研究概况与发现。

不同出版地的教材对比：徐霄鹰、谢爽（2014）考察中国大陆、港台地区、日本、韩国、东南亚地区及主要英语国家六个地区的教材文化项目，发现主要英语国家出版的教材选择的文化项目最全面，分布最均衡；东南亚地区出版的教材文化项目最少、分布极不均衡。罗晓亚（2015）运用《新项目表》考察中美两套综合教材发现，在课文文化点编排上，美国教材《通向中国》倾向于全面介绍中国日常生活、风俗习惯以及中国国情，让学习者全面了解中国，中国教材《新实用汉语课本》重视介绍中国突出的成就从而传播中国文化；美国教材在实用性和文化类型多样性等方面更为突出。

教材不同版本的对比：王珅（2015）以《新项目表》为研究工具，对比日本汉语教学史上发行版本最多的教材《官话急就篇》及其雏形《官话篇》的文化项目，发现《官话急就篇》在文化内容上加大国情类比重，削减成就和观念的比例。这反映出当时的历史背景：日本政府推行"大陆政策"，急需培养大量会汉语的政治、外交和军事外派人才。因此编者更多地转向了中国国情信息，增加了大量的中国社会政治、经济、地理、人民等内容，减少成就、观念等不够实用的内容。变化也反映出编者简化文化教学的理念：教日本人的教材应更简单实用，中国书院中的经、史、子、集、训诂等语言文字、哲学思想方面的内容不必沿袭下来。

3. 生成用户分析报告

《新项目表》可以为文化教学类调查提供工具。如颜湘茹、周冰冰（2017）根据《新项目表》设计了针对学习者文化学习兴趣点的问卷。问卷选用项目表的第一层和部分第二层项目为选项，让学习者进行五度评分。作者将学习者兴趣点调查结果与两本广泛使用的中级精读教材《博雅汉语》和《阶梯汉语》文化项目进行编排对比，发现两套教材编者对文化项目的偏好与学习者文化学习兴趣存在一定差距。这个研究中，项目表这一工具的使用，实现了学习者研究与教材研究的比较。

（二）未来发展方向

今后的研究将在以下方面进行优化和深入。

1. 增加文化项目的辅助信息

除已有的频次及典型实例之外，进一步利用教材库提取并标注文化项目在教材中的位置（课文、课后阅读、文化知识板块或脚注等）、呈现形式（图片、文字或影像等）、呈现媒介语（汉语、学习者母语或英语等）等有价值的辅助信息。

2. 加入跨文化视角

国际汉语文化教学的目标不仅是传播中国文化，还在于培养学习者跨文化意识，构建人类命运共同体。国际教材中的文化内容应该体现跨文化的视角，即文化呈现不能是单向的，至少应该是双向的（欧阳芳晖、周小兵，2016）。因此，增加跨文化维度是深化项目表的方向之一。具体来说，要设计一套可操作的跨文化辅助信息标注系统，将教材的相关内容标注出来。标注点包括：是否包含跨文化视角，以及实现跨文化视角的策略（直接对比、相互刻画、跨文化交际实例、他文化介绍等）。

3. 与语言教学挂钩

教材语料库中的各语篇已经标注了词汇、汉字、语法等级等语言难度信息。利用语篇作为连接文化项目及语言难度的桥梁，文化项目对应的语篇的具体语言难度得以明确，方便辅助不同需求的汉语教学。

4. 建立网络检索平台

为用户提供某一文化项目所属类别、频次、教材中的典型实例、相关语篇的难度等级等检索服务。

5. 实现项目表的开放共建

《新项目表》是一个开放的、可调整的系统，须随日后参考资源的补充不断更新和完善。一方面，研究团队将进一步补充文化项目，调整层级，完善其系统性。另一方面，今后将部分开放基于web的在线协同标注系统，并公布文化项目的标注规则及示例，供其他机构或个人上传新的教材语料及其基本信息，或新的已标注文化项目的教材语料。后续我团队将进行人工审核，吸纳他者提供的资源，真正实现项目表的开放共建。

小结

本研究在现有国内外二语文化教学理论的基础上，利用大型国际汉语教材库，开发了一个新的中华文化项目表，并标注了各文化项目在教材库中的频次和实例，弥补了以往文化项目表在系统性、涵盖面以及辅助信息内容上的不足，是开发国际汉语中华文化项目表的一次新尝试。希望通过对本项目表的深化优化，为文化教学的总体设计（内容比重、难度编排、与语言教学的结合）、课堂教学、教材编写与研究提供更科学的指导框架。

附录

中华文化项目表

《中华文化项目表》分三层。三个层次之间是上下位范畴关系，呈树状结构，如图 5-3 所示。

```
                    ┌─ A0 国情概况
                    │                ┌─ A1.0 政治和法律概况
                    │                ├─ A1.1 政治制度和政府机构
                    ├─ A1 政治和法律 ─┼─ A1.2 法律法规
                    │                └─ ……
         ┌─ A 国情文化                ┌─ A2.0 经济概况
         │          │                ├─ A2.1 经济差异
         │          ├─ A2 经济 ──────┼─ A2.2 第一产业
         │          │                └─ ……
         │          ├─ A3 地理
         │          └─ ……
中华文化  │
项目表  ──┼─ B 日常文化
         │
         ├─ C 成就文化
         │
         ├─ D 交际（实践）文化
         │
         └─ E 观念文化
```

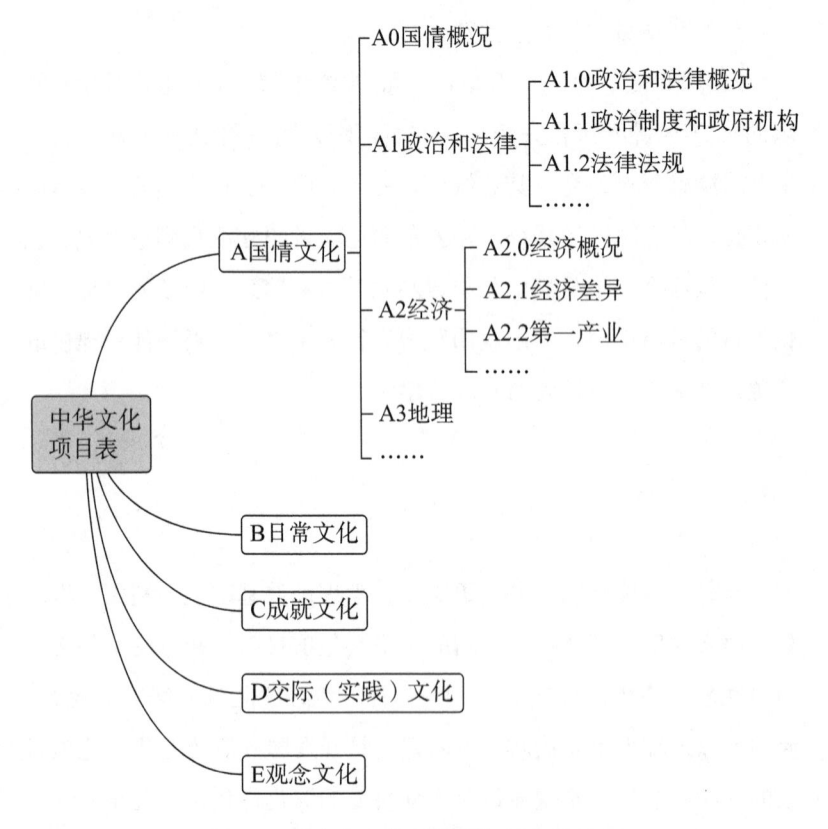

图 5-3 《中华文化项目表》树状结构图

第一层 5 个项目。第一层项目以文化教学内容分类维度为基础，基本涵盖了目的语国家文化的各个方面，分别是：

A 国情文化：一般本族语者掌握的关于其国家社会的地理、历史、人口、资源等方面的信息。

B 日常文化：日常生活中的衣食住行各个方面的信息。

C 成就文化：文学、艺术、科学等方面的成就。

D 交际（实践）文化：人与人之间的语言交际及非语言交际

活动。

E 观念文化：态度、价值观、哲学、信仰等。

第二层 46 个项目，第三层 212 个项目[①]。第二层、第三层项目依托由 3212 册 / 种的国际汉语教材文本建构的文化项目数据库研制出。

每一个文化项目有 2 项辅助信息：（1）文化项目数据库中的频次。括号内数据为该项目在文化项目数据库中的频次即出现的次数。（2）国际汉语教材文本中的典型实例。典型实例附在文化项目后，用冒号隔开，例子均出自所考察的 3212 册国际汉语教材。如"A5.3 民族、族群与社群"后附典型实例："青少年；老年人；网民；农民工；白领阶层"等。

第一层项目：A 国情文化

第二层项目	第三层项目及实例
A0 国情概况（73）	
A1 政治和法律	A1.0 政治和法律概况（9） A1.1 政治制度和政府机构（148）：一国两制；人民代表大会制度；居委会 A1.2 法律法规（170）：宪法；婚姻法；个人所得税；知识产权保护；限塑令 A1.3 国家象征（54）：国歌；国旗；国徽；首都 A1.4 政治问题（65）：台湾问题；官员腐败问题；中国在朝鲜半岛问题中的角色；人权问题 A1.5 外交（135）：乒乓球外交；中韩建交；中日恢复邦交；中外友好城市；中泰外交 A1.6 国防（20）：军事[②]力量；兵役制度；军费开支

[①] 《中华文化项目表》原有四个层级，但仅有部分三层项目存在下位的四层项目（共 70 项）。为了保证系统性而舍去了第四层，确立了三个层次的体系。

[②] 这里的"军事"泛指所有跟军队有关的内容。

续表

第二层项目	第三层项目及实例
A2 经济	A2.0 **经济概况**（121） A2.1 **经济差异**（82）：东中西三大经济地带差异；贫富差距；城乡居民生活水平差距；北上广物价差异 A2.2 **第一产业（农林牧渔业）**（47）：三农问题；水稻种植；粮食问题；林业 A2.3 **第二产业（制造业、能源产业、建筑业等）**（55）：汽车工业；钢铁工业；中石油；中石化；"中国制造"；家电产业 A2.4 **第三产业（服务业、流通业、信息产业等）**（227）：对外贸易；旅游业；保险业；证券市场；广交会 A2.5 **经济政策**（238）：西部大开发；经济特区；市场经济；取消农业税；引进外资
A3 地理	A3.0 **地理概况**（82） A3.1 **区域城市景点介绍**（1645）：长江三角洲；云南省；新疆的伊犁、喀什；北京；上海；香港的海洋公园、星光大道；三亚的亚龙湾、鹿回头；昆明的翠湖、民族村 A3.2 **自然地貌及景点**（516）：黄河的壶口瀑布；长江三峡；五岳；四大佛教名山 A3.3 **行政区划**①（205）：省、自治区、特别行政区 A3.4 **气候天气**（227）：四季特点；多样性气候；梅雨季节；台风 A3.5 **动植物**②（132）：熊猫；藏羚羊；胡杨；牡丹 A3.6 **能源资源**③（41）：海洋资源；矿产资源；水资源

---

① 行政区划指总体介绍中国有多少个行政区划等内容。
② 这类文化项目介绍中国特有的动植物，一般性动植物介绍不纳入。
③ 这类文化项目介绍中国能源和资源的一般性分布、特点，不涉及能源资源保护。

续表

第二层项目	第三层项目及实例
A4 历史	A4.0 **历史概况**（18） A4.1 **历史年表**（79）：古代历史年表；近代历史年表；秦代；三国时期 A4.2 **历史事件**（321）：秦始皇统一天下；楚汉相争；赤壁之战；安史之乱；鸦片战争；辛亥革命；五四运动；抗日战争；解放战争；香港回归；唐山大地震 A4.3 **中外交流史**（72）：丝绸之路；郑和下西洋；马可波罗到中国；遣唐使与留学生 A4.4 **考古发现**（24）：北京人；山顶洞人；甲骨文发现；南海一号
A5 人民	A5.0 **人民概况**（8） A5.1 **人口**（252）：人口数量；人口过多问题；计划生育政策；老龄化问题；流动人口 A5.2 **户籍制度**（35）：身份证；户口；中国"绿卡"；"黑户" A5.3 **民族、族群与社群**（576）：汉族；藏族；彝族；摩梭人；客家人；海外华人华侨；青少年；老年人；网民；农民工；白领阶层 A5.4 **名人**（1278）：孔子；李白；屈原；王羲之；孙中山；老舍；鲁迅；袁隆平；金庸；姚明
A6 教育	A6.0 **教育概况**（34） A6.1 **教育制度**（275）：义务教育制度；高考制度；大学扩招 A6.2 **教育机构**（76）：北京大学；北京语言文化大学；清华大学；中央民族大学 A6.3 **教育内容**（176）：考研；四六级考试；考证热；小学课程设置；中学课程设置；补习班 A6.4 **课外实践**（53）：课外兼职；学生社团；志愿者活动；夏令营 A6.5 **国际教育**（121）：留学热；移民与海归；国内 HSK 考试；汉语热；孔子学院；海外 HSK 考试

续表

第二层项目	第三层项目及实例
A7 社会保障	A7.0 社会保障概况（8） A7.1 就业（148）：大学生就业问题；下岗；打破铁饭碗；择业观念的转变 A7.2 退休养老制度（31）：退休金；退休年龄；养老保险 A7.3 社会救济及服务（102）：希望工程；无偿献血；志愿者；SOS儿童村 A7.4 住房保障（36）：住房改革；福利分房；商品房；买房难
A8 环境保护（242）：黄河断流；藏羚羊濒临灭绝；沙漠化；垃圾处理问题；白色污染	
A9 文化遗产（37）：保护少数民族文化遗产，如藏族史诗《格萨尔》；古城现代化的问题	
A10 大众传媒	A10.0 大众传媒概况（7） A10.1 平面媒体（74）：《人民日报》；《光明日报》；《文汇报》；《读者》 A10.2 网络传媒（73）：百度；新浪；博客 A10.3 广播及电影电视（109）：中国国际广播电台；中央人民广播电台；电影业的发展 A10.4 广告（45）：虚假广告；广告业发展
A11 中国体育（116）：武术；太极；北京奥运；乒乓球；跳水	
A12 公共安全（无）	
A13 宗教事务（无）	

第一层项目：B 日常文化

第二层项目	第三层项目及实例
B0 日常概况（18）	
B1 服饰	B1.0 服饰概况（6） B1.1 传统服饰（96）：旗袍；中山装；虎头鞋；唐装 B1.2 日常着装（40）：鞋衣尺寸；日常服饰变化；流行服饰；T恤衫 B1.3 工作服（2）：水兵服；上班族服饰 B1.4 节庆着装（2）：婚礼着装 B1.5 民族服饰（21）：藏族哈达；苗族银饰；白族服饰；傣族服饰；彝族服饰
B2 饮食	B2.0 饮食概况（81） B2.1 烹饪方法（109）：熬（粥）；蒸；炸；烹饪用具；刀工 B2.2 日常食物（466）：早点；大米；面条；饺子；日常三餐食物；豆浆；开水；酱油；醋；辣 B2.3 节庆饮食（95）：汤圆；月饼；饺子；粽子 B2.4 饮食流派及地方风味（542）：川菜；粤菜；湘菜；臭豆腐；北京烤鸭；台湾小吃 B2.5 烟酒茶（480）：茉莉花茶；乌龙茶；铁观音；台湾珍珠奶茶；茅台酒；茶具介绍 B2.6 就餐地点[①]（103）：王府井小吃街；全聚德；台湾士林夜市
B3 居住	B3.0 居住概况（7） B3.1 居家（130）：乔迁之喜；租房；地产中介；房子内部摆设；家具；卧室；浴室；厕所 B3.2 住旅馆（56）：标准间；订房；退房 B3.3 作息（33）：早睡早起；睡午觉 B3.4 日常天气（35）：天气预报；学校所在地的天气特点

---

① 指对餐厅、小吃街等吃饭的地方的介绍。

续表

第二层项目	第三层项目及实例
B4 学习工作	B4.0 学习工作概况（5） B4.1 知识与技能学习（48）：阅读习惯；职场充电；艺术培训 B4.2 学生生活（185）：校服；宿舍；食堂；打工赚钱；开学放假时间；申请入学手续 B4.3 职场（99）：工作时间；出差；病假事假；加班；跳槽；找工作；面试；创业
B5 家庭生活	B5.0 家庭生活概况（1） B5.1 婚恋生育（300）：单身潮；丁克；生育计划；涉外婚姻 B5.2 家庭成员关系（208）：亲子关系；婆媳关系；亲戚关系；家务分工
B6 交通①	B6.0 交通概况（64） B6.1 城市交通系统（189）：交通网络；交通标志；交通规则；高峰时段 B6.2 自行车（74）：自行车王国；自行车地位的变化 B6.3 铁路（136）：火车订票；避开春运高峰；硬卧或软卧 B6.4 私家车（37）：驾照；停车场；买车 B6.5 公共汽车（40）：月票；投币上车；排队日 B6.6 地铁轻轨（49）：地铁线路图；地铁卡 B6.7 空运（46）：机场；登机手续；飞机时刻表 B6.8 水运（6）：港口；轮渡；船票 B6.9 出租汽车（60）：拒载；起步价；面的 B6.10 出入境（16）：拱北出境口；出国手续；海关
B7 通讯	B7.0 通讯概况（10） B7.1 写信寄信（112）：国际邮件；快递；包裹 B7.2 电话短信（144）：中国电信；公用电话；电话卡；区号 B7.3 网络通讯（85）：腾讯QQ；手机上网普及率；网上购物
B8 度量衡（50）：里；公分；尺；寸；斤；两；摄氏度；鞋码	

---

① 此处的"交通"只指日常生活的"行"，与整体介绍的交通运输情况角度不同。

续表

第二层项目	第三层项目及实例
B9 购物消费	B9.0 购物消费概况（34） B9.1 银行服务（191）：换钱；银行开户 B9.2 讨价还价及打折（119）：打折；促销；讨价还价 B9.3 购物方式（70）：现金；刷卡；发票；小费；网购 B9.4 购物场所（174）：杂货店；百货公司；超市；地摊；夜市；菜市场 B9.5 退货维权（62）：投诉；产品三包；质量认证；售后服务
B10 休闲娱乐	B10.0 休闲娱乐概况（76） B10.1 艺术爱好（124）：舞厅；听音乐会；合唱团；KTV；电影；电视；马戏；话剧 B10.2 旅行（168）：游记攻略；旅游须知；黄金周旅行 B10.3 泡酒吧茶馆（48）：酒吧；茶馆；咖啡屋 B10.4 种花养草养宠物（28）：养花；遛鸟；养狗 B10.5 游戏（81）：放风筝；击鼓传花；老鹰抓小鸡；麻将；中国象棋；围棋 B10.6 上网休闲（37）：上网聊天；网络交友；网游 B10.7 收集收藏（17）：集邮；收藏门票；收集粮票 B10.8 运动（288）：看比赛；晨练；去健身房
B11 健康	B11.0 健康概况（29） B11.1 看病就医（32）：心理治疗；挂号拿药；私人诊所 B11.2 养生保健（89）：凉性和热性；按摩；春捂秋冻 B11.3 个人护理（14）：理发；美容；洗浴
B12 日常安全（75）：治安状况；安全标示；紧急号码	
B13 节日节气	B13.0 节日节气概况（78） B13.1 节气习俗与传统节日（33）：冬至吃饺子；立秋吃西瓜；数九；春节；端午节；七夕 B13.2 非传统节日（84）：妇女节；劳动节；儿童节；国庆节 B13.3 外来节日（33）：圣诞节；父亲节；情人节 B13.4 民族节日（50）：泼水节；火把节；藏历年

续表

第二层项目	第三层项目及实例
B14 人生庆典	B14.0 人生庆典概况（2） B14.1 出生（153）：生肖属相；生辰八字；红鸡蛋 B14.2 生日（94）：老人寿辰；抓周；长寿面和寿桃；生日礼物 B14.3 婚礼（169）：置办婚礼；吃喜酒；集体婚礼；旅行婚礼；民族婚俗 B14.4 葬礼（15）：悬棺；陪葬；天葬
B15 禁忌迷信与象征	B15.0 禁忌迷信与象征概况（24） B15.1 颜色（92）：红色象征喜庆、吉利 B15.2 语言文字和数字（230）：四；八；六；双；九；伞；钟；筷子；花生 B15.3 动植物和器物（120）：龙；凤；喜鹊；竹；玉石 B15.4 仪式或行为（46）：祭祖；算命术

第一层项目：C 成就文化

第二层项目	第三层项目
C0 成就概况（8）	
C1 科技	C1.0 科技概况（13） C1.1 工业技术（15）：汽车技术；纳米技术 C1.2 农业技术（12）：杂交水稻技术；转基因食品；温室栽培 C1.3 水利科技（27）：京杭大运河；三峡工程；南水北调工程 C1.4 航天航海（33）：神五；长征运载火箭；两弹一星 C1.5 IT 技术（29）：五笔字型输入法；中文排版技术 C1.6 天文历法（78）：天干地支；二十四节气；日晷 C1.7 古代发明（113）：算盘；四大发明；丝绸纺织 C1.8 能源技术（5）：垃圾回收利用；可再生资源；生物发电 C1.9 医疗科技（99）：中药；针灸；口腔医学

续表

第二层项目	第三层项目
C2 艺术	C2.0 艺术概况（18） C2.1 书法篆刻（131）：篆刻碑林；毛笔；宣纸 C2.2 建筑及景点（743）：长城的山海关和嘉峪关；黄鹤楼；鸟巢 C2.3 音乐（347）：二胡；琵琶；古筝；《渔舟唱晚》；《康定情歌》；《茉莉花》；《龙的传人》 C2.4 舞蹈（23）：舞龙舞狮；扭秧歌；蒙古族筷子舞；千手观音 C2.5 绘画（81）：国画；年画；《清明上河图》 C2.6 雕塑雕刻及景点（80）：敦煌雕塑；冰雕；兵马俑；乐山大佛 C2.7 园林艺术及景点[①]（38）：盆栽；苏州园林；插花 C2.8 工艺品（177）：剪纸；中国结；瓷器；扇子；风筝；刺绣；景泰蓝 C2.9 曲艺（322）：京剧；越剧；相声；杂技 C2.10 影视作品（140）：《流星花园》；《卧虎藏龙》；《推手》；《实话实说》；《超级女声》
C3 文学[②]	C3.0 文学概况（56） C3.1 诗歌韵文（1045）：《咏鹅》；《回乡偶书》；《静夜思》；《有的人》；《面朝大海，春暖花开》 C3.2 传统歌谣[③]（454）：《摇啊摇，摇到外婆桥》；《拉大锯扯大锯》；《排排坐吃果果》；《读书郎》 C3.3 小说（357）：《西游记》；《水浒传》；《骆驼祥子》；《故乡》 C3.4 名家名篇[④]（941）：朱自清《背影》；韩愈《师说》；许地山《落花生》；茅盾《白杨礼赞》

[①] 著名的园林一般也是旅游景点。
[②] 传统的幼儿、中小学国际汉语教材（尤其是华文教材）以及中高级精读教材，课文主要由各类文学作品构成。通过文学作品来教授语言、传授文化，是这些教材的特色。
[③] 此处"歌谣"是指民间口头传诵的传统韵文作品，以童谣最为常见。
[④] "名家名篇"指的是在文学史上有影响的作家散文作品。受传统语文教育影响的国际汉语教材往往较多地选取名家名篇，以此进行文化教学。

续表

第二层项目	第三层项目
C3 文学	C3.5 神话传说及故事（1050）：嫦娥奔月；女娲补天；曹冲称象 C3.6 寓言童话成语故事（1281）：朝三暮四；杀鸡取卵；拔苗助长；东郭先生和狼；猴子捞月 C3.7 传统谜语绕口令（327）：关于筷子的谜语；元宵节灯谜；《画凤凰》；《施氏食狮史》；《板凳与扁担》 C3.8 格言警句（182）："学而时习之"；"少壮不努力，老大徒伤悲"；"业精于勤荒于嬉"；"三人行，必有我师"；"勿以善小而不为，勿以恶小而为之" C3.9 典籍（70）：《永乐大典》；《孙子兵法》；《山海经》；《左传》
C4 语言文字	C4.0 语言文字概况（94） C4.1 标准语（315）：汉语口语和书面语的区别；普通话和北京话的区别；推广普通话；普通话在台湾的现状；普通话在香港的现状 C4.2 方言（159）：粤语；北京话；上海话；七大方言区；台湾方言使用情况 C4.3 注音（188）：汉语拼音；注音字母 C4.4 汉字（733）：笔画笔顺；简体繁体；造字法；甲骨文 C4.5 词汇和惯用语（1492）："闭门羹"；"走后门"；"敲竹杠"；"一言既出，驷马难追"；"哑巴吃黄连——有苦说不出" C4.6 翻译（55）：外国人姓名翻译；汉语外来词；商标翻译；外国地名翻译 C4.7 标点符号（55）：逗号；冒号；感叹号

第一层项目：D 交际（实践）文化

第二层项目	第三层项目及实例
D0 交际概况（0）	
D1 情景交际	D1.0 情景交际概况（51） D1.1 就餐（321）：凉菜—饮料—主食—汤；合餐；筷子；打包；宾客座次；劝酒布菜；敬酒时酒杯高度不能超过对方酒杯；争先买单；AA 制 D1.2 送礼收礼（112）：收到礼物不能当面打开；礼尚往来；"礼多人不怪"；"礼轻情意重" D1.3 做客待客（109）：邻里间串门；不经预约去拜访；送客 D1.4 问候寒暄介绍（109）：打招呼的方式；客套话 D1.5 称谓（741）：姓和名的顺序；姓的字数；已婚妇女的姓氏；爸爸；妈妈；哥哥；姐姐；师傅；经理；阿姨；先生；女士；小李；老王；熟人之间称呼名字；瞎子阿炳；老外 D1.6 邀请（32）：请柬；邀请；回请 D1.7 谢绝推让（24）：推让的习惯；不直接拒绝 D1.8 告别（70）："留步"；"慢走"；"有空来我家玩" D1.9 回应称赞（47）："哪里"；"过奖" D1.10 祝贺（33）：婚礼祝贺词；开业祝贺；贺电贺信 D1.11 请求（44）："麻烦你"；"拜托了" D1.12 致谢（38）：大恩不言谢；日常生活中不常致谢；请吃饭、送礼等致谢方式 D1.13 电话礼仪（46）：首先询问致电者身份而不是报上自己的姓名；电话用语
D2 非语言交际	D2.0 非语言交际规范概况（2） D2.1 身势语（68）：握手；表示数字的手势；鞠躬 D2.2 面部表情（4）：目光接触；微笑 D2.3 空间距离和秩序（11）：陌生人距离；异性初次见面距离；同性间的身体接触；排队距离；上下车推挤现象 D2.4 音量音高（2）：公共场合大声说话
D3 交际风格（87）：含蓄委婉；客气；自谦；"随便"；"研究研究"	

续表

第二层项目	第三层项目及实例
D4 跨文化交际	D4.0 跨文化交际概况（3） D4.1 文化总体印象[①]（124）：认为外国人很有钱；认为日本人集体观念过强；中国人的性格；爱面子爱扎堆；台湾人看上海；外地人看北京人；南方人看北方人 D4.2 文化总体对比（167）：中美解决问题方式的不同；东西方哲学对比；中国人和西方人对"关系"的理解；中西思维差异；城乡差异；南北差异；台湾和大陆差异 D4.3 文化间的相互影响（185）："中国制造"；印度的"中国风"；中国公司在海外；洋快餐；韩流；日本漫画；外国节日；中日友好文化活动；中日佛教密宗互相影响；中法文化年 D4.4 跨文化交际实例[②]（56）：赴美交换生的所见所闻；一个西班牙人在中国的生活；一个瑞典人在中国就医的经历；中俄跨国婚姻

第一层项目：E 观念文化

第二层项目	第三层项目及实例
E0 观念概况（10）	
E1 哲学思想	E1.0 哲学思想概况（9） E1.1 儒家（48）：立世精神；忠恕之道；"仁" E1.2 道家（21）：阴阳；无为；出世 E1.3 其他流派（11）：墨家

[①] 可归入此处的文本至少具有以下特点之一：第一，客位视角明显，如话题是"外国人眼中的北京人"，"外国人对中国的印象"；第二，是对某一人群（通常是某国人或某地人）的判断性的介绍，如法国人很浪漫，北京人很健谈等。

[②] "跨文化交际实例"的文本具备以下三个要素：第一，有故事性；第二，故事涉及来自不同文化背景的人，通常是不同国家文化背景的人；第三，故事主题表现文化差异或文化适应。

续表

第二层项目	第三层项目及实例
E2 宗教信仰	E2.0 宗教信仰概况（17） E2.1 佛教（30）："一沙一世界"；佛教的分支；禅宗观念；轮回 E2.2 伊斯兰教（3）：回教 E2.3 道教（6）：八卦图；道教的发展及影响 E2.4 民间信仰（24）：祖先崇拜；宿命观；妈祖信仰；鬼神观念
E3 价值观	E3.0 价值观概况（54） E3.1 面子观念（33）：爱面子；留面子 E3.2 圈子观念（29）：乡土宗族；地域观念 E3.3 人情观念（72）：大义灭亲；亲亲相隐；托关系；谦虚忍让；邻里和睦 E3.4 等级观念（39）：服从观念；论资排辈；尊老；重官仕 E3.5 国家认同（20）：国家荣誉感；民族认同；寻根意识 E3.6 公德与私德（5）：不遵守交通规则；侠义精神；讲义气 E3.7 从众与围观（9）：从众行为；看热闹；"事不关己高高挂起" E3.8 隐私观念（22）：不注重年龄、婚姻、收入等隐私；"好事儿不背人" E3.9 诚信观（17）：抄袭；拾金不昧；守信
E4 人生观	E4.0 人生观概况（0） E4.1 幸福观（15）：助人为乐；"平平凡凡才是真"；房子与幸福感 E4.2 财富观念（189）：勤俭节约；存钱；不浪费粮食；不露富；品牌观念；货比三家；炫耀性消费；赌马；买彩票 E4.3 教育观念（169）：吃苦教育；一切从娃娃抓起；望子成龙；不打不成材 E4.4 家庭观念（238）：门当户对；糟糠之妻不下堂；干得好不如嫁得好；闪婚；孝顺；赡养父母；光宗耀祖

续表

第二层项目	第三层项目及实例
E5 世界观	E5.0 世界观概况 E5.1 **自然观**（15）：天人合一；对克隆人看法；安乐死 E5.2 **时空观**（63）：守时与迟到；生活节奏；都市快节奏综合征；慢性子；风水；坐北朝南 E5.3 **性别观念**（186）：重男轻女；半边天；夫妻家务分工；男性女性化现象 E5.4 **审美观**（50）：喜欢红色；肤色；胖瘦；裹小脚；割双眼皮

第六章 教材词汇个案研究

第一节 易混淆心理动词"认为""以为"考察

在汉语二语词汇教学中，易混淆词是教学重点和难点。张博（2005，2007，2008a，2008b，2013）从对外汉语教学角度对易混淆词的概念、特点、类型、研究方法，及词典编写原则、体例设计等进行系统论述。还有学者具体分析特定母语背景者易混淆词的习得情况（付娜等，2011；陈昌旭，2017），考察易混淆词词典中的例句功能和设计（钱旭菁，2015）。

"认为""以为"是一对典型的易混淆词，理性意义基本相同，有相同语素，汉外相关词语不对应，偏误遍及不同母语背景、不同水平等级的学习群体。许多学者从汉语本体角度辨析其语义、句法、语用上的异同，取得不少成果（张邱林，1999；李艳，2004；代元东，2009）；还有学者从汉语二语教学角度考察二者的偏误（金贞儿，2009；匡林垚，2015）。总之，前人对"认为""以为"的研究已取得一定成果，但研究不够深入，尤其是习得与教材编写研究很少。

本节辨析"认为""以为"在语义、句法、语篇、语用等方面的异同，结合汉外对比考察二语习得，重点考察海内外10部综合汉语教材的编写情况。希望能发现问题，解释缘由，改善教材编写，促进二语者习得。

一、本体研究与习得考察

（一）"认为""以为"辨析

《现代汉语词典》（第7版）（简称《现汉》）的解释和举例：

认为：动对人或事物确定某种看法，做出某种判断：我～他可以担任这项工作。

以为：动认为：不～然｜这部电影我～很有教育意义｜我～是谁呢，原来是你。

用"认为"解释"以为"，容易混淆。"以为"的例子值得商榷。"不以为然"是固定格式，难度较高。第二例可用"认为"解释。第三例是"以为"的另一个义项"错误地认为"，但释义并没有明确此义项。

相对来说，《现代汉语八百词》（增订本）（简称《八百词》）中"以为"的释义和例子要详细、准确一些：

以为：动词，对人或事物做出某种判断。认为：我～水的温度很合适｜他们～，只要能进入半决赛，冠军还是有可能争取到的。

……用"以为"做出的论断往往不符合事实，用另一小句指明真相：我～有人敲门，其实不是｜原来是你，我还～是老王呢……

《八百词》明确指出"以为"做出的判断往往不符合事实，例句更是凸显了这个意思。而划线的例句比《现汉》划线例句容易理解。此外，《八百词》还明确指出："以为"表示判断时，语气比"认为"轻。

张邱林（1999）、李艳（2004）明确指出"以为"有两个义项："以为$_1$"相当于"认为"，表示确定的判断；"以为$_2$"在表示一个判断的同时预设另一个相反的判断。如：

人生一世，到底在求什么？内心的丰富与平衡，我<u>以为</u>。（以为$_1$）

我们曾<u>以为</u>"温度"是自然的基本要素之一，但现在我们知道它其实是原子运动的附加产物。（以为$_2$）

张邱林（1999）、李艳（2004）认为，"以为$_1$"往往带有委婉语气。我们随机抽查了BCC现代汉语语料库（简称"BCC"）100例"以为"句，发现"以为$_1$"句多带有委婉语气，有的还表达不同于他人的观点：

（1）从何着手呢？窃<u>以为</u>可从以下三个方面深入实践。

（2）当代中国社会正处于高速转型期，社会转型表征非常复杂，从个人视角来看待当代中国社会变迁，笔者<u>以为</u>主要存在如下特征。

（3）有文章认为，所谓"娱乐片"的目的就是单一的娱乐，切忌要求它同时去负载什么思想内涵和认识功能。窃<u>以为</u>不然。如前所述，在我看来，所谓"娱乐片"，其社会功能不可能仅止于娱乐。

上例主语都是第一人称,(1)和(3)"以为"前加"窃",(2)用"笔者"代替"我",语气都显得委婉、谦和。(3)表达有别于他人的观点。这正是"以为$_1$""认为"的区别。

(二)频率分析

1. 母语者使用频率。

《现代汉语频率词典》统计,"认为"频率为 0.2526,"以为" 0.1491,前者远高于后者。BCC 中,"认为" 52 万句,占 69.33%;"以为" 23 万句,占 30.67%。但上述统计没有区分"以为$_1$""以为$_2$"。

我们考察了小说《丰乳肥臀》[①]《花季雨季》[②](共 87 万字)里的"认为""以为$_1$""以为$_2$",使用次数、频率如下:

表 6-1 两部小说中"认为""以为$_1$""以为$_2$"的次数、频率

小说	认为	以为$_1$	以为$_2$
《丰乳肥臀》	44	0	37
《花季雨季》	65	1	37
合计/占比%	109/59.24%	1/0.54%	74/40.22%

2. 二语者使用频率[③]。

匡林垚(2015)统计 HSK 动态作文语料库(简称"HSK"),发现"认为" 5985 句,正确句 5928 句;但"以为"未区分义项。为了区分"以为$_1$、以为$_2$",我们重新统计 HSK,发现:"以为" 462

---

① 莫言《丰乳肥臀》,作家出版社 1995 年版。
② 郁秀《花季雨季》,海天出版社 1996 年版。
③ 此处统计二语者的正确使用频率。因为"以为"含两个义项,偏误句中划分为哪个义项不明确。

句；正确句 324 句，其中"以为$_1$"27 句，"以为$_2$"297 句。综合看，它们的正确使用率分别为，"认为"94.82%，"以为$_1$"0.43%，"以为$_2$"4.75%。

3. 从母语者和二语者的使用频率，可以看出：

第一，无论母语者还是二语者，使用频率"认为"均高于"以为"；"以为$_2$"均高于"以为$_1$"。

第二，二语者频率，"认为"远高于母语者，"以为"远低于母语者；其中"以为$_1$"略低于母语者，"以为$_2$"远低于母语者。

（三）二语习得考察

学习难度的测定，一般有若干标准：语义和形式是否单一对应，简单易懂；使用频率高还是低，无标记还是有标记。（周小兵，2004）"认为"只有一个意思，学习难度低于"以为"。"以为"有两个义项，它们都需要由句子、语篇因素来确定，学习难度高于"认为"。

在"以为"的两个义项中，"以为$_1$"学习难度更高。它的意思，涉及谦辞表达、语篇因素等，容易跟"认为"混淆；使用频率也很低。"以为$_2$"学习难度相对低一些。它的意思，只需一个跟该判断相反的小句出现就很清楚了；使用频率也比"以为$_1$"高。

偏误情况。匡林垚（2015）考察 HSK 发现，"认为""以为"偏误分别为 57 句、107 句，偏误率分别为 0.95%、23.83%。其中误用"以为"代替"认为"的偏误最多：

（1）*另外，过去一些病症被<u>以为</u>一种不治之症。

该研究还举了下例:

(2)*我以为上不上大学不是那么重要的事,最关键的是找出自己的能力并发挥出来。

类似(2)语料的偏误标注和统计,值得商榷。该例与张邱林(1999)分析的"以为$_1$"接近:第一人称,表示自谦。也接近《八百词》的说法:表示判断时"以为"的语气比"认为"轻。所谓自谦、语气轻,可能跟另一个事实有关:该判断与一般判断不一样。一般判断是:上大学很重要。可见,(2)实际上是正确句。HSK的偏误标注可能导致匡林垚的统计把一些正确的"以为"句当成了偏误句。

匡林垚(2015)在分析误用"以为"代替"认为"时,将"以为"大多看作"以为$_2$",也值得商榷。我们重新考察HSK中"以为"句发现,高级二语者误用"以为"代替"认为"117句,这117句均表示明确的判断。其中,高级二语者正确使用"以为$_1$"27句。如:

我以为,好丈夫应该具有如下的品质,有自己独立的个性,坚强的意志,待人接物热情豁达热爱生活,追求事业,同时他又能够在生活上体贴关心妻子,在事业上支持理解妻子。

而我以为,这种态度才是最根本的,必须达[F达]到共识的。

因此,这117个"以为"也可能含"以为$_1$",高级二语者混淆了"认为""以为$_1$"。如:

*老师以为几个学生中我学得比较成功，我感觉到老师的期待。

*我以为如果我那天没见过她，没跟她说话，肯定不会选学汉语，也肯定没有今天，没有机会来北京语言学院学习汉语。

上两例并没有委婉义或否定他人说法的语篇功能。

可见，"认为"比"以为"简单，属于无标记，容易习得；"以为$_2$"比"以为$_1$"简单，属于弱标记，相对容易习得。遵循由易到难的规则，二语者的习得顺序应是：认为→以为$_2$→以为$_1$。

教材应根据这个顺序编排语言项目，即目标语环境下，应在初级第一阶段教"认为"，第二阶段教"以为$_2$"，高级阶段教"以为$_1$"。否则会增加学习难度，诱发误代偏误。

二、教材总体分布情况

（一）教材

本节选取海内外编写出版、使用广泛的10部综合汉语教材。中国教材4部：《博雅汉语》（简称《博雅》），《发展汉语》（简称《发展》），《汉语教程》（简称《教程》），《新实用汉语课本》（简称《新实用》）。海外教材包括英语区、日本和韩国出版教材各2部：英语区教材 Chinese in Steps（《步步高中文》，简称《步步高》）、Integrated Chinese（《中文听说读写》，简称《听说读写》）；日本教材《新编实用漢語課本》（《新编实用汉语课本》，简称《新编》）、《快樂學漢語》（《快乐学汉语》，简称《快

乐》);韩国教材《맛있는중국어》(《好吃的汉语》,简称《好吃》)、《다락원중국어마스터》(《多乐园掌握汉语》,简称《多乐园》)。

二语教材词汇研究主要包括词项选取、释义举例、课文呈现、练习、复现、多模态六方面。(周小兵等,2018)以下先呈现"认为""以为"的总体分布情况,再聚焦前四点考察教材编写。

(二)总体分布[①]

总体分布,主要包括出现目标词的册次课次,生词、课文、语言点和练习的呈现情况。

表6-2 教材中"认为""以为"的分布情况

教材	认为					以为				
	册/课次	生词	课文	语言点	练习	册/课次	生词	课文	语言点	练习
《博雅》	初Ⅱ/42	√	√	/	√	初Ⅱ/44	√	√	/	/
《发展》	初Ⅰ/19	√	√	/	√	中Ⅰ/6	√	√	/	/
《教程》	2册下/25	√	√	/	√	3册上/11	√	√	√	√
《新实用》	3册/32	√	√	/	/	2册/25	√	√	√	√
《步步高》	3册/28	√	√	/	/	2册/18	√	√	√	√
《听说读写》	L2P1/9	√	√	/[②]	/	L1P2/14	√	√	√	/

[①] 本研究考察将"认为""以为"作为主要词语教学时的教材编排情况。教材总体分布情况,未区分"以为$_1$""以为$_2$",生词、课文、语言点和练习各部分将区分。

[②] 语言点解释"认为"和"对……来说"的区别,与本研究无关。

续表

教材	认为					以为				
	册/课次	生词	课文	语言点	练习	册/课次	生词	课文	语言点	练习
《新编》	39	√①	/	/	/	24	√	√	/	/
《快乐》	中上级/1	√	√	/	√	中级/10	√	√	/	√
《好吃》	5册上/1	/	/	√	/	5册上/1	/	√	/	√
《多乐园》	3册/1	/	/	/	√	3册/1	/	√	/	√

10部教材都收录了"认为""以为",但出现位置和各部分呈现情况不同。

1. 横向分布

在一课中生词、课文、语言点和练习4个部分出现2次及以上的,"认为"有8部教材,"以为"有10部教材。《教程》《新实用》《步步高》3部教材的4个部分都出现了"以为"。没有1部教材的4个部分都出现"认为"。

2. 纵向分布

生词,"认为""以为"有2部教材没有收录。课文,"以为"10部教材都出现了;"认为"有3部教材未出现。语言点,"以为"出现于6部教材,"认为"出现于2部。练习,"认为"出现于6部教材;"以为"出现于5部。

可见,编者相对重视"以为",认定其学习难度高于"认为"。

---

① 课后补充词语,练习题句子:石田想送给河村一个纪念品,小林建议____,石田认为这是个好主意。

3. 编排顺序

我们在第一节的研究中得出这 2 个词、3 个义项的习得顺序：认为→以为$_2$→以为$_1$。从表 6-2 可以看出，7 部教材先出现"以为"[①]，排序与习得顺序不一致。《博雅》《发展》《教程》3 部教材先出现"认为"，排序与习得顺序一致。

三、生词

生词部分通常列出拼音、词性，加上外语的对应词释义，有时会有例子。由于后两项最重要，通常用"生词释义"定义。释义的质量，影响二语者对生词的理解和掌握。

（一）整体情况

表 6-3 教材生词中"认为""以为"的释义

教材	认为 词性	认为 注释	以为 词性	以为 注释
《博雅》	v	consider	v	think, believe, consider erroneously
《发展》	v	think, consider	v	think, believe
《教程》	v	to think, to believe	v	to think, to believe
《新实用》	v	to think, to consider 我认为很好	v	to think (with more subjectivity) 我以为，别以为，都以为

[①] 《好吃》《多乐园》2 部教材在同一课出现"认为"和"以为"，"以为"是主要词语，先出现。

续表

教材	认为 词性	认为 注释	以为 词性	以为 注释
《步步高》	v	think	v	assume wrongly, think
《听说读写》	v	to think, to consider	v	to assume erroneously
《新编》	v	…と思う	v	…と思う（判断を下した結果が事実と合わない場合に用いることが多い①）
《快乐》	v	…と考える，…と認める，…と思う 我认为找工作的时候还是要现实一点儿，眼光不要太高。	v	…と思う，…と考える 你还在北京吗？我以为你已经去上海了。 我还以为你是日本人，原来你是韩国人啊。

注：《好吃》《多乐园》生词未收录"认为""以为"。

(二) 释义模式

释义模式分为目的语释义、漫画释义、符号释义、图片释义和媒介语释义等类型。(王汉卫，2009) 由表 6-3 可知，8 部教材主要以媒介语释义法为主；《新实用》《快乐》还给出了例句。

《新实用》的例句只有词组没有上下文："我认为""别认为""都认为"也都可以说。《快乐》的例句则有典型语篇，能凸显"以为$_2$"跟"认为"的差异，帮助二语者理解、掌握"以为$_2$"。

---

① 句译：通常在判断结果与事实不符的情况下使用。

(三) 具体释义

英语释义：刘运同（1994）分析汉语词与英语词的对应关系指出，占绝大部分的是汉语词与英语词在意义上存在包含或被包含关系。4部教材注释"认为""以为"时都用think，而"认为""以为"意义、用法有明显差异，think更多对应"认为"，还可对应"以为$_1$"，很少直接对应"以为$_2$"。此外，think还对应"想、觉得"等。这种情况，属于对比等级6级：英语一个词，对应汉语多个，学习难度最大；学生未掌握特定词语与上下文关系时，往往不知道选用汉语哪一个词。

日语释义：2部教材都用"…と思う"注释，而该日语词还对应汉语词"想，思考"等。这也属于对比等级6级，难度高，容易诱发偏误。

此外，表6-3"以为"的具体释义，有三种不同的情况：(1)《听说读写》《新编》的释义是"以为$_2$"，与课文句子义项一致；(2)《博雅》《步步高》解释了"以为$_1$、以为$_2$"两个义项，但课文句子只有"以为$_2$"；(3) 其余4部教材"以为"的释义与"认为"相近，表示"以为$_1$"；但是课文只有含"以为$_2$"的句子。显然，后面6部教材的具体释义，会对学习产生负面影响，导致混淆"认为""以为"。

汉语初级教材生词英语译释存在方式不妥、不够准确、忽略生词用法等问题。（周国光等，2009）以上教材关于"认为""以为"的释义也存在这些问题，而这容易影响二语者对这两个词的正确理解，导致出现语义错位、语义偏差等情况。教材词汇的外语注释，应进行两种语言的对比研究，增加注释的精确度。（刘运同，1994；

周小兵等，2014）"认为""以为"的释义，也应基于汉语与不同媒介语的对比。如英语释义，"认为"可以用 think, say, believe, argue 等释义，"以为$_2$"应用相应的过去时态或过去完成时释义，如 thought, had thought 等。

四、课文

典型上下文和有效语篇可促进二语学习。由表 6-2 可知，7 部教材课文出现"认为"，10 部教材出现"以为"。考察发现，这些课文都能凸显"认为、以为"的意义。如：

山田：我认为那本书很容易读，书的内容也非常有意思。
崔浩：我也这样认为。（《发展》）
她还没来？我以为她已经来了。（《听说读写》）

值得注意的是，课文的"以为"，均表示错误判断的"以为$_2$"。如前所述，"以为$_1$"一般用于表示个人观点，多带有自谦意味，可能跟别人看法不同，在当代汉语中使用频率很低。因此一般教材课文没有"以为$_1$"。既然如此，生词释义就不应出现"以为$_1$"的义项。遗憾的是，不少教材生词部分还是出现了"以为$_1$"的注释，这大概是受内向型词典的影响。这就导致课文呈现与生词释义不一致，容易诱发学习者混淆"认为""以为"。

此外，我们考察了 10 部教材所有级别课文中含"以为"的句子，"以为$_1$"有 2 句：

惟弟一再声言"不接触，不谈判，不妥协"，余期期以为不可。

至于"以三民主义统一中国"云云，识者皆以为太不现实，未免自欺欺人。(《发展》)

以上 2 句出自《发展》高级综合（Ⅱ）第 15 课《廖承志致蒋经国先生信》，属于古代文言与现代汉语书面语的结合，语篇不典型，学习难度大。高级教材的课文应创设典型的现代汉语语篇来编排"以为$_1$"，促进学习者的理解和掌握。

五、语言点

教材语言点的解释对教与学起着重要作用。考察发现，只有《教程》《新实用》《步步高》《听说读写》《好吃》《多乐园》6 部教材语言点部分出现了"以为"；《好吃》《多乐园》2 部教材出现了"认为"，且是讲解"以为"时提及的。《教程》语言点中的"以为"含"以为$_1$""以为$_2$"两个义项；其余教材语言点均表示"以为$_2$"。

（一）解释模式

主要有语言（单/双语）、图表、公式、例句等形式。6 部教材都使用了语言和例句解释，除《教程》有中英双语解释，其余都只有单语解释。如《教程》：

"以为"：认为，（错误地）认为。常用于说话人已知道自己的判断与事实不符之后。

"以为" means "to think (wrongly)". It is often used when the speaker has realized that his/her judgement is wrong, e.g.

我以为是林老师呢，原来是你啊。

你没有回国呀，我以为你回国了呢。

《听说读写》用英语解释：

"以为" is often used to signify an understanding or judgment which has proved to be erroneous. If someone has realized that she was mistaken in assuming someone else to be vegetarian, she could say to that person:

我以为你吃素。

（二）解释方法

主要有以旧释新、对比解释（汉外/汉语内对比）、句子解释、语言点互释等方式。6部教材都用了句子解释，但有的单句没能凸显"以为$_2$"的意思，如：

我以为你去中国了。（《步步高》）

我以为你吃素。（《听说读写》）

以上例句，需要结合语言点的解释来帮助理解。如《步步高》的解释：

以为 is used here to indicate that the speaker is wrong.

如果例句扩展一下，凸显语篇，则能更好地促进学习者理解"以为$_2$"：

我以为你去中国了,可是你没去。

我以为你吃素,原来你吃肉。

其余4部教材用复句把"以为₂"意思凸显出来,如:

我以为他不会来,可是他已经来了。(《新实用》)

原来他是从上海来的,我还以为他是从北京来的呢。(《多乐园》)

此外,《好吃》《多乐园》还使用了汉语内部对比解释。如:

인정 앞에는 被를 쓸 수 있으나 以为는 让만 쓸 수 있음. 认为는 객관적인 사실이나 결론임을 나타낼때 쓸 수 있음.[①]

你这样的态度让他们以为你看不起他们。

中国被认为是21世纪最有发展前景的国家。(《好吃》)

（三）解释内容

主要包括形式、意义、使用条件和作用等。语言点中"认为""以为"的解释在一定程度上弥补了生词释义的不足。如前文解释模式、解释方法的举例。

值得注意的是,《教程》语言点解释"以为"时,重点解释了

---

① 句译:"认为"前可用"被","以为"前只用"让"。"认为"用于表示客观的事实或结果。

义项"以为$_2$";但又指出"以为"有"认为"之意,即"以为$_1$"。这与《教程》生词释义中的"以为$_1$"和课文句子中的"以为$_2$"都不一致。根据对习得难度和顺序、生词和课文的考察,初级教材的语言点解释"以为"时,不出现义项"以为$_1$"为宜。

此外,10部教材所有级别的语言点都没有对"以为$_1$"的形式、意义、语篇、语用做出解释。高级教材的语言点应解释"以为$_1$"及其与"认为"的区别,以引起教师和学习者的注意,避免高级二语者误用"以为$_1$"代替"认为"。

一般来说,语言点的解释须达到形式清楚、意义准确、使用条件和作用明确、语篇典型四个条件。以上可以看出,教材语言点对"认为""以为"的解释,在形式、意义和功能上有待加强。

六、练习

教材练习的好坏对课堂教学质量有直接影响。(吕必松,1993)科学设计的足量练习,可以促进二语者正确理解、运用词汇,可以让教师有效评估习得情况。

(一)分布数量

从分布数量来看,"认为"高于"以为$_2$"。"认为"分布于6部教材练习:《博雅》《发展》《教程》《步步高》《快乐》《多乐园》。"以为$_2$"分布于5部:《教程》《新实用》《步步高》《好吃》《多乐园》。仅有《多乐园》的练习共现二者:

빈칸에 '以为'나 '认为' 중 알맞은 단어를 넣어 보세요.[①]

我还_____他会高兴呢，没想到他那么生气。

大家都_____他是今年最杰出的学者。(《多乐园》)

此类辨析性练习对二语者掌握这两个词很有帮助，可惜教材编排得较少。

(二) 类型和题量

从类型和题量来看，"以为₂"的练习题量高于"认为"，练习类型和具体项目也较丰富。请看下表：

表6-4 教材练习中"认为""以为"的类型和题量（单位：题）

类型	项目	认为 题量	以为 题量
有意义练习	选词填空	5	3
	完成句子	1	3
	翻译	/	4
交际性练习	回答问题	1	/
	看图说话	/	1
合计		7	11

"以为₂"练习题量比"认为"多4题；练习项目多1种。练习类型单一，题量少。"认为"仅7题，5道为选词填空。

此外，10部教材所有级别的练习都没有编排"以为₁"。

[①] 句译：选择"以为"或"认为"中适当的词填入空格。

练习类型适中，可避免形式相同导致的重复乏味；题量合理，可保持与课文量的平衡。（刘颂浩，2009）因此，教材应在练习类型和题量方面改善对"认为""以为$_2$"的编写，注意二者的对比和区分；高级教材练习应编排"以为$_1$"，注意与"认为"的对比和区分。

小结

本研究选取"认为""以为"为易混淆动词的代表，从本体和二语习得角度分析发现习得难度和顺序为：认为→以为$_2$→以为$_1$；重点考察在海内外10部综合汉语教材中的总体分布，以及在生词、课文、语言点和练习中的呈现情况，发现二语者混淆"认为""以为"跟教材编写有一定关系，主要问题和建议如下：

第一，教材编排顺序和二语习得顺序不一致，7部教材"以为"均出现在"认为"前。教材应借鉴二语习得顺序，遵循先易后难、由浅入深的编写原则，初级第一阶段编排"认为"，初级第二阶段编排"以为$_2$"，高级阶段再编排"以为$_1$"。

第二，教材释义和语篇呈现不恰当。教材在生词释义"以为"时，不应出现"以为$_1$"义项，应与课文中"以为$_2$"义项一致。在语言点解释时，初级教材不应出现"以为$_1$"义项，高级教材应解释"以为$_1$"及其与"认为"的区别。例句应凸显语篇，从形式、意义和功能方面提升编写水平。

第三，教材练习不到位。教材应适当丰富练习类型，增加练习题量；注意凸显语篇，对比区分"认为""以为$_2$"。同样，高级教材也应如此编排"以为$_1$"的练习。

第二节 "一点""有点"编写考察

——以西班牙媒介语教材为例

"一点"和"有点"含有相同语素,意义、格式都有相似之处,都有"小量"的意思,是典型的易混淆词。其中,不定量词"一点"包含"一点、一点儿、点、点儿"四种格式,本节统一写作"一点"。"有点"有动词、副词两种语法单位的用法,(马真,1989)包含"有点、有一点、有点儿、有一点儿"等格式,本节仅考察副词,统一写作"有点"。

在《汉语水平词汇与汉字等级大纲》(国家汉办,1992)中,"一点""有点"分别是甲级、乙级词,都属初级阶段学习词汇。但我们发现,不少西班牙语母语者到了汉语学习中级阶段,使用这两个词时仍会产生偏误[①]:

*我以前没去过中国,所以一点担心。(瓦伦,HSK5级)
*这件衣服有点漂亮。(莱昂,HSK4级)
*晚上得睡有点早。(莱昂,HSK4级)
*今天我们的工作有点不累。(莱昂,HSK4级)
*他没买东西一点。(莱昂,HSK4级)

[①] 本节所使用的中介语语料主要源于暨南大学留学生书面语语料库(简称"暨大库"),网址:https://huayu.jnu.edu.cn/corpus3/Search.aspx,西班牙莱昂大学孔子学院和瓦伦西亚大学孔子学院学生作业(分别简称"莱昂""瓦伦")。

"不同语言的词汇系统和不同国家学生学习词汇的方式都有所差异,不同学习群体学习易混淆词时也存在特异性。"(张博,2007)学习者在学习词汇时,不仅受母语影响,也可能受教材编写、教学方法等影响。

为考察西语区学生产生以上偏误是否与教材编写有关,本节选取以西班牙语为媒介语的三套汉语教材《当代中文初级》(西班牙语版)、《汉语》和《今日汉语》(第 2 版)(以下分别简称《当代》《汉语》《今日》),考察其中"一点""有点"的编写。具体分析教材的生词释义、课文呈现、重点词语注解或语言点、练习设计这 4 个环节,看教材编写是否存在问题和不足,这些不足是否可能诱发偏误。最后,提出编写、教学这些易混淆词语的具体建议。

《当代》是一版多本教材,由华语教学出版社于 2009 年出版发行。媒介语从英语换成西语,西班牙有好几所孔子学院使用此教材。初级本共 20 课,单课结构为:重点句式导入、生词表、课文、重点词语注解、语音、语法、拓展词汇、文化点,练习单独成册。

《汉语》由西班牙汉语研究者 Eva Costa Vila 和西班牙语翻译学者孙家孟共同编著,西班牙埃尔德出版社于 2004 年出版,是西班牙部分中文学校的常用教材。每册 10 课,共 20 课,单课结构包括:课前热身练习、对话(课文)、注意(重点词句释义)、词汇练习、口语练习、语法、阅读理解、听力理解、书面表达(不分先后顺序),教科书后含当册生词表、练习簿、习题答案及听力材料。

《今日》是国家汉办规划教材,2013 年由外语教学与研究出版社出版,在西语区尤其是拉美地区使用较为广泛。本节选择三套教材中的前 20 课进行对比。初级本共 25 课,前 20 课单课结构包括:

课文、生词、注释、语言点、综合练习、文化点,前五课中,课文均以拼音加西语翻译的格式呈现。

一、汉西对比

参考前人研究(马真,1989;吕叔湘,1999;周小兵、朱其智、邓小宁,2007;李燕,2008;葛锴桢,2015),将"一点""有点"在初级阶段的常见用法总结如下:

表 6-5 "一点"的意义及用法表

一点(不定量词):表示数量少				
序号	格式	意义/用法	举例
1	V+一点(+N)	表示数量少	买一点面包。
		表示祈使、建议语气	你再吃一点。
2	A+一点	表示相比较程度稍微有所差别	跟她同学比,她高一点。
		表示祈使、建议语气	快一点!要迟到了!
3	一点(+也/都)+不/没+A	用在"不/没"的前面,表示对性质、状态的完全否定	他们看起来一点也不高兴。
4	一点(+也/都)+不/没+V	用在"不/没"的前面,表示对行为的完全否定。V一般是心理动词、身体感官类动词和"类似"类动词	她对孩子一点不担心。我跟我哥哥一点也不像。
5	[a] 不/没+V+一点+N, [b] 一点+N(+也/都)+不/没+V	"V+一点(+N)"的否定形式,表示"完全不……,完全没……"	今天她没吃一点饭。今天她一点饭也没吃。

表 6-6 "有点"的意义及用法表

序号	格式	意义/用法	举例
		有点（绝对程度副词）：表示程度不高；稍微	
1	有点+A	表示某种性质、状态的程度低；静态句表示不满意；A一般为贬义词或中性词	房间有点脏。她的个子，打排球有点儿矮，练双杠有点高。
2	有点+V	表示某种心理行为、身体状态的程度低；V一般为表示消极和中性意义的心理动词、身体疾病类动词、表示"类似"的少数动词	他今天没来上课，我们都有点担心。弟弟有点发烧。我长得有点像我表姐。
3	有点+不+A	1的否定式，A是褒义词	他看起来有点不高兴。
4	有点+不+V	2的否定式，V为褒义心理动词	我有点不喜欢他来家里。

由上可知，这两个词主要表示数量少，程度低，可以用"小量"量范畴概括其意义。而不同的意思，主要依据不同的格式（跟不同词语的搭配形式）来表达。因此，特定词的学习、使用，离不开特定格式。

下边我们根据大致习得顺序排列上述格式；选取《新时代西汉大词典》（简称《词典》）、《西班牙语助手》在线词典（简称《助手》）、Trainchinese在线词典中的注释及西语著作《时间的针脚》（西汉版本）中 un poco 对译的句子作为语料，进行西汉对比分析：

1. 西：V+ un poco（+de+N）

汉：V+ 一点（+N）

西语：Me dio un poco (de gasolina).

词译：我 他给过去 一点 （前置词 汽油）

句译：他给了我一点（汽油）。(《词典》)

格式1. 西汉语序一致，学生容易习得。

2. 西：un poco+A/Adv（贬义、中性）

汉：有点 +A（贬义或中性）

西语：…está un poco estrecho.（A）

词译：它处于……状态 有点 紧

句译：它有点紧。(《助手》)

格式2 西汉语序一致。西语这一格式中 A 或 Adv 还可以是褒义词，但此时 un poco 对应汉语中的"比较"，如：un poco guapa（比较漂亮）。受西语影响学生易出现如下偏误：

* 这个电影有点好看。

3. 西：un poco+A/Adv 比较级

汉：A+ 一点

西语：Quiero comprar algo un poco más barato.（A 比较级）

词译：我想 买 某物 一点 更 便宜

句译：我想买便宜一点的。(Trainchinese)

格式3 西汉语序相反：汉语"一点"在谓语形容词之后；西班牙语 un poco 一般在谓语（有时是状语）之前。跟西语2的区别是，西语3的形容词或副词是比较级，说明其格式有比较义。受西语语序影响，学生可能出现如下偏误：

*我哥哥比我一点高。

4. 西：V（心理等）+ un poco
汉：有点 +V（心理等）
西语：Creo que lo has asustado un poco.
词译：我认为 连词 代词 它害怕_{现在完成时} 有点
句译：我觉得它有点怕生。(《助手》)

格式 4 西汉语序相反，且汉语 V 一般是心理动词、身体疾病类动词或"类似"义的少数动词；西语无此限制，可以和一般行为动作动词连用，但此时常译为"一下 / 一会"：llora un poco（哭了一会）。学生易出现如下偏误：

*她知道后有点哭了。

西语中"一点""有点"否定形式有多种表达方式。① 首先看"一点"的否定形式。Trainchinese 在线西汉词典中将"一点也不"释义为 (no...) en absoluto; (no...) ni un poco。

5. 西：no+...+A/Adv+en absoluto/ni un poco...
汉：一点（+ 也 / 都）+ 不 / 没 +A
西语：Tus chistes no son divertidos en absoluto.（A）
词译：你的 笑话 不 是 有趣 前置词 完全的

---

① 本节仅分析西语中与所收集偏误语料相关的形式。

句译：你的笑话一点都不好笑。(Trainchinese)

6. 西：no+V+en absoluto/ni un poco...

汉：一点（＋也／都）＋不／没＋V

西语：No me habría importado　en　　　　absoluto ...（V）

词译：不　我　介意复合条件式　　　前置词　　完全的

句译：我一点儿也不介意。(《时间的针脚》)

口语中常用 ni un poco 代替 en absoluto，以格式5句为例：

西语：Tus chistes no son divertidos ni un poco.

词译：你的 笑话 不 是 有趣　也不 一点

对比发现，格式5、格式6中西汉语序不同：西语对应汉语"一点"的词常位于句末，学生受其影响可能产生如下偏误：

*别担心，你不胖一点。‖ *我不想吃一点。

"有点"否定式的使用频率较低。西语表达"有点不"意义时一般常在句首加否定词，句中形容词前或动词后常有表示程度或频率等的副词（如：muy 很，mucho 很多）。但词典和译本多倾向于译为"不太"。

7. 西：no+...（+muy...）+A/Adv（褒义词）

汉：有点＋不＋A（褒义词）

西语：El　dormitorio no　está　　muy ordenado.

词译：前置词 卧室　不　处于……状态　很 整洁

句译：卧室<u>不太</u>整洁。(《助手》)

汉语"有点+不+A"中的 A 一般是褒义词。西语无限制，如：No es muy feo.（不太丑 /* 有点不丑）。

8. 西：no+V（心理等）(+mucho...)

汉：有点+不+V（心理等）

"有点+不+V"中的 V 一般是表示积极或中性义的心理动词，或表示"类似"义的"像"等。

西语：No nos gusta mucho.（V）

词译：不 我们 使喜欢 多

句译：我们<u>不太</u>喜欢。(《助手》)

西汉语序不同，西语中否定词常在谓语动词或形容词前，汉语否定词紧贴谓语之前。学习者有时会受母语影响出现如下偏误：

*这本书不<u>有点</u>好看。‖ *我不<u>有点</u>喜欢。

总的看来，中介语里"有点不"出现率低，偏误数量自然也低。

9a. 西：no+V+ni un poco de+N

汉：不 / 没+V+一点+N

9b. 西：no+V+N+ni un poco

汉：一点+N（+也/都）+不/没+V

两种形式都是格式 1. "V+一点（+N）"的否定式，如："我们没买一点东西""我们一点东西也没买"。

西语：No hemos comprado ni un poco de cosas.

词译：不 我们买_{陈述式现在完成时} 也不 一点 _{前置词} 东西（《助手》）

句译：我们没买一点东西。

表示小量的词在名词前,学生出现偏误的可能性不高。但西语还可以说:

西语:No hemos comprado   cosas ni   un poco.
词译:不 我们买_{陈述式现在完成时} 东西 也不 一点

即表示小量、对应"一点"的词在名词后。此时,学生受西语语序影响可能出现以下偏误:

*我们没买东西一点。

二、生词表注释

(一)注释情况

词汇注释(含翻译)是否准确易懂,是评估教材词汇内容的重要标准。《当代》生词表注释位于课文之前;《汉语》每课没有单独的生词表,但课本后有词汇总表;《今日》生词随文,直接出现在对应的课文内容旁边。下表是三本教材生词表对"一点""有点"的注释情况:

表6-7 教材生词表注释情况

词语	词性	词译	来源
一点	无	un poco	《当代》第五课
	无	un poco	《汉语Ⅰ》第一课
	无	un poco	《今日》第四课

续表

词语	词性	词译	来源
有点	Adv.	un poco	《当代》第七课
	无	无	《汉语》未出现
	Adv.	un poco, algo	《今日》第十九课

四本教材生词表都采用母语注释法，其中：

（1）"一点"都比"有点"先出现。对"一点"的注释都是 un poco。

（2）"有点"比较复杂。《汉语》未将其选入生词表，预测该教材使用者学习"有点"时困难会多一些。另两部教材生词表都出现了"有点"，也都指出了其副词词性。但西语注释有一些区别：《当代》只使用了 un poco；《今日》则是 un poco, algo。

通过考察 Diccionario de la Real Academia Española（《西班牙皇家语言科学院西班牙语词典》）中 un poco 和 algo 的义项，检索当代西班牙语语料库（Corpus del Español Actual）和西班牙语网络语料库（EsTenTen18）中的相关语料，笔者发现后者义项更接近"一些，有些"。由此，我们认为《今日》把"有点"释义成 algo 不太准确。根据前文，un poco 在不同上下文中，可对应汉语"一点、有点、一下、一会"等词，在对译为"一点、有点"时虽然语义上有相似之处，但部分使用格式、搭配词语的选择限制上存在差异，教材将"一点""有点"简单释义为 un poco 存在释义不完整、信息不足等问题。

（二）编写建议

生词表首次出现"一点""有点"时，可适当增加词语出现的格式，增加典型例句，必要时增加解释说明并配上西语，通过掌握格式用法来掌握其语义。如：

1. 一点：un poco（de），V+一点（+N）= V+ un poco（+de+N）

如：A：你会说汉语吗？

　　A：¿Puedes hablar chino?

　　B：我会说一点儿（汉语）。

　　B：Hablo un poco（de chino）.

2. 有点：Adv. un poco，有点+A = un poco+A

（el adjetivo generalmente es una palabra despectiva o neutral, significa que el hablante no se siente muy satisfecho：A 一般为贬义词或中性词，表示说话人不太满意。）

如：他有点忙。

　　Está un poco ocupado.

此后课文中如出现其他用法，可在该课重点词语注释或语言点部分进行适当补充。

三、课文呈现

课文为词语创造学习语境，典型的上下文语境可以有效促进学习者理解词汇意义,掌握词汇用法。三套教材在生词表部分都仅采用母语释义法对"一点""有点"进行了简单注释,并未标注搭配格式、展示典型例句。下面我们从格式数量与呈现顺序、复现情况等方面对教材的课文部分进行考察。

表 6-8 "一点""有点"各搭配格式在课文中的出现情况

	《当代》		《汉语》		《今日》	
	首现	总次数	首现	总次数	首现	总次数
1. V+一点（+N）	第五课	4	《Ⅰ》第一课	7	第四课	4
2. 有点+A	第十五课	2	《Ⅰ》第六课	1	第十九课	3
3. 有点+V	第七课	1	—	—	第二十课	2
4. A+一点	第十三课	3	《Ⅰ》第九课	3	第十九课	3
5. 一点（+也/都）+不/没+A	第十三课	3	《Ⅱ》第七课	1	—	—
6. 一点（+也/都）+不/没+V	第十九课	2	《Ⅱ》第七课	1	—	—
7. 有点+不+A	—	—	《Ⅱ》第六课	1	—	—
8. 有点+不+V	—	—	—	—	—	—
9a. 不/没+V+一点+N 9b. 一点+N（+也/都）+不/没+V	—	—	—	—	—	—

（一）呈现顺序与格式数量

从表6-8看来，三本教材课文的格式呈现有所不同，但是都缺少格式8和9。在呈现顺序上，三部教材有一些小区别，但大致顺序一样。我们将充当谓语的形容词和动词合并，把上表中的9种格式，分为4个学习阶段：

阶段一：V+一点+（N）

阶段二：有点+A/V

阶段三：A+一点

阶段四：一点（+也/都）+不/没+A/V｜有点+不/没+A/V｜一点+N+（也/都）+不/没+V

由上可知，编者对学习者的习得顺序存在共识。根据前文的西汉对比，阶段一的格式，语序与西语完全对应，学习者通过汉西对比较易习得。

阶段二中"有点+A"语序与西语也完全对应，但汉语中A一般不能用褒义词。而"有点+V"语序则与西语相反，而且汉语的V也有选择限制，必须是心理动词、身体感觉类动词或者表示"类似"含义的少数动词。这两种情况需要在教学时加以强调，难度相对略高。

阶段三（如"胖一点"）与阶段二（如"有点胖"）出现的课数极为接近。但此格式中汉西语序相反，学生在习得时容易出现负迁移。

阶段四的西语对应句式语序灵活，学生可能会受母语影响出现错序偏误。另一方面，由于使用频率较低，学生也有可能会因掌握不牢而产生偏误。如格式"有点+不+A/V"中汉语的A一般是褒义词，V 一般为表示褒义的心理动词，西语无此限制。而格式"一点（+N）+（也/都）+不/没+V"汉西语序不同，学生可能出现母语负迁移。

《当代》课文中出现的搭配格式较丰富。从呈现方面来看，基本符合学生的习得顺序，但是在具体句式内部小的分类上，存在一些疏忽。如：

第十九课：我一点也想不起来了。

课文中未出现基本结构"一点也+否定词+单个动词"，却出现了"一点也想不起来"这一复杂结构："一点也不+动词+否定词+可能补语"，不符合由易到难的学习规律。

《汉语》中缺少"有点"和动词的搭配格式。

《今日》课文中与"一点""有点"相关的否定格式均未出现，但在其他格式的呈现方面较有新意，如：

第十九课：刚开始的时候，有点紧张，现在好一点了。

"A+一点""有点+A"这两种搭配格式相近，在课文同一句话中出现有助于教师引导学生注意到两者格式上的差异，理解其不同意义。

总的看来，《当代》和《汉语》中所选格式更加丰富，基本满足初级阶段使用需要；《今日》部分课文所选例句聚焦格式之间的异同，但所选格式过少，不利于学生掌握"一点""有点"的多种用法。

（二）复现

生词和生词出现的特定格式多次复现，才能促进学生习得。而相比集中复现（在同一课文中复现），间隔复现对二语词汇习得更有效。(Dempster, 1987; Bahrick 等, 1993; Matsuoka & Hirsh, 2010; 王玉响、刘娅莉, 2013) 且词汇复现不仅要考虑复现次数，还要考虑每次出现时出现什么义项、与哪些词搭配，初级教材应该多提供常用义项及搭配。(王玉响、刘娅莉, 2013)

复现次数=出现总次数-1。从表6-8"一点""有点"各格式复现次数看来，《汉语》格式间的复现次数差距较大，如"V+一点+（N）"复现6次，"有点+A"等未复现。《今日》各格式复现次数均在1—3之间，差距最小。此外，三套教材中复现次数最多的都是"V+一点+（N）"，其他格式较少，尤其是"有点+V"这一格式最少。

从格式复现间隔来看，《当代》间隔较小。如"一点也不A"这一格式：

第十三课：非常暖和，一点也不冷。
第十四课：交通一点也不方便。
第十七课：一点也不贵。

十三课首现、下一课复现，两课后再次复现，间隔较小，对学习者记忆与掌握此用法有帮助。

《汉语》除"V+一点+（N）""A+一点"外，其他格式只出现一次，复现间隔也较大。如"V+一点+（N）"：

《汉语Ⅰ》第一课：我会说一点。

第十课：咱们去吃点儿什么吧。

你们想喝点儿什么？

《今日》"V+一点+（N）"这一格式出现最早，第四课首次出现，但直到第十九课才再次出现：

第四课：Nǐ yào diǎnr shénme？

Xiānsheng, nín chī diǎnr shénme？

Hái yào diǎnr biéde ma？

第十九课：走，我们去喝一点咖啡。

根据艾宾浩斯遗忘曲线和记忆遗忘规律，遗忘在学习后立即开始，最初遗忘快，以后逐渐缓慢。"V+一点+（N）"首次出现到第二次出现间隔八课，学生短时记忆尚未转化为长时记忆，容易遗忘。

由上可知，《当代》课文复现间隔相对较规律，但是对"有点"复现不够。《今日》虽然复现间隔大，但"一点""有点"各格式复现次数最均衡。《汉语》各格式复现极不平衡，复现间隔也较大。前两者编写相对更合理。

（三）编写建议

1. 课文应多聚焦汉西语差异，如："一点""有点"都可以与形容词连用，受母语语序影响，学生常把"A+一点"说成"一点+A"，编写时可适当进行对比分析。如："去年我们见面的时候，他有点胖，现在瘦一点了"一句，巧妙地创设语境，同时用到已学过的"有点+A"和新结构"A+一点"，可帮助学习者更好地理解两种结构的使用条件。

2. 课文应注意两词的复现设计，对学生容易出现偏误的格式要适当复现，帮助记忆。如"A+一点"汉西语序相反，学生容易受西语影响出现"我比他一点高"这种偏误，若在课文中提高复现率，并适当处理复现间隔，偏误率就可能随之降低。

四、重点词语注解或语言点

词语注解板块一般出现在生词表和课文后，对该课重点词语提供语义、用法说明和相关例句，能在一定程度上弥补生词释义的不足。《当代》的"重点词语注解"和《今日》的"语言点"部分采用"西汉对应的双语解释+例句"模式，《汉语》的"注意"部分采用"西语注释+例句"模式，分别列出了"一点""有点"的语义和使用情况。[①]

（一）《当代》重点词语注解部分

第七课："一点""有点"对比
本课首次出现"有点"，并在"词语注解"处将它与第五课出现的"一点"进行对比：

"有点""一点"的意思都是 un poco，但"一点"一般修饰名词

---

① 西语注解部分省略，仅展现中文译文。

表数量，如"我会说一点汉语""我要喝一点咖啡"；"有点"是副词，修饰动词或形容词，表程度。如："他今天有点不高兴""这件衬衫有点贵"。

注解的优点是：指出"有点、一点"意思对应 un poco；分别说明它们的搭配词类和在格式中的意思；把目标词放在典型例句中展示。不足是：虽然指出"有点"可修饰动词表程度，但是没有解释该格式对动词有选择限制（必须是表示心理、身体感觉或"类似"意义的动词），没有给出典型例句，容易导致偏误如"* 他有点笑了"。

第十三课："一点儿也不"

一点儿（para nada/ni un poco）"一点儿也不"在否定句中表示强调。如"一点儿也不漂亮/一点儿也不知道/一点儿也没吃"。

此解释没有以语言对比和学习难点为基础，不准确。"一点儿也不"对应西语的双重否定形式：no...ni un poco，no... (para) nada：

　　西语：No es guapa ni un poco.
　　词译：不 是 漂亮 也不 一点儿
或，西语：No es guapa para nada.
　　词译：不 是 漂亮 前置词 一点儿也不
　　句译：一点儿也不漂亮

从形式看，"一点"在西语的对应形式在句末；容易诱发"她不漂亮一点"的偏误。因此，解释部分应该通过对比强调区别，列出可能出现的偏误。

从意义看，说"一点也不"表示强调也不准确。其实该格式表示"完全否定"，意思是"根本不，完全不"。如："一点也不漂亮"等于"完全／根本不漂亮"。

（二）《汉语Ⅱ》"注意"部分

第四课："一点儿""有一点儿"的部分用法 ［（一）可省略］

一点儿＋N

例如：你喝（一）点水吧！

　　　　吃（一）点儿东西吧！

A＋（一）点儿

例如：他好（一）点儿了。（表示与以前状态的比较。）

有（一）点儿＋A

例如：这条裙子有（一）点儿长。

　　　　他有（一）点儿胖。

注解中列举了常见格式和相应例句，解释了"A＋一点"的语义。但存在一些不足。

第一，没有对"有（一）点儿＋A"中形容词的褒贬选择条件做进一步说明。

第二，部分例句语境不够凸显。如"他好一点儿了"，虽标明"表示与以前状态的比较"，但若设置明确的上下文则更容易理解："昨天他身体不舒服，今天好（一）点儿了"。

（三）《今日》语言点部分

第十九课：

三、有点紧张。

副词"有点"表示程度不高，做状语。常用格式是：有点+A/V。例如：

1. 她有点想爸爸、妈妈。
2. 他的衣服有点大。

四、现在好一点了。

（一）"一点"表示程度轻，做补语，格式是：A+一点。例如：

1. 最近，工作紧张一点。
2. 这儿交通方便一点。

（二）"一点"还表示数量少而不确定，做定语，格式是：一点+N。例如：

3. 我喝一点咖啡就行。
4. 现在我很想吃一点水果。

上述讲解可以概括出几点：

（1）格式较丰富，配有例句。只是没有呈现、说明这两个词的否定格式。

（2）"有点+A"仅给出例句，未说明A一般是贬义词或中性词。

（3）"A+一点"的释义不够准确，例句缺少必要的上下文。事实上，"表示程度轻"适合解释"有点+A"（工作有点紧张）。而

"A+一点"表示"对比之下，……"，跟以前、跟他人他事他地，或跟某种标准对比。因此，对应西语是形容词、副词比较级。若使用语境凸显的例句，学生容易理解：

上星期工作不紧张，最近工作紧张一点。
城里交通方便一点，乡下不太方便。

语言点解释和例子未能明确区分"有点+A""A+一点"，是以下偏误产生的原因：

*昨天睡太晚了，今天你得睡有点早。
*你的字比我的有点好看。

综上所述，三套教材虽然分别展示了"一点""有点"的常见格式，但都存在语言点描述不完整、对比和释义不到位、用法解释不具体等问题。相对来说，《当代》《今日》完整一些；《汉语》仅有例句，没有解释格式含义，增加了教和学的难度。

（四）编写建议

1. 解释"一点""有点"时，既要解释词性词义，更要结合具体格式说明其搭配情况和使用限制，同时充分利用西汉对比帮助学生习得。以"有点+A"的编写为例：

"有点+A"通常表示不满意的态度，A一般是贬义词或中性词。
"有点+A" significa que el hablante no se siente muy satisfecho, el

adj. normalmente es una palabra negativa o neutral.

  如：他觉得有点累。Se siente un poco cansado.

   她觉得第一个男朋友有点矮，第二个男朋友有点高。

    Parece que su primer novio es un poco bajo, y la segunda, un poco alto.

以下说法不正确：

La oración siguiente es incorrecta:

  ＊这个电影有点好看。

   ×La película es un poco buena.

  对于汉西语语序不同的结构，教材应着重强调，如"一点也不+A"：

  "一点＋（也＋）不+A"（no...ni un poco, no...nada）表示"完全不……""根本不……"的意思。注意：其中"一点"在"否定词＋形容词"前边。

  "一点＋（也＋）不+A" expresa "no...ni un poco, no...nada"。¡OJO！"一点"está delante de "不/没+A"。

  如：那条裙子一点也不漂亮。

   Ese vestido no es bonito ni <u>un poco</u>.

  2. 出现新结构时，与之前学过的结构适当关联，对比总结。如"A+一点"：

  "A+一点"表示程度等的差别，经常用在比较句中。

  "A+一点" indica una diferencia de grado, a veces se usa en las oraciones comparativas.

如：那本书很便宜，这本贵一点。

Ese libro es barato, este es un poco más caro.

我同学比我高一点。

Mi compañero de clase es un poco más alto que yo.

- 注意：

有点+A	un poco+A（A：sentido negativo 含贬义或消极意义的形容词）
A+一点	un poco+A/Adv comparativos

请对比：这个房间有点脏，那个干净一点。Esta habitación es un poco sucia, esa es un poco más limpia.

五、练习设计

（一）针对性练习

成人习得第二语言，既要注意语义内容又要关注语言形式。从输入输出角度来说，练习形式分为输入性练习和输出性练习（Nagata，1998a；Salaberry，1998 等），输入性（理解性）练习能帮助学习者识别、理解目标语言项目，但不利于学习者加工和内化语言形式；输出性（产出性）练习能够促使学习者熟练生成目标语言项目，但难度较大。（李贤卓，2017）

三本教材使用的输入性练习形式共 7 种：替换练习、朗读、选词填空、阅读理解、听力理解、改正错句、判断正误。输出性练习共 4 种：看图提问并回答、口语练习、翻译、组词成句。

《当代》的输入性练习共 5 种：替换练习、朗读、选词填空、阅读理解、听力理解。输出性练习共 2 种：口语练习、翻译。

《汉语》的输入性练习共 2 种：替换练习、选词填空。输出性练习共 2 种：口语练习、组词成句。

《今日》的输入性练习共 4 种：替换练习、选词填空、改正错句、判断正误。输出性练习共 3 种：看图提问并回答、翻译、组词成句。

总体来看，《当代》题型最丰富，《今日》次之，《汉语》最少。《当代》《今日》输入性练习题型多于输出性练习，《汉语》输入、输出性练习题型数量相同。三者在输入性练习设计上存在一些共选题型：替换练习、选词填空。其他题型各有特色。教材练习编写存在一定问题：部分输入性练习互动性不够强。如：

《汉语 I》第十课（看前面的图，和你的同伴一起练习）：
　　我有一点儿饿。
　　我也有一点儿饿。

学生只是按照例句顺序来表述，缺少在情境中操练的机会。

在位置方面，三本教材都是先出输入性练习，再出输出性练习。这种从语义加工过渡到句法加工的过程能够帮助学习者循序渐进地内化语言形式和结构，有效输出，有效习得。

下面按照格式，统计三部教材的练习（不分课前课后、课内课外）形式、题量[①]：

[①] 题量：替换练习题量按照替换总次数计算。

表 6-9 教材练习中"一点""有点"搭配格式的出现情况表

	《当代》		《汉语I、II》		《今日》	
	输入性	输出性	输入性	输出性	输入性	输出性
1. V+一点+（N）	4	2	11	2	2	1
2. 有点+A	3	0	9	2	15	0
3. A+一点	6	1	2	0	3	1
4. 有点+V	4	0	1	0	1	3
5. 一点也不+A	3	0	0	1	1	0
6. 一点也不+V	1	0	0	0	0	0
7. 有点+不+A	1	0	2	0	2	1
8. 有点+不+V	0	0	0	0	0	1
9a. 不/没+V+一点+N 9b. 一点+N（+也/都）+不/没+V	0	0	0	0	0	0
总计	22	3	25	5	24	7

由表 6-9 可知：

（1）《当代》和《今日》练习的格式较全面。但三部教材都缺少"一点+N（也/都）+不/没+V"的练习。

（2）《当代》针对格式 1"V+一点+（N）"和 3"A+一点"的题量最多，分别是 6 题和 7 题。但否定格式的操练较少，6"一点也不+V"和 7"有点+不+A"都只有 1 题；8"有点+不+V"没有。

（3）《汉语》习题集中于 1"V+一点+（N）"、2"有点+A"，分别有 13 题、11 题，远多于其他几种格式的练习。操练不足，不易引起学习者的重视，也容易诱发学习者过度使用某一格式，产生偏误。

（4）《今日》仅缺 6"一点也不+V"和 9"一点+N（＋也/都）+不/没+V"两种格式，改错和判断正误两种题型有助于帮助学生树立偏误意识。但所选例句不够典型，没有根据汉西语言的不同，对西语学习者可能出现的偏误格式进行预测，练习效果不佳。请看例子：

第十九课改正错句：现在我觉得冷有点儿。
第二十课判断正误：你是不是发烧一点儿？（　）

事实上，在西班牙人学汉语的中介语里，极少出现类似"冷有点、发烧一点"这类偏误，汉语"有点+A"与西语"un poco+A"语序一致，表示"有点"意义的词都位于形容词前，不易产生此类错序。西语学习者最常见的偏误是将"有点"误代为"一点"（如：*昨天天气很热，今天一点冷）。

西语中"有点+V"意义的"V+un poco"格式中，un poco 确实在动词后，学习者可能会出现类似"*我担心有点"这种偏误。但是"发烧"较特殊，它在西语中是一个名词：

西语：Tengo un poco de fiebre.
词译：我有 一点 _{前置词} 发烧

学习者常见偏误是将"有点"误代为"一点"（如：*我一点发烧），练习应该出这类改错题。

（二）练习中的间接复现

除了直接考察"一点""有点"的练习题外，《当代》和《汉语》在练习其他语言点时也用到了"一点""有点"，我们称其为间接复现。如：

我肚子有点_____。（《当代》第十六课"选词填空"）
因为很渴，所以想去酒吧喝点儿什么。（学"因为……所以……"，《汉语》第十课"连线"）

适当的间接复现，可帮助学生巩固相关格式。

（三）编写建议

练习是学习者实现对学习内容进行加工、分解、归类、总结的必要步骤和教学环节，是有效学习的必要途径，是语言教材的重要组成部分。（温晓虹，2007；田艳、陈磊，2014）桂靖、季薇等（2018）将"产出导向法"引入对外汉语教学，认为应用"词—词组—句子—语段—语篇"的渐进性练习方式来进行关键词操练，为产出总目标搭建语言支架。

根据上述分析，我们对教材练习部分的编写提出如下建议：

1.练习题型可以适当丰富，循序渐进式增加更多产出性练习。如：组词成句（如：这件衣服 我的那件 比 一点儿 贵）或改错题（如：今天我累一点，所以有点早睡觉）。接着扩展到完整的句子表达。如：操练"有点+A""A+一点"时，准备几组对比图片（如图A：一名身体较肥胖的男子；图B：该男子瘦身后），让学生根据内容用"有点+A""A+一点"进行描述。在情境中操练，有助于学生发现两种格式在语序和语义上的不同："有点A"用于描述当个事物，表示程度较低，"A一点"用于两个事物对比，表示"相比较来说更……"。

2. 在练习中可以多出现西语区学生的真实偏误，提前引起学生重视。如在判断正误题中出现：这首歌有点好听。

3. 对学习难度更高的结构，如"有点+不+A/V""一点也不+A/V"，可适当增加习题，促进学生理解和产出。如：翻译（No me gusta nada viajar. 我一点也不喜欢旅游）。

六、教材各部分的协调

教材的各个部分共同构成一个整体，生词注释、课文呈现、语言点注解、练习等必须协调一致。考察发现，三部教材在协调性方面存在一些问题。

（一）词语注解或练习超前

《当代》第七课"词语注解"部分指出：

"有点"是副词，修饰动词或形容词，表程度。如："他今天有点不高兴""这件衬衫有点贵"。

出现了"有点"与形容词搭配的两种格式："他今天有点不高兴""这件衬衫有点贵"。实际上，"有点+A"在第十五课课文中才出现："昨天晚上我喝酒喝了一个多小时，现在还有点儿糊里糊涂"。

"有点 + 不 +A"在全书中都未出现。过早出现难度较高的格式，会增加学生学习负担。

《汉语Ⅰ》第一课热身练习出现"V+ 一点 +（N）"结构："我会说一点英语"，但直到第十课（该书最后一课）课文部分才再次出现："咱们去吃点儿什么吧"。

另外，"A+ 一点"在《汉语Ⅰ》第九课课文中第一次出现："太小了，有没有大一点儿的？"但第六课却提前出现了间接使用此结构的习题：

选词填空：我的父亲_____晚上六点半下班，但是今天晚一点下班。（平时）

练习内容先于讲解内容，增加了学生练习的难度，也不符合习得规律。

（二）练习超出学生所学范围

《当代》第十课练习的阅读理解中出现"有点发烧"，但是教材并没有讲解过"有点"和身体感觉类动词搭配的情况。在二十课的听力练习选项中出现了"一点污染也没有了"这一格式，但教材中并未出现过"一点 +N+（也）+ 不 / 没 +V"，可能需要教师在播放听力前进行补充讲解。

《今日》第十九课选词填空练习中，出现了"他的衣服有点不合适"，但课文和语言点中都没有提及"有点 + 不 +A"，更没有指出哪些形容词和动词能出现在该格式中。若教师备课不够充分，临时解释这些用法时可能会忽略其中形容词必须是褒义词这一条件，诱发学生产生如下偏误：

*今天我们的工作有点不累。

（三）练习内容与当课内容不配套

练习本应跟本课所学搭配，加强学习效果。但《当代》却出现二者不配套的情况。如：

第七课课文：我有点儿担心。
第七课选词填空：他今天_____不高兴。（一点儿 有点儿）

练习不操练课文的"有点+V"，而去操练"有点+不+A"，很难达成高效习得。

（四）编写建议

1.语言点不要扩展太多，应与课文配套。如：课文呈现"有点+V"，注解处除了解释V必须是心理动词、身体感觉或"像"类动词外，适当补充一两个课文没有、但使用频率较高的搭配即可，如"有点想家""有点喜欢他"等。

2.练习与讲解、课文配套，避免超前。学习者通过练习对学习情况进行检验，有效练习可以激发学习动机。（田艳、陈磊，2014）练习如果出现太多超前内容，容易使学生产生自我怀疑，也会给教师教学带来一定困难。

小结

三套教材都呈现了目标词的部分格式,呈现顺序基本符合西语区学生的习得顺序,也设计了多种形式的练习。但是仍存在一些不足:

第一,生词注释用西语简单释义,未注意到西语与汉语是"一对多"的情况,学生容易受母语影响,误以为"一点""有点"用法一致,产生误代偏误。

第二,词汇讲解没有很好引入搭配格式和西汉对比,如"有点+A"和"A+一点"的区别,"有点+A/V"格式的限制,以致学生很难整体掌握目标词用法。

第三,各板块协调不够,如课文呈现与练习有时不对应,可能导致学生既没有掌握课文中的格式,也难以通过练习掌握其中的格式。

针对三套教材在生词讲解、课文呈现、练习设计中的种种问题,我们基于语言对比和学生习得情况,结合教学经验,提出许多具体、实用、具有可操作性的建议,希望能直接促进教材编写和教学实施。

对西语教材词汇编写的研究,也给了我们很多启示。

第一,词不离句。类似"一点""有点"的词语必须镶嵌在特定格式中,才能表现其特定意思;目标词的语义,只有在跟相关词语的形式搭配中才能凸显。因此,单纯的释义不可能让学生整体习得目标词。生词解释必须综合考量词义、词性、形式和用法等要素,必须有典型、易懂的句子。生词解释的不准确不科学,显示出编写者不重视甚至不了解目标词在特定格式中的用法。这也反映出汉语"词汇语法"研究的不足：不了解二语教学实际需求；词汇、语法融合研究不到位，不能真正解决二语教学提出的问题。

第二，教材词汇编写研究是一个系统工程，涉及语言本体研究、汉语二语教学习得研究、跨语言跨文化研究。教材词汇解释不准确，呈现不科学，练习效果差，往往跟以下因素相关：语言对比研究、二语学习研究的失位，汉语词典解释的不准确，对学生习得情况的不了解。

第三，作为开发研究的教材编写，要跟基础研究（语言和语言对比）、应用研究（二语教学习得与跨文化）密切结合；要有中外语言学家、二语教学专家的实质合作，有汉语教学经验丰富的人员参与；要系统考察，精心设计，才能产出优质高效的汉语教材。

结　语

一、主要观点

总结全书的研究成果，可以概括出以下观点：

（一）词汇选取，是判定教材难度的主要指标

第二语言/外语教材的词汇选取，主要包括：词种数，词种难度，词种与汉语母语者常用词汇重合率，重现率。这些是判定教材文本难度的主要指标。教材文本难度，是考核教材是否适用的基本条件。好教材应该词种适量，难度适中，初中高各级教材的词种跟汉语母语者词汇常用度比例大致重合，排除绝对高频词后的词汇重现率相对较高（平均3—7词）。如《汉语口语》（佟秉正，1982），其在词汇选取的指标上有不少独到之处。

一些教材难度偏高，不适用，主因是词种多，难度大，重现率低，缺少跨语言跨文化视角，不符合二语学习规律。这在一些华裔、少儿教材中尤为突出，原因之一是编写者对教材的二语性质、学习者的年龄特征考察不够。

词汇选取考察的上述指标，可通过数据统计与相关大纲、词表等进行比对而获取。相关数据统计，可使用基于语料库的文本分析软件进行。判定文本难度，主要是提取这些指标，看其是否符合学

习对象的特点和需求，是否跟当地教育体制、教学大纲协调一致。

（二）词汇的解释、呈现、练习，是衡量教材质量的标准

词汇选取后，词汇处理就成为衡量教材质量的基本标准。教材词汇处理主要包括：词义和用法解释（含学生母语或汉语注释），典型例句和语篇的呈现，练习与活动设计等。此外还有多媒体、融媒体设计。

好的教材，词汇解释切合学生需要，基于对学习特点的充分了解和学生母语同汉语的准确对比，容易理解，容易掌握。无论是例句还是课文呈现，都应该有适合学生理解、掌握的典型语篇，能产生"i+1"可理解性输入。练习活动的设计应该恰到好处，能促成输入、输出的有效互动，能促发"i+1"可理解性输出，最终达成有效习得。一些教材词汇处理不当，主因是不了解学习特点难点，缺少汉外对比和二语学习基础，缺少典型语境语篇的合理呈现，缺少能达成互动协同的有效练习活动。

词汇处理的考察，主要通过定性研究、汉外对比、静态研究、教材对比、教学考察、习得考察等方式进行；也可以进行实证研究、定量研究。

（三）区域性与适龄性，是测量海外汉语教材的重要内容

海外使用的优秀教材除了符合词汇编写一般要求之外，都有适量本土词汇和少儿学习词汇，都有相应的词汇解释、呈现和练习，学生乐学易学。而低质教材则往往受成人教材、汉语语文教材、目标语环境下汉语教材影响，在词汇选取和处理上缺少区域性、适龄性，不适合特定的教材使用者。

（四）教材编写，是语言研究、二语教学习得研究与跨文化研究的综合体现

根据学科研究层次，教材编写与教学法应用、教学实施同属于开发研究范畴。而语言本体研究和语言对比研究属于基础研究范畴，二语教学习得研究与跨文化研究属于应用研究范畴。可以说，教材研发是开发研究、应用研究、基础研究的综合体现。教材不足往往跟相关研究不够或成果吸收不好相关。如：现有教材词汇讲解不准确甚至错误，有的直接来源于一些权威词典和语言本体研究成果。进行"问题导向"的研究，改善使用中的教材词典，是二语教材研发的紧迫任务。

通过教材研发，可以发现基础研究和应用研究的不足，可以推动基础研究、应用研究解决开发研究中遇到的具体、实际问题，进而推动基础研究、应用研究的发展。

基于"教材编写是开发研究、应用研究、基础研究的综合体现"这个观点，还可以引出一个下位观点：教材词汇处理不当，反映出汉语"词汇语法"研究的不足。

教材词汇处理（讲解、呈现、练习等）不恰当，凸显目前汉语学界一些严重问题：词汇、语法研究结合不密切，不能满足应用研究需求，不能解决具体难题，整体无实质性突破。对易混淆动词的教材编写考察，对俄语区、西语区和面向韩国的教材考察，都显示出结合二语教学加强"词汇语法"研究的迫切性。如果能在教材研发中切实解决词汇解释、呈现、练习中的具体问题，"词汇语法"研究会有实质性突破。从某种意义上说，教学语法研究是汉语本体研究（含汉外对比研究）的试金石和推进器。

（五）二语词汇教学，应该"词不离句，句不离境"

把类似"字本位、词本位、句本位"之争，放在全球汉语教与学的大环境下考量，就会发现："词不离句，句不离境（交际情境）"，即结合句子（语篇）的词语教学，比基于字（语素）的词语教学，效果明显要好得多。新西兰原有中学汉语教学字表，以汉字为导引，先出现"般""兴""冒""服"，再出现"一般""高兴""感冒""衣服"，既不方便教，学习效果也不好。新型汉语教学分级词表的研制和应用，可以解决上述难题。对俄语区、西语区、印尼、韩国汉语教材词汇的系统考察，也证明"词不离句，句不离境"的教学效果，比脱离句子和语境的词汇教学要好得多。

（六）核心词及词集，可作为话题、文化点和交际点的坐标

以往基于语料库的研究，大多集中于字、词和句子长度。本研究证明，核心词和相关词族的提取和统计，可以为相关信息的深度挖掘、量化统计指引方位。通过核心词和词族，研究者可以提取、计算、处理诸如话题、文化点、话语态度等相关信息，而这些信息的提取、统计和量化研究，正是二语教材研发的发展方向。第五章的研究（中美教材文化点和相关文化词的研究，基于语料库的中华文化项目表研制），对相关问题进行了有益的探索。

二、教材研发建议

国际汉语教材研发，优化教材词汇编写模式，亟须注意以下几个问题：

（一）遵循跨文化交流原则，汲取全球二语教材研发经验，优化中外合作编写模式

汉语二语教材在全球或特定国家、地区的适用度，在某种程度上取决于学习者母语社会的社会教育体制和文化心理习俗，取决于学习者的真实需求和学习特点。只从目标语（中文）考量而编写出的教材，在学习者母语社会的适用度会有较大的不确定性。如在美国大学，使用量最大的是当地教师编写、当地机构出版的《中文听说读写》。中国编写的外向型教材，包括吸收了当地教师参与的一些教材，由于没有充分考虑使用者国家、地区的特点，内容和形式与学生母语社会的需求和学生学习、教师教学的期待脱节，因而教和学的效果并不理想，在当地的使用量不大。

如果只将二语教材大量"出口"视作文化成功输出的标志，希望通过这种方式在更多国家地区展示本国文化，而不考虑不同语言文化间的差异和跨文化特点，不考虑文化间的平等交流和互鉴，那么这种"出口"不但不会产生预期效果，反而会影响正常的二语教学。我国领导人在接见泰国诗琳通公主时赞扬说：你对中国语言文化掌握得很好，既可以讲好泰国故事，又可以讲好中国故事。这充分显示，文化交流是双向的，平等的。

在制定国际汉语教材研发战略时，应遵循跨文化交流的基本原则，充分考虑学习者母语社会文化和语言特点。具备跨语言跨文化视角，才能编写出成功高效的全球汉语教材。

此外，制定国家汉语教材研发战略时，还应该考虑以下几点：

1. 及时了解全球和特定国家地区对汉语学习的需求，理性对待各种反馈，及时改善教材编写机制。

2. 探索多种形式的中外合作模式，根据实际需求打造教材研发、编写的人才队伍。

3. 借鉴其他语种二语教材研发的经验与教训。在海外使用二语教材进行自己语言的教学，并非我国独有。英语不说，法语、德语、西班牙语、俄语国家都有很多经验和教训，值得学习和借鉴。即使像英语这种强势语言，在很多国家也会跟当地教师合作，编写适合当地使用的"区域性"教材。

（二）加强智能化二语教材语料库建设，为二语教材研发夯实基础

本研究证明，有语料库支持才可能进行定性定量相结合的研究，才能得出更有说服力的结论。因此，二语教材语料库（加其他相关语料库）的建设，是系统教材研发的基础。

二语教材包括汉语教材和其他语种的二语教材，语料也包含这两类。建设汉语二语语料库，要重视海外、少儿教材比重，填补以往教材库的不足。其他语种的二语语料，主要收集优秀教材，为汉语教材编写研究提供参考、借鉴。

加大智能化建设是语料库建设的另一个任务。要在提取、处理字、词、句长等基本信息的基础上，对交际点、话题、文化点、话语态度，对影响文本难度的特定语法项目进行提取和处理，让语料库发挥更大的功能。

（三）词汇处理应凸显解释准确性、呈现易懂性、练习有效性

词汇处理，首先要抓重点，即难学词、易混淆词。在了解习得特点的前提下，注意对难学词、易混淆词的语义、用法的多角度解

释，发挥学生母语和第一外语的作用，尽量做到解释到位、易懂。呈现词语要使用有典型上下文的句子，形成"i+1"可理解性输入，让学生通过语篇容易理解词义和用法。练习要注意互动性、有效性，反映多种学习策略的形式，重视输出性练习和有交际性的练习，让学生通过练习活动达成有效习得。

解释准确性、呈现易懂性、练习有效性形成有效生态链，促使学习者达成有效习得。要实现此目标，编写者必须具备汉外对比研究基础，成熟的习得、教学研究基础。

（四）不能仅凭"超纲词"判定教材难度

词汇难度统计虽然重要，但不能仅凭"超纲词比例"判定教材难度。研究显示，有的教材虽然有一定数量的超纲词，但因其中一部分频率高，语义透明度高，加上合适的上下文，并不一定产生学习困难。对越级词、超纲词要做频率、语义透明度等多角度考察，综合判定文本难度，以确定应对方法。如：词表可适当吸收覆盖率较高且语义透明度为非"完全透明"类词语；教材可把"语义完全透明"类高频超纲词编入课文，但无需编入生词表；在教学中，对语义透明度不同的词语，应该使用不同的教学方法。

（五）区域、少儿教材，应适量选择当地文化词汇和少儿学习词汇

研究显示，好的区域性教材，会收录一定数量的凸显当地社会文化特色的本土词汇。好的少儿教材，还会根据学生特点收录一定数量的少儿学习词汇。因此，区域性教材、少儿教材，应该参考教材共选词、当地华文媒体、当地少儿母语读物来研制本土词汇大纲和本土少儿词汇大纲，在词汇教学层面体现本土性、适龄性。而区

域教材和少儿教材编写，应该有当地汉语二语教学专家、少儿专家的实质参与。

（六）用系统生态学方法考察研发二语教材

二语教材编写，属语言开发研究领域。二语教学法和教学模式的具体使用，二语教学的具体实施，也属于语言开发研究。而二语教材研发，则涉及语言的开发研究、应用研究、基础研究多个领域。只注重其中的某一个学科或者某一个部分，是不可能使二语教材研发取得实质性进展的。

国际汉语教材研发，必须把语言学（含语言对比）研究、二语教学习得研究和跨文化研究等融于一体，形成互动协同，才能真正取得实质性的突破，才能切实推进汉语教材研发和汉语国际教育健康发展，进而推进语言基础研究、二语教学习得研究和跨文化研究。

参考文献

（一）普通参考文献

安娜、史中琦（2012）商务汉语教材选词率及核心词表研究，《语言文字应用》第2期。

北京大学等25所大学《标准韩国语》编写组编（2010）《标准韩国语》，北京：北京大学出版社。

北京语言学院语言教学研究所编（1986）《现代汉语频率词典》，北京：北京语言学院出版社。

陈波（2004）《小学语文教材词汇构成及常用词使用状况研究》，武汉大学硕士学位论文。

陈昌旭（2017）汉泰多对一易混淆词分析，《云南师范大学学报（对外汉语教学与研究版）》第2期。

陈绂（2008）从北美地区中小学汉语教学的特点谈汉语国际教师的培养，载世界汉语教学学会编《第九届国际汉语教学研讨会论文选》，北京：高等教育出版社，2010年。

陈光磊（1994）从"文化测试"说到"文化大纲"，《世界汉语教学》第1期。

陈楠（2013）《汉语教材的本土化研究——以英语、日语、韩语作为教学媒介语的汉语教材为例》，中山大学博士学位论文。

陈楠、杨峥琳（2015）基于学习策略的汉语教材练习本土化研究，《世界汉语教学》第2期。

陈楠、杨峥琳（2019）韩国汉语教材词汇编写本土化策略研究，《惠州学院学报》第1期。

陈艳艺（2013）从华人认同看泰国华文教育的复苏与发展（1992～2012），《东南亚纵横》第3期。

储诚志（2005）《中文助教》，北京：北京语言大学出版社。

从丛（2000）"中国文化失语"：我国英语教学的缺陷，《光明日报》10月19日。

崔刚（2008）《外语与第二语言课堂教学中的学习策略》导读，载 Ernesto Macaro《外语与第二语言课堂教学中的学习策略》，北京：世界图书出版公司。

崔健（2011）《国别化：对韩汉语教学法》序言，载王海峰《国别化：对韩汉语教学法》，北京：北京大学出版社。

代元东（2009）从三个平面看"认为""以为"的差异，《贵州师范大学学报（社会科学版）》第5期。

丁安琪（2010）《汉语作为第二语言学习者研究》，北京：世界图书出版公司。

董琳莉（2012）如何解决对外汉语教材编写中的超纲词问题——以《博雅汉语·中级·冲刺篇（Ⅰ、Ⅱ）》为例，《海外华文教育》第4期。

董秀芳（2004）《汉语的词库与词法》，北京：北京大学出版社。

董秀芳（2011）《词汇化：汉语双音词的衍生和发展（修订本）》，北京：商务印书馆。

对外经济贸易大学国际商务汉语教学与资源开发基地（2012）《2011国际商务汉语年度报告》，高等教育出版社。

范晓菁（2012）《对外儿童汉语教材的分析与研究——以〈轻松学中文〉为例》，吉林大学硕士学位论文。

付娜、申旼京、李华（2011）韩语背景学习者"爱"类同素易混淆词研究，《云南师范大学学报（对外汉语教学与研究版）》第6期。

干红梅（2008）语义透明度对中级汉语阅读中词汇学习的影响，《语言文字应用》第1期。

高翀（2015）语义透明度与现代汉语语文词典的收词，《中国语文》第5期。

高思齐（2017）《对蒙古国留学生的"一点（儿）"和"有点（儿）"偏误研

究》，内蒙古师范大学硕士学位论文。
高雅琳（2014）《〈轻松学中文〉语法项目选用与编排分析——以菲律宾光启学校为例》，广西师范大学硕士学位论文。
葛锴桢（2015）"有（一）点（儿）"和"（一）点（儿）"的语义、语用对比，《华文教学与研究》第3期。
官恺璐（2012）《〈中文听说读写〉与〈博雅汉语〉初级阶段练习设置的对比研究》，中山大学硕士学位论文。
桂靖、季薇（2018）"产出导向法"在对外汉语教学中的应用：教学材料改编，《世界汉语教学》第4期。
桂诗春（1988）《应用语言学》，长沙：湖南教育出版社。
郭春贵（2005）日本的大学汉语教育问题，《世界汉语教学》第4期。
郭曙纶（2007）《雨中登泰山》的超纲词统计与分析，《语言文字应用》第1期。
郭曙纶（2008）试论对外汉语教材中的超纲词，《宁夏大学学报（人文社会科学版）》第4期。
郭曙纶（2013）《汉语语料库应用教程》，上海：上海交通大学出版社。
郭曙纶、杨晓惠、曹晓玉（2011）另类中介语初探，载肖奚强、张旺熹主编《首届汉语中介语语料库建设与应用国际学术讨论会论文选集》，北京：世界图书出版公司。
国春燕（2008）《高中英语教科书中本土文化贫乏现象研究》，东北师范大学硕士学位论文。
国家对外汉语教学领导小组办公室汉语水平考试部（1992）《汉语水平词汇与汉字等级大纲》，北京：北京语言学院出版社。
国家汉办、教育部社科司《汉语国际教育用音节汉字词汇等级划分》课题组（2010）《汉语国际教育用音节汉字词汇等级划分（国家标准·应用解读本）》，北京：北京语言大学出版社。
国家汉办/孔子学院总部（2008）《国际汉语教学通用课程大纲》，北京：外语教学与研究出版社。
国家汉办/孔子学院总部（2009）《新中小学生汉语考试（YCT）大纲》，北京：商务印书馆。

国家汉办/孔子学院总部（2010）《新汉语水平考试大纲》，北京：商务印书馆。

国家汉语水平考试委员会办公室考试中心（2001）《汉语水平词汇与汉字等级大纲》，北京：经济科学出版社。

哈工大—讯飞语言云（2015）"哈工大—讯飞语言云"分词服务，http://www.ltp-cloud.com/intro/#cws_how。

何安平（2010）语料库的"教学加工"发展综述，《中国外语》第 4 期。

何安平（2013）国外语料库语言学视角下多形态短语研究述评，《当代语言学》第 1 期。

贺国伟主编（2016）《现代汉语同义词近义词反义词词典》，上海：上海辞书出版社。

侯敏（2010）语言资源建设与语言生活监测相关术语简介，《术语标准化与信息技术》第 2 期。

胡晓研（2007）韩国学生汉语中介语语音模式分析，《汉语学习》第 1 期。

黄伟（2012）教材词汇与汉语水平等级词汇的比较研究，《现代语文》第 2 期。

黄妍琼（2015）《IBDP 初级汉语课程大纲词表与其课程考试真题词汇考察》，中山大学硕士学位论文。

黄颖（2008）《新编俄语语法》，北京：外语教学与研究出版社。

季瑾（2007）基于语料库的商务汉语学习词典的编写设想，《语言教学与研究》第 5 期。

江新（1998）词汇习得研究及其在教学上的意义，《语言教学与研究》第 3 期。

江新（2000）汉语作为第二语言学习策略初探，《语言教学与研究》第 1 期。

江新（2005）词的复现率和字的复现率对非汉字圈学生双字词学习的影响，《世界汉语教学》第 4 期。

姜蕾（2013a）《基于对比的中学对外汉语教材研究》，中山大学博士学位论文。

姜蕾（2013b）基于教材分析的"中学交际话题表"编写设想，《语言教学与研究》第 2 期。

金起闇（2014）《韩国大学初级汉语教材研究》，中山大学博士学位论文。

金起闇、钱彬（2012）韩国初级汉语教材的语法点选编问题考察，《中国语教育与研究》第 16 期。

金檀、李百川（2016）汉语文本指难针，http://www.languagedata.net/editor/，截至 2022 年 6 月。

金贞儿（2009）《韩籍学生使用"以为""认为"的偏误分析》，上海师范大学硕士学位论文。

匡林垚（2015）《动词"想""以为""认为"的差异及其对外汉语教学》，湖南师范大学硕士学位论文。

李峰（2010）泰国汉语教育的历史、现状及展望，《国外社会科学》第 3 期。

李红艳（2010）《初中级汉语国际教学"文化大纲"的基础研究——对四套教材文化点的考察与分析》，北京师范大学硕士学位论文。

李鸿亮、杨晓玉（2011）试论对外汉语教材对中华文化的呈现方式，《长春工业大学学报（高教研究版）》第 2 期。

李晋霞（2011）《现代汉语词典》的词义透明度考察，《汉语学报》第 3 期。

李静（2013）《海外中小学汉语教材分析与编写研究——以〈轻松学中文〉为例》，西北大学硕士学位论文。

李萍（2013）浅析《发展汉语Ⅰ》的生词释义问题，《西北成人教育学报》第 4 期。

李泉（2007）论对外汉语教材的实用性，《语言教学与研究》第 3 期。

李泉（2011）文化内容呈现方式与呈现心态，《世界汉语教学》第 3 期。

李泉、金允贞（2008）论对外汉语教材的科学性，《语言文字应用》第 4 期。

李如龙、吴茗（2005）略论对外汉语词汇教学的两个原则，《语言教学与研究》第 2 期。

李绍林（2003）对外汉语教材练习编写的思考，《云南师范大学学报（对外汉语教学与研究版）》第 3 期。

李贤卓（2017）理解性练习、产出性练习与致使重动句习得，《华文教学与研究》第 3 期。

李霄翔、陈峥嵘、鲍敏（2009）体验哲学与英语教材开发，《外语与外语教学》第 2 期。

李晓琪（2013）《汉语第二语言教材编写》，北京：北京师范大学出版社。

李艳（2004）"以为"和"认为"，《现代语文》第 3 期。

李燕（2008）现代汉语的"一点儿"和"有点儿"——从对外汉语教学说起，《毕节学院学报》第 6 期。

李忆民（1999）视听说对外汉语教材编制初探——《国际商务汉语》的总体构想与编制原则，《汉语学习》第 1 期。

李宇飞（2012）《〈轻松学汉语〉、〈跟我学汉语〉和〈你好〉三套汉语教材词汇对比分析》，中山大学硕士学位论文。

梁建华（2016）《本土化和适龄性视角下的泰国高中汉语教材研究——基于词汇和课文的考察》，中山大学硕士学位论文。

林国立（1997）构建对外汉语教学的文化因素体系——研制文化大纲之我见，《语言教学与研究》第 1 期。

林星彤（2016）《国际汉语阅读文本难度指针的设计与实现》，中山大学硕士学位论文。

林昀（2011）《影响泰国小学生学习兴趣的教学因素研究》，暨南大学硕士学位论文。

刘长征、张普（2008）对外汉语教学用词表的多元化与动态更新，《语言文字应用》第 2 期。

刘川平主编（2005）《学汉语用例词典》，北京：北京语言大学出版社。

刘华、方沁（2014）汉语教学用话题库及话题分类影视资源库构建，《世界汉语教学》第 3 期。

刘华、郑婷（2017）少儿华语教学主题分类词表构建，《华文教学与研究》第 1 期。

刘颂浩（2009）对外汉语教学中练习的目的、方法和编写原则，《世界汉语教学》第 1 期。

刘颂浩主编（2005）《〈乘风汉语〉教学设计与研究》，北京：世界图书出版公司。

刘娅莉（2012）词汇巩固策略在初级汉语教材练习中的运用——兼谈与海外英语教材的对比，《华文教学与研究》第4期。

刘英林、马箭飞（2010）研制《音节和汉字词汇等级划分》 探寻汉语国际教育新思维，《世界汉语教学》第1期。

刘云、李晋霞（2009）论频率对词感的制约，《语言教学与研究》第3期。

刘运同（1994）论生词的外语译释，《华侨大学学报（哲学社会科学版）》第1期。

柳燕梅（2002a）生词重现率对欧美学生汉语词汇学习的影响，《语言教学与研究》第5期。

柳燕梅（2002b）从识记因素谈汉字教材的编写原则，《汉语学习》第5期。

卢福波编著（2000）《对外汉语常用词语对比例释》，北京：北京语言文化大学出版社。

卢伟（1995）对外汉语教材中课文词语汉译英的原则和方法，《厦门大学学报（哲学社会科学版）》第2期。

卢伟（1996）对外汉语教学中的文化因素研究述评，《世界汉语教学》第2期。

卢伟（2003）《中华文化教学大纲》，中美网络语言教学项目第三次专家组会。

鲁健骥（1987）外国人学习汉语的词语偏误分析，《语言教学与研究》第4期。

鲁健骥、吕文华主编（2006）《商务馆学汉语词典》，北京：商务印书馆。

陆姗娜（2017）韩国学习者受汉字词影响的词汇学习策略调查，《国际汉语教育（中英文）》第4期。

罗程（2007）《对外汉语教学词群教学理论研究》，内蒙古师范大学硕士学位论文。

罗春英（2010）美国K-12汉语教材现状及特点分析，《外国中小学教育》第11期。

罗纳德·斯考伦、苏珊·王·斯考伦（2001）《跨文化交际：话语分析法》，施家炜译，北京：社会科学文献出版社。

罗晓亚（2015）《中美初中级汉语教材课文文化点考察》，中山大学硕士学位论文。

吕必松（1980）应该重视研究语言教学，《国外语言学》第1期。

吕必松（1993b）《对外汉语教学研究》，北京：北京语言学院出版社。

吕必松（1996）《对外汉语教学概论（讲义）》，国家教委对外汉语教师资格审查委员会办公室。

吕菲（2010）韩国留学生汉源词偏误分析，《长江学术》第1期。

吕叔湘主编（1999）《现代汉语八百词（增订本）》，北京：商务印书馆。

马亚敏、李欣颖（2014）国际化视野下的中小学汉语教材——谈《轻松学中文（青少年版）》编创理念，《世界汉语教学学会通讯》第1期。

马真（1989）说副词"有一点儿"，《世界汉语教学》第4期。

玛丽亚·杜埃尼亚斯（2012）《时间的针脚》，罗秀译，海口：南海出版公司。

孟晓红（2004）《香港国际学校汉语教材研究》，北京语言大学硕士学位论文。

孟柱亿（1997）韩国汉语教学的特点和问题，载世界汉语教学学会编《第五届国际汉语教学讨论会论文选》，北京：北京大学出版社。

苗强（2012）香港对外汉语教材出版发行情况解析，《出版参考》第9期。

牟海涛（2012）从中日大学基础课程教育现场看日语教学法的应用——以语法翻译法和直接法为中心，《通化师范学院学报》第8期。

倪明亮（2015）《商务汉语综合课系列教材论》，北京：北京语言大学出版社。

欧阳芳晖、周小兵（2016）跨文化视角下的中美汉语教材文化呈现比较，《华文教学与研究》第1期。

欧洲理事会文化合作教育委员会（2008）《欧洲语言共同参考框架：学习、教学、评估》，北京：外语教学与研究出版社。

钱旭菁（2015）易混淆词辨析词典配例设计研究，《云南师范大学学报（对外汉语教学与研究版）》第2期。

钱玉莲（2007）《韩国学生汉语学习策略研究》，北京：世界图书出版公司。

全香兰（2004）汉韩同形词偏误分析，《汉语学习》第3期。

全香兰（2006）韩语汉字词对学生习得汉语词语的影响，《世界汉语教学》

第 1 期。

人民教育出版社（中国）、光村图书出版株式会社（日本）编（2005）《新版中日交流标准日本语》，人民教育出版社。

任敏（2012）影响现代汉语双音复合词语义透明度的机制研究，《河北师范大学学报（哲学社会科学版）》第 4 期。

任远（1995）新一代基础汉语教材编写理论与编写实践，《语言教学与研究》第 2 期。

沈庶英（2013）《商务汉语教学理论研究与方法创新》，北京：北京语言大学出版社。

史有为（2008）教学法和教学模式的解析与重组——兼及日本汉语教学中的相关课题，《世界汉语教学》第 3 期。

束定芳（1996）语言与文化关系以及外语基础阶段教学中的文化导入问题，《外语界》第 1 期。

宋贝贝、苏新春（2015）现代汉语动名型复合词词义透明度研究，《语言文字应用》第 8 期。

苏新春、杨尔弘（2006）2005 年度汉语词汇统计的分析与思考，《厦门大学学报（哲学社会科学版）》第 6 期。

泰国教育部（2008）《基础教育大纲》（Basic Education Core Curriculum B.C. 2551），曼谷：Kurasapa Press。

泰国教育部（2009）《外语教学大纲与课程标准》，曼谷：Kurasapa Press。

谭晓平、杨丽姣、苏靖杰（2015）面向汉语（二语）教学的语法点知识库构建及语法点标注研究，《中文信息学报》第 6 期。

田艳、陈磊（2014）对汉语教材结构体系中练习设置的分析与思考，《语言教学与研究》第 3 期。

佟秉正（1991）初级汉语教材的编写问题，《世界汉语教学》第 1 期。

王汉卫（2009）论对外汉语教材生词释义模式，《语言文字应用》第 2 期。

王怀成（2008）中外合作编写对外汉语新教材，《光明日报》10 月 15 日。

王坤（2015）《官话篇》与《官话急就篇》文化内容比较分析，载周小兵编《汉语国际教育硕士学位论文选》，广州：中山大学出版社。

王丽（2008）汉韩同形词对比与对韩词汇教学，《海外华文教育》第 2 期。

王庆云（2002）韩国语中的汉源词汇与对韩汉语教学，《语言教学与研究》第 5 期。

王顺洪（2008）《日本人汉语学习研究》，北京：北京大学出版社。

王素云（1999）对外汉语教材生词表编译中的几个问题，《汉语学习》第 6 期。

王玉响、刘娅莉（2013）初级汉语综合课教材词汇的频率与复现，《华文教学与研究》第 4 期。

魏春木、卞觉非（1992）基础汉语教学阶段文化导入内容初探，《世界汉语教学》第 1 期。

温晓虹（2007）教学输入与学习者的语言输出，《世界汉语教学》第 3 期。

文秋芳（2018）"产出导向法"与对外汉语教学，《世界汉语教学》第 3 期。

吴成年（2011）报刊教材编写面临的挑战与对策研究，《语言文字应用》第 4 期。

吴日娜（2014）《对外汉语中级口语教材词汇问题的分析研究——以〈发展汉语·中级口语〉为例》，北京外国语大学硕士学位论文。

吴艳（2010）对外汉语教材的生词注释研究，《沈阳农业大学学报（社会科学版）》第 3 期。

吴眹俊（2013）《〈轻松学汉语〉和〈中文〉中量词对比分析及教学范式》，江西师范大学硕士学位论文。

吴勇毅（2007）《不同环境下的外国人汉语学习策略研究》，上海师范大学博士学位论文。

武玥（2015）《"有点儿"和"一点儿"的对比考察及对外汉语教学策略》，南昌大学硕士学位论文。

萧频（2008）《印尼学生汉语中介语易混淆词研究》，北京语言大学博士学位论文。

萧频、李慧（2006）印尼学生汉语离合词使用偏误及原因分析，《暨南大学华文学院学报》第 3 期。

辛平（2007）面向商务汉语教材的商务领域词语等级参数研究，《语言文字应用》第 3 期。

徐彩华、李镗（2001）语义透明度影响儿童词汇学习的实验研究，《语言文字应用》第 1 期。
徐斌（2002）《当代基础英语教程》，北京大学出版社。
徐霄鹰、谢爽（2014）国际汉语教材分地区文化项目考察报告，载周小兵、孟柱亿编《国际汉语教育资源与汉韩对比》，广州：中山大学出版社。
许嘉璐（2008）解放思想，交流经验，共探新路，载北京汉语国际推广中心编《国际汉语教育人才培养论丛（第一辑）》，北京：北京大学出版社。
许琪（2016）读后续译的协同效应及促学效果，《现代外语》第 6 期。
颜湘茹、周冰冰（2017）中级精读课文文化点对比研究——基于对《博雅汉语·冲刺篇》Ⅰ、Ⅱ和《阶梯汉语·中级精读》3、4 册的调查分析，《海外华文教育》第 2 期。
杨从洁（1988）不定量词"点"以及"一点""有点"的用法，《语言教学与研究》第 3 期。
杨德峰（1997）试论对外汉语教材的规范化，《语言教学与研究》第 3 期。
杨惠元（1997）论《速成汉语初级教程》的练习设计，《语言教学与研究》第 3 期。
杨寄洲、贾永芬（2005）《1700 对近义词语用法对比》，北京：北京语言大学出版社。
杨建国（2012）面向汉语国际教育的汉语文化词语的界定、分类及选取，《语言教学与研究》第 3 期。
杨雪菲（2014）国外中小学生的对外汉语文化词汇教学——参考教材《轻松学中文》，《林区教学》第 9 期。
张博（2005）对外汉语学习词典"同（近）义词"处理模式分析及建议，载香港城市大学中文、翻译及语言学系编《对外汉语学习词典学国际研讨会论文集》，香港：香港城市大学出版社。
张博（2007）同义词、近义词、易混淆词：从汉语到中介语的视角转移，《世界汉语教学》第 3 期。
张博（2008a）外向型易混淆词辨析词典的编纂原则与体例设想，《汉语学习》第 1 期。
张博（2008b）第二语言学习者汉语中介语易混淆词及其研究方法，《语言教学与研究》第 6 期。

张博（2013）针对性：易混淆词辨析词典的研编要则，《世界汉语教学》第 2 期。

张黎（2006）商务汉语教学需求分析，《语言教学与研究》第 3 期。

张丽（2012）《基于对比的对外儿童汉语教材研究》，中山大学博士学位论文。

张丽、周小兵（2012）英、汉儿童二语教材中人际智能活动的对比分析，《华文教学与研究》第 1 期。

张丽清（2012）文化概念研究的几种路向及其分析，《新视野》第 5 期。

张宁志（2000）汉语教材语料难度的定量分析，《世界汉语教学》第 3 期。

张鹏、王斌（2006）韩国大学中文教学的现状和展望，《云南师范大学学报（对外汉语教学与研究版）》第 2 期。

张邱林（1999）动词"以为"的考察，《语言研究》第 1 期。

张维佳（2001）语音牵引：汉语语音习得中的汉字音介入，《陕西教育学院学报》第 4 期。

张卫国（2006）阅读：覆盖率、识读率和字词比，《语言文字应用》第 3 期。

张欣然（2015）初级汉语综合教材生词英文释义研究——以《发展汉语》为例，《语文学刊》第 9 期。

张艳鑫（2013）《中美四套中级综合教材中文化内容的对比分析》，中山大学硕士学位论文。

张英（2006）对外汉语文化因素与文化知识教学研究，《汉语学习》第 6 期。

张英（2007）对外汉语文化教学及研究综述，载中国人民大学对外语言文化学院编《汉语研究与应用（第 5 辑）》，北京：中国社会科学出版社。

张占一（1984）汉语个别教学及其教材，《语言教学与研究》第 3 期。

赵芳（2013）《〈轻松学汉语〉系列教材生字词注释研究》，中山大学硕士学位论文。

赵宏勃、朱志平（2015）非汉语环境下文化教学内容的分类与选择——以《泰国中学汉语课程大纲》为例，《国际汉语教学研究》第 4 期。

赵金铭（1997）对外汉语教材创新略论,《世界汉语教学》第 2 期。
赵金铭（1998）论对外汉语教材评估,《语言教学与研究》第 3 期。
赵金铭（2001）对外汉语研究的基本框架,《世界汉语教学》第 3 期。
赵金铭（2007）汉语作为外语教学能力标准试说,《语言教学与研究》第 2 期。
赵金铭（2009）教学环境与汉语教材,《世界汉语教学》第 2 期。
赵金铭主编（2004）《对外汉语教学概论》,北京：商务印书馆。
赵明（2010）对外汉语中级教材中文化词语收词的定量研究,《海外华文教育》第 1 期。
赵贤洲（1989）文化差异与文化导入论略,《语言教学与研究》第 1 期。
赵新、李英（2004）汉语中级精读教材的分析与思考,《暨南大学华文学院学报》第 4 期。
赵新、李英（2006）中级精读教材的分析与评估,《语言文字应用》第 2 期。
赵新、李英主编（2009a）《商务馆学汉语近义词词典》,北京：商务印书馆。
赵杨（2011）韩国学生汉语词语习得研究,《世界汉语教学》第 3 期。
中国社会科学院语言研究所词典编辑室编（2002）《汉英双语：现代汉语词典》,北京：外语教学与研究出版社。
中国社会科学院语言研究所词典编辑室编（2005—2016）《现代汉语词典》（第 5—7 版）,北京：商务印书馆。
中美网络语言教学项目《乘风汉语》项目组（2003）《中国文化教学大纲》,中美网络语言教学项目第三次专家组会。
中山大学国际汉语教材研发与培训基地（2012a）《国际汉语分级词表》,广州：中山大学。
中山大学国际汉语教材研发与培训基地（2012b）《国际汉语分级语法表》,广州：中山大学。
中山大学国际汉语教材研发与培训基地（2012c）《国际汉语分级字表》,广州：中山大学。
中山大学国际汉语教材研发与培训基地（2012d）《国际汉语分类文化项目

表》,广州:中山大学。

中山大学国际汉语教材研发与培训基地《国际汉语教材编写指南》研发组(2012)《国际汉语教材编写指南——国际汉语教材文化点分类框架(研究版)》,广州:中山大学。

周国光(2005)语义场的结构和类型,《华南师范大学学报(社会科学版)》第1期。

周国光、徐品香(2009)对外汉语教材生词英语译释和汉语词语学习偏误,《广州大学学报(社会科学版)》第11期。

周健、唐玲(2004)对汉语教材练习设计的考察与思考,《语言教学与研究》第4期。

周思源(1992)论对外汉语教学的文化观念,《语言教学与研究》第3期。

周小兵(2004)学习难度的测定和考察,《世界汉语教学》第1期。

周小兵(2017)《汉语教学名家文选·周小兵卷》,北京:北京语言大学出版社。

周小兵主编(2009a)《对外汉语教学导论》,北京:商务印书馆。

周小兵主编(2009b)《对外汉语教学入门》(第二版),广州:中山大学出版社。

周小兵主编(2017)《对外汉语教学入门》(第三版),广州:中山大学出版社。

周小兵、薄巍、王乐、李亚楠(2017)国际汉语教材语料库的建设与应用,《语言文字应用》第1期。

周小兵、陈楠(2013)"一版多本"与海外教材的本土化研究,《世界汉语教学》第2期。

周小兵、陈楠(2014)基于教材库的海内外汉语教材词汇考察和本土性研究,《国际汉语教学研究》第3期。

周小兵、程燕(2013)汉语教材中成语的系统考察,《汉语学习》第6期。

周小兵、干红梅(2008)商务汉语教材选词考察与商务词汇大纲编写,《世界汉语教学》第1期。

周小兵、刘娅莉(2012)初级汉语综合课教材选词考察,《语言教学与研究》第5期。

周小兵、罗宇、张丽（2010）基于中外对比的汉语文化教材系统考察，《语言教学与研究》第 5 期。

周小兵、张鹏（2018）汉语二语教材词汇选取考察，《华文教学与研究》第 4 期。

周小兵、赵婵（2021）不定小量量范畴词语的原型性与中介语研究——以法语背景者为例，《世界汉语教学》第 2 期。

周小兵、赵新（1999）中级汉语精读教材的现状与新型教材的编写，《汉语学习》第 1 期。

周小兵、朱其智、邓小宁等（2007）《外国人学汉语语法偏误研究》，北京：北京语言大学出版社。

朱川主编（1997）《外国学生汉语语音学习对策》，北京：语文出版社。

朱拉隆功大学亚洲研究所中国研究中心（2008）《泰国华文教学研究报告：中小学教育》，曼谷：朱拉隆功大学出版社。

邹为诚（2000）语言输入的机会和条件，《外语界》第 1 期。

ACTFL (1996) *Standards for Foreign Language Learning: Preparing for the 21st Century*. Kansas: Allen Press.

Anderson, N. J. (1991) Individual differences in strategy use in second language reading and testing. *Modern Language Journal* (75): 460-472.

Anderson, R. C. & P. Freebody (1981) Vocabulary knowledge. In Guthrie, J. (ed.) *Comprehension and Teaching*: *Research Reviews*. Newark, DE: International Reading Association: 77-117.

Bahrick, H. P., L. E. Bahrick, A. S. Bahrick & P. E. Bahrick (2010) Maintenance of foreign language vocabulary and the spacing effect. *Psychological Science* (4): 316-321.

Benavides, C. (2015) Using a corpus in a 300-level Spanish grammar course. *Foreign Language Annals* (2).

Byram, M. & C. Morgan (1994) *Teaching-and-learning Language-and-culture*. Clevedon/Bristol/Adelaide: Multilingual Matters.

Cameron, D. (2002) Globalization and the teaching of "communication skills". In Block, D. & D. Cameron (eds.) *Globalization and Language Teaching*: 67-82.

London, UK: Routledge.

Carroll, J. B., P. Davies & B. Richman (1971) The American heritage word frequency book. *The American Journal of Psychology* (1).

Chamot, Anna Uhl (1987) The learning strategies of ESL students. In Wenden, A. & J. Rubin (eds.) *Learner Strategies in Language Learning*: 71-85. Hemel Hempstead: Prentice-Hall.

Cohen, A. D. (1998) *Strategies in Learning and Using a Second Language*. London: Longman.

College Board (2015) AP. Chinese Language and Culture Course and Exam Description. [EB/OL] https://apcentral.collegeboard.org/pdf/ap-chinese-course-description.pdf?course=ap-chinese-language-and-culture.2015-06.

Coxhead, A. (2000) A new academic word list. *TESOL Quarterly* (2).

Dansereau, D. F. (1988) Cooperative learning strategies. In C. E. Weinstein, E. T. G. & P. A. Alexander (eds.) *Learning and Study Strategies: Issues in Assessment, Instruction, and Evaluation*. New York: Academic Press.

Dempster, F. N. (1987) Effects of variable encoding and spaced presentations on vocabulary learning. *Journal of Educational Psychology* 79 (2): 162-170.

Ellis, N. C. Frequency effects in language processing: A review with implications for theories of implicit and explicit language acquisition. *Studies in Second Language Acquisition* 24 (2): 143-188.

Halliday, M. A. K. & R. Hasan (1976) *Cohesion in English*. London: Longman.

Hammerly, H. (1982) *Synthesis in Second Language Teaching: An Introduction to Linguistics*. Blaine, WA: Second Language Publication.

Hilde van Zeeland & N. Schmitt (2013) Lexical coverage in L1 and L2 listening comprehension: The same or different from reading comprehension?. *Applied Linguistics* (4).

Hsueh-Chao, M. Hu & P. Nation (2000) Unknown vocabulary density and reading comprehension. *Reading in a Foreign Language* (13).

Hunston, S. & G. Francis (2008) *Pattern Grammar: A Corpus-driven Approach to the Lexical Grammar of English*. Amsterdam/Philadelphia: John Benjamins.

Johns, T. F. (1986) Micro-concord: A language-learner's research tool. *System* (14).

Johns, T. F. (1991) Should you be persuaded—Two samples of data-driven learning materials. *ELR Journal* (4).

Kalykova Nurgul（2017）《对外汉语初级教材俄文注释研究——以〈新实用汉语课本〉(俄文版) 第 1—2 册与〈当代中文〉(俄文版) 初级为例》, 上海外国语大学硕士学位论文。

Li, Defeng (1998) It's always more difficult than you plan and imagine: Teachers' perceived difficulties in introducing the communicative approach in South Korea. *TESOL Quarterly* (32): 677-703.

Liu, D. & P. Jiang (2009) Using a corpus-based lexicogrammatical approach to grammar instruction in EFL and ESL contexts. *Modern Language Journal* (93).

María Dueñas (2009) *El tiempo entre costuras*. Barcelona: Temas de Hoy.

Matsuoka, W. & D. Hirsh (2010) Vocabulary learning through reading: Does an ELT course book provide good opportunities?. *Reading in a Foreign Language* 22(1): 56-70.

Michael West (1953) *A General Service List of English Words*. London: Longman.

Miller, D. & D. Biber (2015) Evaluating reliability in quantitative vocabulary studies: The influence of corpus design and composition. *International Journal of Corpus Linguistics* (1).

Nagata, N. (1998). Input vs. output practice in educational software for second language acquisition. *Language Learning & Technology* (2): 23-40.

Nation, I. (1977) The combining arrangement: Some techniques. *The Modern Language Journal* (3).

Nishino, T. (2008) Japanese secondary school teachers' beliefs and practices regarding communicative language teaching: An exploratory survey. *JALT Journal* (30): 27-25.

O'Malley, J. M. & Chamot (1990) *Learning Strategies in Second Language Acquisition*. Cambridge: Cambridge University Press.

Oxford, R. L. (1990) *Language Learning Strategies: What every teacher should know.* Boston: Heinle ELT.

Oxford, R. L. & D. Crookall (1989) Research on language learning strategies: Methods, findings, and instruction issues. *Modern Language Journal* (73): 404-419.

Prator, C. (1967) *Hierarchy of Difficulty (Unpublished classroom lecture)*. University of California.

Real Academia Española (2014) *Diccionario de la Real Academia Española* (23 edition). Madrid: Real Academia Española.

Richards, J. C. et al（2000）《朗文语言教学及应用语言学辞典》, 管燕红译, 北京: 外语教学与研究出版社。

Rosch, E. (1975) Cognitive representations of semantic categories. *Journal of Experimental Psychology* (104): 192-233.

Rosch, E. (1978) Principles of categorization. In Rosch, E. & B. Lloyd (eds.) *Cognition and Categorization*: 27-48. Hillsdale: Lawrence Earlbaum Associates.

Rosch, E. & C. Mervis (1975) Family resemblances: Studies in the internal structure of categories. *Cognitive Psychology* (7): 573-605.

Rubin, J. (1981) Study of cognitive processes in second language learning. *Applied Linguistics* (11): 117-131.

Ruiz Yepes, G. & R. Krishnamurthy (2010) Corpus linguistics and second language acquisition: The use of ACORN in the teaching of Spanish Grammar. *Lebende Sprachen* (55).

Sakui, K. (2004) Wearing two pairs of shoes: Language teaching in Japan. *ELT Journal* (58): 155-163.

Salaberry, R. M. (1998) On input processing, true language competence, and pedagogical bandwagons: A reply to Sanz and VanPatten. *Canadian Modern Language Review* (54): 274-285.

Schmitt, N. (2002) Vocabulary learning strategies. In Schmitt, N. & M. McCarthy (eds.) *Vocabulary: Description, Acquisition and Pedagogy*. 上海: 上海外语教育出版社.

Schmitt, N. (2010) *Researching Vocabulary: A Vocabulary Research Manual*. New York: PalgraveMacmillan.

Schmitt, N., T. Cobb, M. Horst & D. Schmitt (2015) How much vocabulary is needed to use English? Replication of van Zeeland & Schmitt (2012), Nation (2006) and Cobb (2007). *Language Teaching* (1).

Sinclair, J. M. (ed.) (1987) *Looking up: An Account of the COBUILD Project in Lexical Computing*. London: Collins ELT.

Sinclair, J. M. (1991) *Corpus Concordance Collocation*. Oxford: Oxford University Press.

Skehan, P. (1998) *A Cognitive Approach to Language Learning*. Oxford: Oxford University Press.

Ullmann, S. (1962) *Semantics: An Introduction to the Science of Meaning*. Oxford: Basil Blackwell.

Walker, G. (2000) Performed culture. In Lambert, R. D. & E. G. Shohamy (eds.) *Language Policy and Pedagogy: Essays in Honor of A. Ronald Walton*: 221-36. Amsterdam/Philadelphia: John Benjamins Publishing.

Xue, G. & I. S. P. Nation (1984) A university word list. *Language Learning and Communication* (3).

Young, D. J. (1999) The standard definition of culture and culture instruction in beginning and intermediate Spanish textbook. *Northeast Conference Reviews. Vol 45*. Buffalo: NECTFL.

Yu, L. (2009) Where is culture?: Culture instruction and the foreign language textbook. *Journal of the Chinese Language Teachers Association* (3).

Zipf, G. K. (1949) *Human Behavior and the Principle of Least Effort: An Introduction to Human Ecology*. Cambridge: Addison-Wesley.

Благовещенский, Б. (2019) Судьба в желтом платье. Проза. Фантастика. Трагедийная драма. Издательские решения.

Левина, О.В. (2010) Большой китайско-русский и русско-китайский словарь. М: Дом славянской книги.

Ожегов, С.И. (2009) Толковый словарь русского языка: около 100 000 слов, терминов и фразеологических выражений. М: Оникс.

Ушаков, Д.Н. (2014) Толковый словарь современного русского языка. М: Аделант.

맹주억 (2004) 한국어와 중국어 사이의 어휘 간섭 요인 박쥐말 (I). Foreign Languages Education 11(4): 475-488.

이운영（2002）표준국어대사전 연구 분석. 국립국어연구원.

허용 & 강현화（2005）외국어로서의 한국어교육학 개론. 서울：박이정.

吴文义（2002）우리나라 대학에서의 중국어 교육 자원의 활용 방안.《中国文学》(韩国，第38辑).

（二）参考汉语教材

陈德恒主编（2005）《初级华语（一、二、三）》，雅加达：Grasindo出版社。
陈荣岚、林莉萍等编（2006）《华语》（X、XI、XII），北京：教育科学出版社。
陈灼主编（1996）《桥梁：实用汉语中级教程》，北京：北京语言文化大学出版社。
陈灼、陈顺田、李潍籍、黄文彦（1987）《中级汉语教程》，北京：北京语言学院出版社。
冯权耀主编（2008）《小学华语》，曼谷：朱拉隆功大学研究所中国研究中心出版社。
复旦大学国际文化交流学院编（1990）《新汉语》（5—8），上海：复旦大学出版社。
郭少梅主编（2009）《快乐学中文》，曼谷：泰国南美出版社。
国际语言研究与发展中心编（2006）《体验汉语》，北京：高等教育出版社。
何碧玉、吴勇毅主编（2009）《汉语入门》，巴黎：L'Asiathèque-maison des langues du monde出版社。
胡菡主编（2010）《汉教儿童课本》，曼谷：泰国曼德琳教育出版社。
姜丽萍主编（2015）《HSK标准教程6》（上），北京：北京语言大学出版社。
李更新等编（1992）《现代汉语进修教程·精读篇》，北京：北京语言学院出版社。

李晓琪主编（2004—2008）《博雅汉语》，北京：北京大学出版社。

刘珣主编（2002—2009）《新实用汉语课本》，北京：北京语言大学出版社。

刘珣主编（2006—2009）《新实用汉语课本（俄文注释本）》，北京：北京语言大学出版社。

刘珣主编（2010—2012）《新实用汉语课本》（第二版）（1—4），北京：北京语言大学出版社。

卢英编（2009）《大学汉语中级听力教师用书》（上），北京：华语教学出版社。

骆小所等主编（2010）《创智汉语》，曼谷：Sgsk lard-power 出版社。

马亚敏、李欣颖主编（2001）《轻松学汉语》（1—5），香港：三联书店（香港）有限公司。

马亚敏、李欣颖主编（2006）《轻松学中文》（1—8），北京：北京语言大学出版社。

任景文主编（2009）《汉语入门》，曼谷：Se-education public company limited。

荣继华主编（2006）《发展汉语·初级汉语》（上、下），北京：北京语言大学出版社。

荣继华编著（2011）《发展汉语·初级综合》（Ⅰ），北京：北京语言大学出版社。

王国安主编（1998）《标准汉语教程》，上海：上海教育出版社。

王俊毅、江秀华主编（2009）《快乐学汉语》，东京：日本早稻田总研国际株式会社。

王晓澎、张惠芬、孔繁清主编（2013）《今日汉语》（第2版），北京：外语教学与研究出版社。

王学英、祁立庄、冯力平主编（2005—2008）《通向中国》，波士顿：Cheng & Tsui Company。

吴中伟主编（2009）《当代中文初级（西班牙语版）》，北京：华语教学出版社。

吴中伟主编（2010）《当代中文初级（英语版）》，北京：华语教学出版社。

武惠华主编（2005）《发展汉语·中级汉语》（下），北京：北京语言大学出版社。

相原茂、徐甲申编著（2004）《新编实用汉语课本》，东京：东方书店。

徐桂梅、崔娜、牟云峰编著（2011）《发展汉语·中级综合》（Ⅰ），北京：北京语言大学出版社。

徐静主编（2013）《中医汉语综合教程》，北京：北京语言大学出版社。

徐霄鹰、周小兵主编（2006）《泰国人学汉语》，北京：北京大学出版社。

杨寄洲主编（2012）《汉语教程·第一册》（上、下），雅加达：Legacy utama kreasindo 出版社。

杨寄洲等主编（2006）《汉语教程》，北京：北京语言大学出版社。

姚道中、刘月华主编（2009）《中文听说读写 LEVEL 1》（PART 1、2），波士顿：Cheng & Tsui Company。

翟汛等主编（2007）《阶梯汉语·初级读写》（Ⅰ、Ⅱ），北京：华语教学出版社。

张慧晶等主编（2009）《循序渐进汉语》，哥伦比亚：Universidad de Los Andes 出版社。

张新生主编（2005）《步步高中文》（1、2），伦敦：Cypress Books Co.。

张怡主编（2016）《天天汉语：口语》（1），天津：天津大学出版社。

赵新主编（1999）《中级汉语精读教程》，北京：北京大学出版社。

赵新、李英主编（2009b）《阶梯汉语·中级精读 1》，北京：华语教学出版社。

周健主编（2005）《基础华语》（一、二），北京：北京大学出版社。

朱身发主编（2005）《华语入门》（初、中），新加坡：印尼文化事业出版社。

朱志平主编（2010）《跟我学汉语》（印尼版），北京：人民教育出版社。

Chen, Y. F., M. Yeh, F. Y. Mehta, M. J. Hwang, Y. Meng & N. Pierce (2010) *Chaoyue: Advancing in Chinese*. New York: Columbia University Press.

Dilah Kencono 等主编（2013）《高级汉语》（Ⅹ、Ⅺ、Ⅻ），雅加达：ESIS 出版社。

Eva Costa Vila、孙家孟主编（2004）《汉语》（Chino para hispanohablantes），巴塞罗那：Herder Editorial 出版社。

Fransisca Selvia 等主编（2010、2012）《学汉语很容易》（1、2、3），雅加

达：Yudhistira 出版社。

Jitlada Lochanation 主编（2003）《儿童汉语》，曼谷：Okls 出版社。

Mali Liangchaigun 主编（1979）《华文课本》，曼谷：Kurasapa 出版社。

Masini, Federico 等主编（2010）《意大利人学汉语·基础篇》，米兰：Ulrico Hoepli Editore 出版社。

Pramot Chaiyagid 等主编（1979）《华文读本》，曼谷：Kurasapa 出版社。

T'ung, P. C. & D. E. Pollard (1982) *T'ung & Pollard's Colloquial Chinese*. London: Routledge.

Благая, А.В. (2008)初级汉语教程. M: Цитадель-трейд.

JRC 중국어연구소（기획 - 저）(2005—2007)《맛있는 중국어》, 首尔：맛있는 books 出版社。

戴桂芙、刘立新、李海燕（2010）《중국어뱅크 북경대학 한어구어 (中国语银行北京大学汉语口语)》(2), 首尔：동양북스 (동양 books) 出版社。

戴桂芙、刘立新、李海燕（2010）《중국어뱅크 북경대학 한어구어 (中国语银行北京大学汉语口语)》(4), 首尔：동양북스 (동양 books) 出版社。

黄政澄 외 5 인(2000)《표준중국어교과서(标准汉语教科书)》(4),首尔：지영사出版社。

马箭飞、李小荣（2007）《신공략 중국어·프리토킹편 (新攻略汉语·自由会话篇)》, 首尔：다락원出版社。

马箭飞、苏英霞、翟艳（2007）《신공략 중국어 실력향상편 (新攻略汉语·能力提升篇)》(下), 首尔：다락원出版社。

马箭飞、苏英霞、翟艳(2010)《신공략 중국어 실력향상편(新攻略汉语·能力提升篇)》(上)(第二版), 首尔：다락원出版社。

맹주억、권영실、이봉(2008)《쉽게 빨리 재미있게 빙고 중국어(容易迅速有趣的 BINGO 汉语)》(2), 首尔：센게이지러닝코리아 (주) 出版社。

박정구，백은희，마원나 (2009)《다락원 중국어 마스터 (多乐园掌握汉语)》(Step 3), 首尔：다락원出版社。

后　记

本书是国家社科基金项目"基于语料库的汉语教材多角度研究"（14BYY089）的成果。部分章节以单篇论文形式发表过。以下是作者信息和已发表论文的刊物、论文集信息：

绪论，第一章第二节（词汇解释）、第三节（词汇呈现）、第四节（词汇练习）及结语，作者周小兵。第一章第一节，作者周小兵、张鹏，原文《汉语二语教材词汇选取考察》发表于《华文教学与研究》2018年第4期。

第二章第一节，作者周小兵、薄巍、王乐、李亚楠，原文《国际汉语教材语料库的建设与应用》发表于《语言文字应用》2017第1期。第二节作者宋贝贝、周小兵、金檀，原文《高频超纲词的覆盖率及语义透明度》发表于《汉语学习》2017年第3期。第三节，作者贾蕃、周小兵、郭曙纶，原文《基于语料库的商务汉语教材词汇考察》发表于《对外汉语研究》2019年第1期。

第三章第一节，作者周小兵、陈楠、梁珊珊，原文《汉语教材本土化方式及分级研究》发表于《华南师范大学学报》2014年第5期。第二节作者陈楠、杨峥琳，原文《基于学习策略的汉语教材练习本土化研究》发表于《世界汉语教学》2015第2期。第三节《〈初级汉语教程〉生词的俄语注释考察》，作者周小兵、雪莉。第四节《韩国语汉源词对应汉语词教材词典设计》，作者周小兵、张哲、杨家雨。

第四章第一节，作者周小兵、李天宇，原文《〈轻松学汉语〉与〈轻松学中文〉词汇研究》，发表于《国际汉语教学研究》2019年第1期。第二节《泰国小学汉语教材词汇研究》，作者周小兵、陈琳乐。第三节《印尼中学华文教材词汇考察》，作者周小兵、刘美丽。

第五章第一节，作者周小兵、罗晓亚，原文《〈新实用汉语课本〉与〈通向中国〉文化点和相关词汇考察》发表于《汉语国际教育》2019年第1期。第二节作者周小兵、谢爽、徐霄鹰，原文《基于国际汉语教材语料库的中华文化项目表开发》发表于《华文教学与研究》2019年第1期。

第六章第一节《心理动词"认为""以为"的教材设计》，作者周小兵、高雪松；第二节《"一点""有点"的教材编写》，作者周小兵、舒伊荃、慕田子，原文《西班牙母语者"一点／有点儿"习得和教材考察》发表于《华文世界》总124期，2019年12月。

本书稿最后由我的硕士研究生张哲负责统一处理格式、校对；硕士研究生李若彤、缪晓、陈晴等也参与相关工作，谨致谢忱！

周小兵